# 中国建筑产业数字化转型发展研究报告

黄奇帆　朱　岩
王铁宏　王广斌　编著

中国建筑工业出版社

图书在版编目（CIP）数据

中国建筑产业数字化转型发展研究报告 / 黄奇帆等编著 .—北京：中国建筑工业出版社，2022.4
ISBN 978-7-112-27246-4

Ⅰ.①中… Ⅱ.①黄… Ⅲ.①建筑业—数字化—研究报告—中国 Ⅳ.① F426.9

中国版本图书馆 CIP 数据核字（2022）第 047637 号

责任编辑：咸大庆　杨　允
责任校对：芦欣甜
文字整理：王健宇　关瑞玲

## 中国建筑产业数字化转型发展研究报告

黄奇帆　朱　岩　编著
王铁宏　王广斌

\*

中国建筑工业出版社出版、发行（北京海淀三里河路9号）
各地新华书店、建筑书店经销
北京点击世代文化传媒有限公司制版
北京中科印刷有限公司印刷

\*

开本：787 毫米 ×1092 毫米　1/16　印张：23½　字数：273 千字
2022 年 4 月第一版　2022 年 4 月第一次印刷
定价：**99.00元**
<u>ISBN 978-7-112-27246-4</u>
（39031）

**版权所有　翻印必究**
如有印装质量问题，可寄本社图书出版中心退换
（邮政编码　100037）

# 编　著

**黄奇帆**
国家创新与发展战略研究会学术委员会常务副主任、重庆市原市长

**王铁宏**
住房和城乡建设部原总工程师、办公厅主任兼新闻发言人，中国建筑业协会原会长，曾任中国建筑科学研究院院长，教授级高级工程师、德国工学博士

**朱　岩**
清华大学互联网产业研究院院长、清华大学经济管理学院教授

**王广斌**
同济大学建筑产业创新发展研究院院长、教授，中国建筑学会BIM技术学术委员会副理事长，英国皇家特许建造师学会（CIOB）中国东方区副主席

# 编撰成员

**许杰峰**
研究员
中国建筑科学研究院有限公司党委副书记、总经理

**袁正刚**
广联达科技股份有限公司董事、总裁

**韩爱生**
新中大科技总裁,民盟中央经济委员会委员

**张仲华**
中建科技集团有限公司党委副书记、总经理,
深圳市绿色建造学会会长

**倪 真**

中国铁建党委常委、副总裁，博士、正高级工程师

**李 霆**

中南建筑设计院党委书记、董事长，全国工程勘察设计大师

**宫长义**

中亿丰控股集团有限公司党委书记、董事长，中国施工企业管理协会副会长，东南大学专业学位博士研究生校外指导教师，享受政府特殊津贴专家

**耿裕华**

达海控股集团董事局主席、党委书记，南通四建集团董事长，中国建筑业协会第五届、第六届理事会副会长

**笪鸿鹄**
江苏省苏中建设集团股份有限公司党委书记、董事长，中国建筑业协会副会长

**高　峰**
中国中铁股份有限公司信息化中心副主任，中铁云网信息科技有限公司总经理

**邓明胜**
中国建筑第八工程局有限公司原总工程师、上海工程建设标准国际化促进中心主任兼秘书长

**徐　坤**
中建科工集团有限公司总工程师，教授级高级工程师

**吴海涛**
中天建设集团有限公司董事长

**张景龙**
中建八局第四建设有限公司党委书记、董事长，正高级工程师

**余地华**
中建三局总承包公司总工程师，教授级高级工程师

**须　峰**
筑客网络技术（上海）有限公司创始人、董事长

**冯大阔**
博士
中建七局工程研究院院长,
郑州大学教授

**崔国游**
五方建筑科技集团董事长
享受国务院特殊津贴专家

**王凤来**
博士
哈尔滨工业大学土木工程学院教授、博士生导师

**王东升**
博士后 / 教授
清华大学互联网产业研究院

**水伟厚**

博士

大地巨人（北京）工程科技有限公司总经理

**刁尚东**

博士

广州市重点公共建设项目管理中心（原市重点办、市代建局）副总工程师、部长，科教城指挥组副指挥长

**陈学军**

全时创始人&CEO，中国远程会议及SaaS行业领军人物

**宋 岩**

前碧桂园集团广东博智林机器人有限公司副总裁、中国图学学会理事

**赵 伟**
中望软件 悟空 BIM 研发中心总监

**朱智俊**
通号建设集团有限公司工程技术部副部长、技术中心副主任

# 前　言

习近平总书记在 2022 年第 2 期《求是》杂志发表的《不断做强做优做大我国数字经济》一文中明确指出，"数字经济正在成为重组全球要素资源、重塑全球经济结构、改变全球竞争格局的关键力量"，要"推动数字经济和实体经济融合发展"。建筑产业是国民经济的重要支柱产业，正在应对新的发展机遇与挑战，特别是如何应对新一轮科技革命的历史机遇实现数字化转型，是整个产业适应中国数字经济战略布局的重大课题，需要我们从战略转型、规则重塑、组织变革等多重层面深入思考、积极布局、勇于实践，戮力成为中国产业数字化的引领者。面对中国经济数字化转型发展的大格局、大背景、大思维，清华大学互联网产业研究院牵头组织，由黄奇帆、王铁宏、朱岩、王广斌等领衔的 30 位专家学者共同编著《中国建筑产业数字化转型发展研究报告》，即将由中国建筑工业出版社隆重出版发行。该研究报告全面深入系统地研究了中国建筑产业数字化转型发展的重要问题。

研究报告从我国经济的宏观层面到中观层面全面分析了包括建筑产业在内的整个经济领域，数字化转型发展的必然性、紧迫性、创新性，正如黄奇帆在报告中论述的，"作为中国经济发展的支柱产业，建筑产业在数字化时代的发展空间依然巨大，但这个空间绝不是靠盖房子、修高速路来实现的。在第二个百年阶段，建筑产业必须要转变发展思路，激活数据要素潜能，紧紧抓住新基建的历史机遇，创造建筑产业互联网新业态，改变建筑产业的商业模式，打造开创性的、万物互联时代的中国式数字建筑产业。"

研究报告系统地分析了中国建筑产业数字化转型升级的总体发展思路。

关于产业数字化，当前突出的就是项目级 BIM，企业级 ERP，再加上企业级数字中台。要深刻认识到 BIM 应用中存在着四个关键问题，一是自主引擎，即"卡脖子问题"；二是自主平台，即安全问题；三是贯通问题，强调全过程共享；四是价值问题，这是核心要义。企业级 ERP 应用就是要全面打通层级和打通系统，实现数据共享，这会是又一场革命。关于 ERP 也要关注自主引擎和自主平台问题。

关于数字产业化，突出的就是抓好在 BIM 基础上的 5 个 + 问题，+CIM，即智慧城市；+ 供应链，发展供应链平台经济；+ 数字孪生，我国每年有 28 万项新开工项目，此外还有 500 万～700 万项既有项目，都需要数字孪生技术以实现 BIM 大数据化并支撑 CIM 建设；+AI 智慧建造，要强调是装配化的工厂智慧 + 现场智慧，是结构 + 机电 + 装饰装修全面智慧化；+ 区块链，将会是建筑产业诚信体系的一场革命。

研究报告还探讨了数字化转型发展与双碳战略实践、与建筑产业装配化发展。

关于与双碳战略实践，把握好双碳战略中的深层次问题，突出在重视碳达峰与建筑（运行）碳排放增量的关系以及碳中和与建造碳排放减量的关系。

关于建筑（运行）碳排放增量问题，最突出的就是要在碳达峰前解决好广阔的夏热冬冷地区人民群众新希望新要求——夏季制冷、冬季供暖、梅雨季除湿可能会产生的碳排放增量问题，这是一个结构性矛盾，必须早作判断，下大功夫、狠功夫、真功夫解决。如何破题，只有贯彻落实中共中央国务院《关于完整准确全面贯彻新发展理念做好碳达峰碳中和工作的意见》加快推进超低能耗建筑等规模化发展。

关于建造碳排放减量问题，加快研究"建造碳排放计量与评价体系"。

建筑产业是碳排放的最大产业，除了运行碳排放，就是建造碳排放，包括建造所用材料和运输的碳排放以及施工组织过程的碳排放。要抓紧推动从工程量计算到碳排放因子计算，从制定建造碳排放设计指南到设计标准，再到设计软件的研究。

关于与装配化发展，先突出于装配化＋上，+BIM、+EPC、＋超低能耗。后则要突出于装配化+AI上。

研究报告通篇体现了创新意识和实践精神，可以说，它是中国建筑产业数字化转型发展创新的宣言书，又是实践的说明书，每一位作者都是建筑产业数字化转型发展的创新传播者、实践行动派。相信，研究报告一定令广大读者特别是对建筑产业数字化转型发展仍有诸多困惑的同志顿感拨云见日，找到可资借鉴、可予对标的重要信息。中国建筑产业数字化转型发展未来已来，让我们踔厉奋发、笃行不息，一起向未来。

# 目 录

**综 述** ································································· 1

**综述报告一：**
    黄奇帆：双循环下建筑产业数字化发展的思考 ············· 2

**综述报告二：**
    朱　岩：激活数据要素潜能，布局数字建筑产业新商业模式 ··· 9

**综述报告三：**
    王铁宏：贯彻新发展理念，加快建筑产业绿色化与数字化
          转型升级 ········································· 19

**综述报告四：**
    王广斌：建筑产业数字化转型内涵与关键技术体系 ············ 43

## 主题一：关于产业数字化之 BIM 发展 ·············· 55

### 1. BIM 自主引擎研发初见成效，破解"卡脖子"问题在即 ······ 56
    袁正刚：研发 BIM 自主引擎，加快推广应用 ················ 56
    许杰峰：研发 BIM 自主引擎，破解"卡脖子"问题 ············ 65
    赵　伟：自主引擎 BIM 软件的中望方案 ···················· 76
    水伟厚：关于地基基础 BIM 研究 ·························· 81

### 2. BIM 自主三维图形平台推广加快，解决安全问题刻不容缓 ··· 87
    袁正刚：自主三维图形平台是推动数字化转型、实现安全
          可控的关键支撑 ································· 87
    许杰峰：自主三维图形平台的中国建筑科学研究院方案 ······· 95

3. 设计施工共同建模已成趋势，BIM 应用务必解决贯通问题……104
　　邓明胜：设计施工共同建模创造价值与中建八局的创新实践……104
　　李　霆：实现建筑一模到底无图建造……113
4. BIM 应用要突出价值导向……121
　　余地华：BIM 应用要突出价值导向……121
　　朱智俊：以 BIM 技术赋能突出创造价值……128

## 主题二：关于产业数字化之 ERP 应用……135

1. ERP 应用于大型央企国企的意义与实践……136
　　韩爱生、王广斌：推广应用 ERP 的实践……136
2. ERP 自主引擎和自主平台问题同样要高度关注……144
　　韩爱生：关于新中大 ERP 自主引擎和平台的研发情况……144

## 主题三：关于产业数字化之 企业数字中台……153

建设数字中台赋能企业数字化转型……154
　　高　峰：中国中铁的企业数字中台实践与创新……154
　　吴海涛：数字中台建设助力中天数字化转型……162
　　宋　岩：碧桂园构建地产企业数字中台……169

## 主题四：关于数字产业化之 +CIM……173

　　王广斌：自上而下推动 BIM+CIM 在雄安新区重大工程的
　　　　　　试点示范……174
　　宫长义：自上而下与自下而上双向推动 BIM＋CIM 在苏州
　　　　　　的实践……182
　　袁正刚：关于 CIM 的应用与发展……190
　　宋　岩：CIM 应用的区域级示范……198

## 主题五：关于数字产业化之 +供应链平台 ········· 205

  须　峰、朱　岩：筑集采引领建筑产业公共集采平台
    的发展作用 ········· 206
  耿裕华：筑材网追求平台公共属性的示范与带动作用 ········· 215
  笪鸿鹄：整合资源，推进建筑产业集采数字化 ········· 224

## 主题六：关于数字产业化之 +数字孪生 ········· 231

  耿裕华：基于北斗毫米级数字孪生的研发与应用 ········· 232
  高　峰：数字孪生助力中国中铁数智化升级 ········· 238

## 主题七：关于数字产业化之 +AI 智慧制造与智慧建造 ········· 247

  张仲华：装配式 +AI 智慧制造与智慧建造的实践与引领 ········· 248
  冯大阔：PC 装配式 +AI 智慧制造与建造的中建七局方案 ········· 254
  徐　坤：全钢结构全装配式 +AI 智慧制造与建造的新实践 ········· 262
  倪　真：中国铁建聚焦智慧建造实现数字化转型的创新 ········· 272
  宋　岩：关于博智林建筑机器人体系应用情况 ········· 280
  陈学军：关于 AR 云视频通信技术及在工程项目管理中的应用 ········· 284

## 主题八：关于数字产业化之 +区块链 ········· 291

  朱　岩：区块链在建筑产业的应用探索 ········· 292
  朱　岩、须　峰：建筑产业供应链场景下区块链技术的应用 ········· 300
  刁尚东：区块链技术在大型公建项目中的示范应用 ········· 308

## 主题九：关于建筑产业绿色化与数字化转型升级之"三个绝配" ········· 313

### 绝配一：装配式 +BIM ········· 314

  张景龙：全钢结构全装配式 +BIM 在青岛国际会议中心项目
    的成功示范 ········· 314

许杰峰：基于BIM的装配式建筑体系应用 ……………… 323
**绝配二：装配式+EPC** ……………………………………… 333
　　张仲华：推进全装配式+EPC中建科技的实践与创新 …… 333
**绝配三：装配式+超低能耗** ………………………………… 340
　　崔国游：全面推动河南省超低能耗建筑发展 ……………… 340
**"双碳"与数字化转型升级** ………………………………… 346
　　王凤来：关于"双碳"与建造减碳的研究 ………………… 346
**数字化转型与人才** ………………………………………… 353
　　王东升：建筑产业数字化转型人才至关重要 ……………… 353

综 述

## 综述报告一：
## 黄奇帆：双循环下建筑产业数字化发展的思考

- 当前建筑产业数字化存在三个主要障碍
- 当前建筑产业数字化投入比例低不是最主要的问题，而是要注意数字化的投入产出比
- 建筑产业数字化要跳出信息化思维，走向产业互联网思维
- 着力打造数字化赋能的智能建造产业体系

习近平总书记指出，"世界正在进入以信息产业为主导的经济发展时期。我们要把握数字化、网络化、智能化融合发展的契机，以信息化、智能化为杠杆培育新动能"。近年来，我国建筑产业转型升级取得明显进展，但主要依赖资源要素投入、大规模投资拉动发展，数字化程度较低的问题还比较突出。尽管近几年建筑产业增加值增速与GDP增速差距收窄，增速放缓，但是建筑产业在国民经济中的重要性却并没有降低，其规模依然巨大，建筑产业正在从快速增长期走向高质量可持续发展期。据中商产业研究院预测，2024年建筑业总产值将超过34万亿元。新形势下，推动建筑产业可持续高质量发展，数字化转型是必由之路。今天的中国数字建筑峰会就是适应这样一个发展趋势而召开的。实际上，近年来建筑产业在信息化、数字化道路上取得了很多成就，已经涌现了一大批专注于建筑设计、建筑信息模型（BIM，Building Information Modeling）、供应链协同等的相关企业，这些成绩我就不再赘述。在这里，我想重点谈我对建筑产业数字化发展的五点看法。

## 一、当前建筑产业数字化存在三个主要障碍

**一是建筑产业上下游产业链长、参建方众多、投资周期长。**产业链的每一个环节形成的数据和信息难以跟随项目推进而流动，形成不易交互的信息孤岛。建筑产业的各个工程环节脱节不连贯，由分散的部门或专业团队负责，各个流程阶段无法协调出一套统合的、以整个项目周期为范围的信息化改革方案。这种情况下，作为供应商的软件厂商，要想熟悉并掌握全部要点和痛点，难度极大。

**二是参与单个项目的工程队数量众多，尤其是中小型工程队素质参差不齐，管理颗粒度粗糙，使得信息化手段难以推进。**在项目管理中，因为最终实施人员往往是小型工程承包队，每个承包队的管理水平不一，对于信息记录的执行力度不一，执行效果不一，最终较难形成统一、有效的项目日志。建筑产业具有产品形式个性化和多样性、生产地点不固定、机械化程度低、人员多变、管理模式多样、管理灵活度高等特点。整体管理效率低下。

**三是除了建筑产业本身的挑战之外，建筑全流程工业化、数字化、智能化水平较低。**虽然BIM、人工智能、大数据等技术方兴未艾，但技术协同性不高，难以有效满足系统性需求。从BIM的提出开始，到随后的云计算、大数据、物联网、移动技术、人工智能等技术快速发展，建筑产业本身面临的问题得到了一定解决。但这些技术整体协同性尚低，以某一项技术仍然较难解决建筑产业根深蒂固的问题，如效率提升、数据互通等。

## 二、当前建筑产业数字化投入比例低不是最主要的问题，而是要注意数字化的投入产出比

在建筑产业，我们最常听到的就是信息化、数字化投入比例过低，限制了产业数字化发展。大家给出的数据是 2017 年 12 月麦肯锡全球研究院发布的《数字时代的中国：打造具有全球竞争力的新经济》。其中，中国建筑产业是数字化程度最低的产业之一。另据中国建筑业协会统计，我国建筑业信息化投入在建筑业总产值中的占比仅为 0.08%，而欧美发达国家为 1%。

如果与欧美发达国家比，这个数字显得我们投入低了，也是有道理的。但是要看到中国建筑产业自身产业结构决定了我们过去的信息化投入比例。这个数字如果是准确的，也只有参考意义，没有绝对的说服力。建筑产业也好，建筑软件企业也好，应该关注的是数字化投入产出比，也就是数字化如何能够帮助企业创造更大的价值。目前阶段，没有哪家企业不注重数字化投入，只是这个投入该投向哪里？如果只是购买软件、搭建建材采购的供应链，这个投入比例肯定没有办法高上去。要想这个数字高上去，就必须让企业看到数字化投入的必然性和价值所在，也就是我们所说的重塑建筑产业生态。但也正是因为基数低，中国建筑企业在数字化转型上面的空间才大，所带来的收益才更加值得期待。

## 三、建筑产业数字化要跳出信息化思维，走向产业互联网思维

数字化和信息化是一对既紧密相连、又有所不同的概念。

目前在建筑产业中还存在着混用的现象。简单理解，信息化是向企业内部和供应链上的流程要效益，通过信息技术提高流程效率、降低运营成本，但对建筑产业的自身的业务规则没有太大影响。而数字化则是要向建筑产业生态要效益，要激活整个建筑产业的数据要素，从而变革建筑产业的业务模式，甚至基本建造方式。如果说信息化关注的核心是流程，数字化关注的核心就是商业模式，也就是建筑产业互联网。因此，数字价值的挖掘不是历史上的IT部门能够做的工作，而是整个建筑企业的战略调整，需要企业领导者改变思维模式，全方位地做好规划。

回顾建筑产业从信息化到数字化的发展历程，大概经历了三个理念阶段：工具阶段、协同阶段和模式创新阶段。

**工具阶段**。目前大多数建筑企业的信息化还是工具型理念阶段，把数字技术看作是服务传统产业的工具，思维方式还是围绕计算机辅助设计CAD、办公自动化系统、建筑管理软件来展开。

**协同阶段**。随着建筑信息模型BIM理念的普及，建筑产业数字化走向了协同理念阶段。这一阶段，建筑产业普遍意识到了BIM在打通全产业链上的作用，并能够想象出产业链打通后的成本效益，于是出现了各种建筑集中采购方案，各种BIM集成应用方案。这一理念目前还是建筑产业最先进的数字化理念，对指引建筑产业数字化发展具有巨大价值。

**模式创新阶段**。在协同阶段，建筑产业找到了降低产业链成本的一些路径，但是还是没有找到新的盈利点，从而使得各种协同方案的落地困难重重。模式创新阶段是对建筑产业盈利模式的重新思考，是在满足了市场的建筑空间需求之后，寻找建筑产业的数字时代的新需求，并为产业找到新的利润点，建立新的商业模式。这一理念阶段是建筑产业数字化的真正目标所在，也是构建建筑产业互联网的阶段。

所谓建筑产业互联网，是通过推动建筑产业内各个参与者的互联互通，改变产业内数据采集和流通的方式，并运用区块链等技术，保障产业内数据交易的可信性，进而改变产业价值链，提升每个参与者的价值。建筑产业互联网充分体现了数据要素在建筑产业内的价值创造能力，通过挖掘数据要素的价值提升建筑产业总体价值。

## 四、面向未来，推动建筑产业数字化有三个关键要素

数字化时代，客户需求个性化、信息化和工业化深度融合、供应链开放合作是经济发展的基本特征。这也是数字经济发展趋势和实现高质量发展的基本要求。建筑企业必须顺应这一趋势，改变粗放型劳动密集型生产方式，加快信息化、数字化、智能化转型步伐。

**首先，以客户个性化需求为出发点和归结点，客户体验决定了未来产业发展的趋势。** 在许多产业，个性化、差异化需求不断演进，客户需求逐渐从千篇一律的产品过渡到千人千面的产品。这一趋势，未来也会在建筑产业中体现。疫情以来，数字技术诸如增强现实、混合现实、虚拟现实、人工智能和物联网技术等，正以多种方式转变零售和办公空间，并且全球新冠肺炎疫情的大流行加速推动了这一转变。随着业务需求和客户需求不断发展，我们的建筑空间需要变得更具适应性和灵活性。未来的空间需要适应不同的场景，为多模式、多功能预留可能性，科技既可以作为工具，也可以作为媒介，帮助我们为这种

转型进行设计。

**其次，要以技术变革推动生产过程的数字化、智能化**。建筑产业数字化发展的关键和基础是产品数字化和产业数字化，这是集成了建筑产业整个供应链和生产活动的智能建造发展的关键基础。国家和产业大力推行的 BIM 技术正是数字模型技术的代表，也是产业克服困难、实现成功转型的突破口。基于此，数据驱动设计、远程协作、建筑工业化和自动化等将大力推动工程建设行业的数字化变革。但无论采用何种技术，都要高度重视建立企业和供应链数字模型技术的研发应用。

**再次，要利用数字化技术，打通供应链上下游企业，实现信息协同和产业效率的升级**。例如，浪费现象在整个建筑领域十分明显，物料和人工在实施过程中的损耗超过 1/3。而通过数字化技术打通供应链，建筑产业可以大大减少浪费，还能让管理效能得到提高，伤亡减少，安全得到保障。此外，建筑产业数字化还能大幅提升节能环保效能。

## 五、着力打造数字化赋能的智能建造产业体系

要抓住新一轮科技革命的历史机遇，高度重视数字化、网络化、智能化对工程建造的变革性影响，实现工程建造的转型升级，促进工程建造的可持续、高质量发展。

一要充分理解技术革命，全面认识建筑产业变革，打造智能建造新范式和新框架体系。企业要充分利用"三算"（算据、算力、算法）和"三化"（数字化、网络化和智能化）通用技术，打造工程多维数字化建模与仿真、基于工程物联网的数字工地（厂）和工程大数据驱动的智能决策等领域技术。建设基于工

程全生命周期数据模型的信息集成与业务协同平台，向工业化建造、服务化建造、平台化建造转型。

**二要着眼于社会变革趋势，最终形成以人民为中心、智能化的绿色可持续工程产品与服务体系。**我国还有大量的人群未能享受到优质住房，还有大量的建筑物要建造。现在的预制房、装配式住宅一定程度上解决了人力问题，但这不是终极目标。智能化技术的开发和相关设计理论的发展，对建筑本身、房地产行业、中国的人居生活影响才刚开始。中国的数字设计不能走西方只用电脑画图的老路，也不能单纯研究数控工具来实现物质建造，而是要用这些工具为设计服务，把握两者的关系，服务于老龄化特征的需求，服务于数字化、个性化、绿色的需求，使建筑形态和人类活动环境的关系真正和谐。

**三要着眼国际竞争，充分了解全球建筑产业发展趋势。**倡导绿色可持续理念，改善建筑工程产品在环境、能耗方面的性能；以需求多元化为导向，提升产品的个性化服务能力；以技术创新为驱动，提升工程建造生产力和质量安全水平；推动产业交叉融合，重塑建筑产业生态和治理体系；重视人力资源体系建设，促进从业人员素质与能力提升；不断开拓市场空间，提升建筑产业国际竞争力和影响力。

总之，作为中国经济发展的支柱产业，建筑产业在数字化时代的发展空间依然巨大，但这个空间绝不是靠盖房子、修高速路来实现的。在第二个百年阶段，建筑产业必须要转变发展思路，激活数据要素潜能，紧紧抓住新基建的历史机遇，创造建筑产业互联网新业态，改变建筑产业的商业模式，打造开创性的、万物互联时代的中国式数字建筑产业。

## 综述报告二：
## 朱 岩：激活数据要素潜能，布局数字建筑产业新商业模式

- 建筑产业的数字化战略具有全局性，要定位于围绕每个核心企业的产业生态进行重构，其关键点是如何激活数据要素
- 建筑产业数字化转型的核心内容是如何在数据要素基础上重塑行业规则、打造新商业模式
- 建筑产业数字化转型的难点是如何建立与数字生产力匹配的数字生产关系

2021年，随着中国政府公布了《国民经济和社会发展第十四个五年规划和2035年远景目标纲要》，中国经济的未来之路愈发明晰，那就是坚持数字化发展、大力发展数字经济。为了促进全产业的数字化转型，中国在全球率先把数据作为了生产要素，进而提出要建设新型基础设施，希望为全社会的数字化发展奠定要素层面、基础设施层面的坚实基础。规划中提出要"分级分类推进新型智慧城市建设，将物联网感知设施、通信系统等纳入公共基础设施统一规划建设，推进市政公用设施、建筑等物联网应用和智能化改造。完善城市信息模型平台和运行管理服务平台……"。2021年12月国务院印发的《"十四五"数字经济发展规划》中提出全面深化重点产业数字化转型……促进数字技术在全过程工程咨询领域的深度应用，引领咨询服务和工程建设模式转型升级。习近平总书记在2022年第2期《求是》杂志发表的《不断做强做优做大我国数字经济》一文

中明确指出,"数字经济正在成为重组全球要素资源、重塑全球经济结构、改变全球竞争格局的关键力量",要"推动数字经济和实体经济融合发展"。党中央的这一系列战略部署正在从基础规则层面改变着传统产业。

建筑产业作为人类最古老的传统产业,其基本商业模式千百年来并没有发生太大的变化。自从中国激活土地要素、建立起房地产市场开始,中国建筑产业经历了高速发展的三十年。最近几年国家坚持"房住不炒"的方针,有效遏制了房地产投机行为,同时使得建筑产业增速放缓。但建筑产业规模依然巨大(约30万亿人民币),在今后一段时期内也依然是中国经济的重要组成部分。因此,建筑产业如何实现数字化转型是整个行业适应中国数字经济战略布局的必答题,需要相关企业从战略定位、规则重塑、组织变革等层面深入思考、积极布局、勇于实践,力争做中国产业数字化的引领者。

## 一、建筑产业的数字化战略具有全局性,要定位于围绕每个核心企业的产业生态进行重构,其关键点是如何激活数据要素

传统产业的数字化转型必须突破单一的技术思维、树立全局理念和系统意识,用系统性思维来落实国家的数字化战略、双碳战略和共同富裕战略等重要布局。建筑产业的数字化转型,在寻找行业新价值增长点的同时,也要看到数字化发展是实现建筑产业双碳目标的重要路径,在建筑材料、施工管理、运营维护等多个方面通过数字创新,既能减少碳排放也能提高盈利能力。制定数字化转型战略是一个艰巨复杂、充满创新的过程,

有两个关键点值得关注：

**（一）建筑产业数字化转型，核心企业有着特殊的责任和使命，是数字产业生态的发起者、也是数字化发展模式的缔造者。**

产业生态数字化重构不只是为了单一企业的可持续发展，而是要把蛋糕做大、做强，实现建筑产业的高质量经济循环。所以，准备做数字化转型的企业必须要有产业生态观，有着带动全局的使命和勇气。在这一过程中，核心企业必须要起到发起者的作用，努力推动整个产业建立数据共享标准和数据资产流通机制，通过数字化所带来的机制变革打造"良币驱逐劣币"的产业生态环境。无论是国有企业还是大型民营企业，在制定数字化转型战略时，要有服务国家数字经济发展的主动性，也要有推动产业变革的使命感，更要有带动产业上下游中小企业共同发展、共同富裕的责任心。需要注意的是，数字化转型也是寻找新核心企业的过程，也就是说原有的核心企业如果裹足不前，就有可能被新的核心企业所替代。

**（二）制定建筑产业数字化转型战略的关键是如何激活数据要素，并构建数据、土地、资本、技术、人才五要素融合发展的新模式。**

在过去三十年里，建筑产业在信息化领域取得了一定的成绩，现在面临的数字化转型虽然是建立在信息化基础上，但从理念上又完全不同于过去的信息化工作。数字化转型必须要跳出单一企业的范畴，在产业生态中考虑如何激活数据要素，把数据变成建筑产业新的资产，并让其在产业生态中流动起来、创造价值。

数据要素不是孤立地存在，而是要和其他四个传统要素融合在一起才能发挥最大效用。所以我们一方面要思考数据自身如何在建筑生态内资源化、资产化,并围绕数据资产如何建立新发展模式;另一方面也要思考数据与其他要素的融合模式:数据+土地,如何实现虚实结合的土地数字化开发新模式;数据+资本,如何实现建筑数据和各种创意资产的资本化;数据+科技,如何开发跨学科的建筑数字技术、数据科技;数据+人才,如何培养数字建筑领域需要的大量数字化转型人才。

## 二、建筑产业数字化转型的核心内容是如何在数据要素基础上重塑行业规则、打造新商业模式

建筑产业数字化转型的终极目标是建立数字时代的全新产业规则、实现多样化的数字商业模式。当数据要素成为建筑产业的一个新要素后,建筑产业生态内的每个环节都会因此而发生转变,进而会改变原有的每个流程,由此导致客户需求的数字化转变,并直接影响到建筑产业的商业模式改变。

### (一)虚实结合的未来建筑需求,会推动建筑产业的商业模式从项目式逐渐向运营式、平台型转变。

随着中国全面进入数字社会,虚拟现实、数字孪生等概念已经逐渐普及并为市场所接受。尤其是中国新基建的深入实施,使得数字空间的构建技术变得越来越容易、成本上越来越低廉。在建筑领域,一个建筑工程所交付的已经不再只是物理空间具有特定功能的实体产品,而必须是在数字、物理空间中同时存在的数字孪生型产品。这种虚实结合的需求,为未来建筑产业的商业模式创新提供了无限可能。比如,现在很多城市都在打

造虚实结合的数字城市，把现实中的商业楼宇映射到数字空间，数字空间的新运营模式一方面创造新价值，另一方面也为现实中的商业带来新的销售机会。满足这些新需求的建筑工程数据模型，已经超出了围绕施工和运维的 BIM 范畴，将为建筑产业带来大量新发展机会。

一般而言，建筑企业的盈利模式基本上是通过承接项目来实现的。如果市场需要大量的数字孪生产品，那也就意味着建筑施工企业可以独自交付或参与运营数字空间中的客户产品，在数字空间中通过帮助客户运营项目相关的数据资产来实现持续性盈利，也就是变成运营式的商业模式。

从建筑产业生态内来看，有了数据要素，产业生态内在项目建设过程中将会产生大量新需求，核心企业也完全可以通过数字平台为产业生态内外的企业提供多样化的数字服务，并收取一定的服务费用，从而打造平台型的商业模式。

### （二）建筑产业商业模式数字化转型可以分为三个阶段，产业信用体系重塑是当前数字化转型的一个重要入手点。

因为数字化转型的全局性，核心企业在制定战略时要根据自身所处生态的特征，分阶段制定转型的战略目标。对大多数建筑企业而言，要"强基础"和"谋转型"并重，也就是企业信息化的基础还是要做扎实、保障数据的互联互通，同时要布局数据要素开发和未来的商业模式，不能用信息化基础薄弱作为拒绝数字化转型的借口。商业模式的数字化转型可以分为三个阶段进行。

**产业信用体系重塑阶段**。数字化转型的第一步就是产业生态内的数据要互联互通，这对生态内的所有企业都是一个挑战。所以，核心企业倡导的数字化要能够给所有企业带来价值，否则大家都没有动力参与。基于可信的数据来重塑产业信用体系，就是改变产业生态现状、为优秀实干的企业带来更大价值的做法。应用区块链、云计算、大数据、人工智能等技术，建立产业生态内对交易过程数据的准确、安全、公平的记录，并基于此建立生态内企业的"主体信用+交易信用"的信用体系，从而为后续所有的数字服务奠定坚实的信用基础。从现阶段看，一旦有了交易信用的可靠数据，对生态内大量的中小微企业而言，就具备了获取数字金融服务的可能性，从而真正解决他们融资难、融资贵的问题。对银行等金融机构而言，经过认证的产业数字信用体系可以帮助他们穿透所有交易过程，大大降低数字金融产品创新的风险，因而他们也愿意提供相应的资金服务。对核心企业而言，在企业和金融机构提供技术服务的过程中（不是传统的供应链金融服务），既能够提高自身和产业生态的效率，也可以获取技术服务的盈利。

**数据服务模式创新阶段**。理顺了产业生态内的数据后，产业发展的根本动力还是来自如何把这些数据和需求端对接。有了产业生态内互联互通、开放共享、安全可靠的大量数据，就会产生数据消费的新产业、新业态、新模式。首先，在设计端会出现各种基于虚拟现实技术的设计手段，BIM、CIM 的范围将会进一步延展，并产生大量的可以上市交易的数据资产。其次，在采购环节会出现各种类型的集中采购平台，并推动材料供应企业提供支持物联网服务的产品。最后，在施工端也会应用物联网、虚拟现实等技术手段，培育一批相关技术服务企业。核心企业在这一阶段，要注意创新平台的建立，鼓励更多企业根据市场需求参与到数字服务创新中来，不断丰富平台数字产品，提高数字服务能力，创造更多基于数据要素的新价值。

**虚实运营模式建立阶段**。从数字技术的发展趋势来看，人类社会一定会走向现实社会与数字社会相结合的阶段。人类生存空间的数字化拓展，也必然会带来建筑工程的数字化拓展。建筑企业将会是两个空间的连接者，也会是两个空间共同基础的构造者。连接构造的基础就是前两个阶段所建立的数据体系、信用体系、创新体系和多样化的数字产品体系。所以，产业生态交付给客户的是虚实两套交付物，客户的数字需求将得到最大限度满足，并由此产生对虚实交付物的长期运营的需要。在这一阶段，企业要努力探索虚实结合的运营模式，初期要以实为主、从简入手，根据客户需求逐步丰富数字空间运营服务产品，不断提升企业的数据服务盈利能力，增强企业数据资产管理能力，并开始让数据资产逐渐走向资本化。

## 三、建筑产业数字化转型的难点是如何建立与数字生产力匹配的数字生产关系

从农耕文明、工业文明到数字文明，生产力与生产关系这一对矛盾也在不断地演化。生产力与生产关系相匹配会促进生产力的发展，反之会阻碍生产力的发展。一般而言，生产力的发展往往领先于生产关系，所以人类社会要不断打破旧的生产关系，寻找适合新生产力的新生产关系。建筑产业目前的生产关系大多是在工业时代所形成的层级化、职能化的生产关系，这已经不能适应数字生产力发展的需要，甚至在某种程度上阻碍了数字生产力的发展。

在建筑产业中，讨论数字生产力已经成为企业的共识，但探讨如何建立适应数字生产力的数字生产关系还很少，而不进行生

产关系变革，上文中所讨论的数据资产、商业模式都无法真正落地。所以，建筑产业实现数字化转型的最大难点还是在生产关系变革上，也就是如何打破现有的权利格局，建立更符合数字化发展趋势的新组织架构。一般而言，数字化生产关系具有三个特征。

**（一）数字化生产关系必须要努力实现全产业生态、全企业各部门间的数据透明。**

在层级化、职能化的传统生产关系中，很难实现各层级、各部门之间的数据透明共享。企业信息不透明必然会带来不同程度的权力寻租，或者当权者的不作为，从而极大影响企业的公平和效率。在产业生态内会导致"劣币驱逐良币"的现象，并进一步导致落后产能的大量存在。数据透明所带来的公平性是构建数字生产关系的基础特性，建筑企业要充分利用区块链等可信计算技术，在企业内外部构建一个在技术上能实现的、数据透明的生产关系。

**（二）数字化生产关系必须要努力建设一个全产业生态、企业全员参与的信用体系。**

全产业生态、全员可信的信用体系是建立数字化生产关系的另一个重要基础。全员可信是指参与产业生态的每一个主体（政府部门、企业、个人）都是可信的。在产业生态内建立可信体系的价值，我们在前文已经论述。对一个企业而言，需要做到的就是要为每一个员工建立信用数据累积体系，打破原有的部门、层级限制，通过数字手段让大家成为一体，但又彼此独立。每一个人、每一个团队的创造，都有可信的记录。基于可信的数据记录，企业能够建立一个公平的信用体系，并利用数字技术形成灵活多样的组织方式，最大限度地释放每一个团队的创造能力。

**（三）数字化生产关系不同于层级制，更强调生产关系的每一个参与者的身份对等，并基于此来释放每个个体最大的创造力。**

人类经过几千年的进化，逐渐走到了现阶段尊重每个个体的文明社会。数字生产关系不同于工业时代的层级化、职能化生产关系，其中的每一个成员都必须是对等的。从经济视角来看，利用区块链等数字技术保证每个参与方的对等性，有助于最大限度释放每个参与方的创造力，从而为整个产业生态创造最持久、最大化的价值。一旦新生产关系能够让每个个体都能对等地参与到经济生活中，个体的创造力将不再受传统岗位的限制，从而激发个体充分发挥大脑潜能，为企业做出更大贡献，并释放出巨大的"智慧人口红利"。

在数字时代，建筑产业依然是中国经济的支柱产业。但是由于数据要素的注入，建筑产业的发展模式必然要发生改变。就像是手机行业出现了颠覆式的 iPhone，汽车产业要出现颠覆式的 iCar，建筑工程也必然要走向 iHouse、iBridge 等新模式。所以建筑产业必须要采用全局式、系统化思维模式，紧紧抓住产业数字化的政策优势，激活数据要素在建筑产业的潜在价值，发挥建筑产业海量数据和丰富应用场景的优势，围绕数字时代客户的新需求，从数字空间、实体空间两方面提供数字时代的建筑工程产品，并在两个空间的运营中找到新的商业模式。作为人类最古老的商业领域，布局数字建筑需要突破原有的生产关系，变革组织模式，建立数字化生产关系，释放数字生产力在建筑工程产业的巨大创造力。中央经济工作会议强调，2022年"要完整、准确、全面贯彻新发展理念，加快构建新发展格局，全面深化改革开放，坚持创新驱动发展，推动高质量发展，坚持以供给侧结构性改革为主线"。中国建筑产业正处于数字化变革的历史关键期，融入数据要素的供给侧结构性改革即将大规模开始，希望每一个中国建筑工程产业生态中的企业都能够抓住历史机遇，积极布局数字建筑生态，为中国数字经济的发展贡献最大力量！

## 综述报告三：
## 王铁宏：贯彻新发展理念，加快建筑产业绿色化与数字化转型升级

- 新发展格局下建筑产业如何深化改革
- 怎样理解新基建与传统基建的关系
- 建筑产业绿色化转型升级的重点是什么以及如何做
- 碳达峰碳中和战略下如何发展超低能耗建筑以破解结构性矛盾
- 建筑产业数字化转型升级的机遇与挑战

建筑产业是国民经济的重要支柱产业。按产业规模分析，2021年全国建筑产业总产值达到29.31万亿元。按劳动力分析，全产业就业规模超过5283万人。按双循环发展战略要求，建筑产业及其产业链经济将在内循环和外循环双轮驱动中发挥十分重要的作用。按碳达峰碳中和战略要求，建筑产业占据"三大节能"举足轻重的位置，特别是如何破解既要"碳达峰、碳中和"，又要适时解决人民群众新希望、新要求，如广阔的冬冷夏热地区冬季供暖、夏季制冷、梅雨季除湿这样的结构性矛盾。按数字化转型升级要求，既要突出解决每年大量的新建项目在BIM应用基础上的自主引擎（"卡脖子"问题）、自主平台（安全问题）、全面贯通（设计-施工共同建模并延伸至运维）和实现价值（既有为国家、业主、设计施工方自身创造价值问题，也有为未来支撑CIM提供BIM大数据创造价值的问题）四个关键问题；还要适时抓住企业级ERP，全面打通企业层级

以及管理-财务-税务系统上数字化共享，为企业提质增效发挥数字化转型升级的优势；并且要适时解决 BIM+ 问题，+CIM（智慧城市）、+ 供应链（平台经济）、+ 数字孪生、+AI 智慧建造、+ 区块链的未来已来应用问题，另外要解决既有项目在数字孪生基础上实现 BIM 大数据化，进而适应即将到来的智慧城市的要求。因此，研究解决好建筑产业转型升级特别是绿色化与数字化转型升级问题，将是我们能否贯彻好新发展理念，构建好新发展格局的全面考验。

## 一、新发展格局下建筑产业如何深化改革

### （一）国办 19 号文的主要精神

国办《关于促进建筑业持续健康发展的意见》就建筑市场模式改革以及政府监管方式改革等做出了明确规定，关于市场模式改革，明确鼓励设计施工总承包模式；关于招标投标制度改革，明确按投资主体重新要求，对社会资本投资项目不再简单一刀切；关于政府监管方式改革，明确对甲乙双方同等要求同等问责；关于质量监督主体责任改革，明确要研究建立质量监督体制；关于全过程咨询，明确适时推进工程建设项目的全过程咨询等。这些改革都是深层次的，方向是正确的，效果令建筑业期待。现在，关键就是看这些改革"怎么落地，什么时候落地"，要关注后续一系列的配套文件的落实情况。

### （二）为什么要推行 EPC

推行设计施工总承包模式（EPC）是市场模式改革的突破口。为什么要推行 EPC 模式？推进公共投资项目供给侧结构

改革，关键在于转变发展方式，一则是建设模式转变，即要在节能、节地、节水、节材和环境保护基础上，体现科学发展、和谐发展、安全发展的要求；再则就是市场模式转变。目前，我国建设市场有两种模式并存，一种是传统的沿革于计划经济条件下的模式，即建设单位分别对应勘察、设计、施工、监理等多个企业；另一种是从1987年推行"鲁布革经验"开始引入的，国际上比较普遍采用的总承包模式，即建设单位在工程实施阶段只对应一个设计施工总承包单位。从微观经济学的基本原理来看，传统模式属于"花别人的钱办别人的事"，勘察、设计、施工、监理单位缺乏优化设计、降低成本、缩短工期的根本动因，其效果必然是客观上既不讲节约也不讲效率，有悖于市场经济的规律；设计施工总承包模式则是属于"花自己的钱办自己的事"，一旦总承包中标，通过一次性定价，总包单位可单独或与业主共享优化设计、降低成本、缩短工期所带来的效益，使得总包单位有动因既讲节约又讲效率。传统模式的运作机制决定了在设计、施工与建设单位的双边三方博弈中，往往中标前建设方是强者，压级压价、肢解总包、强行分包；建设中设计或施工方则是强者，千方百计通过变更和洽商追加投资，因其动因和利益就在于追加投资，最终导致项目突破概算、超期严重，成本难以有效控制。市场监管中发现，采用传统模式的建设单位的部门利益严重，腐败问题时有发生，造成公共资产浪费。此外，由于传统模式中设计、施工单位分立，不能整合为优化设计、降低成本、缩短工期的利益主体，既不利于科技创新、管理创新，也不利于"走出去"战略的实施，严重制约了公共投资项目特别是房屋和市政基础设施项目供给侧结构改革的推进，必须从转型发展的高度来认识和破解。目前，设计施工总承包模式在我国的工业项目以及部分铁道、交通、水利项目中推行较为顺利，一般可比同类型传统模式项目节省投资10%～15%，缩短工期10%～30%，质量也能得到有效控制，在节约资源、节省投资、缩短工期、保证质量安全等方面突显了优势，取得了显著成效。但总体上看，我国实行设计施工总承包模式的项目还偏少，尤其是公共投资的城市房屋建筑和市政基础设施项目中推行缓慢。究其原因，除了政策和技术等方法论层面外，主要矛盾还在于认识论层面，核心就是要不要推进的问题，矛盾的主要方面是地方政府投资管理方式不能适应总承包模式的推行。工业项目之所以能够推广，关键在于其投资管理是企业行为，在商言商必然要求优化设计、降低成本、缩短工期，要求"交钥匙"和"达产"。部分铁道、交通、水利项目之所以能够开展总承包模式，在于其政府投资主体单一，认识论的问题聚焦相对容易，即只要项目的最高决策领导意识到开展总承包模式的重要性，矛盾就能迎刃而解。相比较而言，公共投资的城市房屋建筑和市政基础设施工程，其事权、财权均在地方政府，由于投资主体复杂，利益交织，对推行总承包模式，往往相互观望，动因始终不强。当然，也不排除一些建设单位的个别人或个别团体从自身利益考虑，人为排斥。可以看出，如何引导和推动各地迈出公共投资项目设计施工总承包模式的第一步，将是有关部门要重点解决的问题。当前要特别关注一个新情况，迫于国办19号文的压力，个别城市一些公共投资项目的主管部门，并未真想推动设计施工总承包，着力研究EPC的招标投标核心和关键问题，而是仍力图把持项目的权限，搞假EPC。真假EPC的根本区别就在于总承包体在设计施工采购总承包协议下，有没有充分地优化设计、缩短工期、节省投资的动因和利益。该问题要高度重视，否则会严重阻碍城市公共投资项目全面实现 EPC 模式的改革目标。

## （三）EPC 与 PPP 的关系

需要关注的是，在 EPC 基础上更深层次的改革，即 PPP 模式。EPC 的关键在于形成真正意义上优化设计、缩短工期、节省投资的甲乙双方理性契约关系。PPP 则是更深入的改革，是投资方式改革的深化，必然推动公共投资项目全面提高投资质量和效益的深入改革，这是不以人的意志为转移的。可以断定，真正意义的 PPP 必然需要 EPC，真正实现 EPC 则必然需要建筑产业综合技术的全面创新和提升。相信这将会是经济新常态下转型发展的必然要求，也是供给侧改革创新的必然要求。国办 19 号文及后续各部委一系列配套文件，明确要大力推广 EPC 模式。与此同时，PPP 不期而遇，且来势很猛，由于推广之初经验不足加之投资回报率过高，大多数央企、国企拿到 PPP 项目后没有关注其后面深层次的改革问题。EPC 制度设计的初衷，是要营造公共投资项目甲乙双方理性契约关系，优化设计、缩短工期、节省投资。PPP 则更加深入，行业里讲"不会当乙方就不会当甲方"，PPP 就是要让会当乙方的人来当甲方，目标是要比不实行 PPP 的项目更好、更省、更快。把握住 PPP 和 EPC 之间的辩证关系，实现这一目标只能通过 EPC 模式。现阶段有些拿到 PPP 项目的央企、国企全然没有将重点放在这上面，希望这些央企、国企在这一重大改革问题上不要迷茫，一定要打造全新的核心竞争力。这个新的核心竞争力就是一定要证明，其 PPP 项目就是比不是 PPP 的项目，比其他央企、国企的 PPP 项目更好、更省、更快，一定是通过 EPC 来实现，牢牢紧扣PPP与EPC结合的核心竞争力。两者之间，既有辩证关系，亦有逻辑关系。为此，我在担任中国建筑业协会第六届理事会会长期间多次给几家央企主要领导提出以上建议，请其关注，从现有的靠量大面广的中小项目，从依靠走量甚至挂靠的传统模式中摆脱出来，实现真正意义上的跨越。

习近平总书记指出，"抓住了创新，就抓住了牵动我国发展全局的'牛鼻子'""国际竞争新优势也越来越体现在创新能力上，谁在创新上先行一步，谁就能拥有引领发展的主动权"，要"抓住突出问题和关键环节，找出体制机制症结，拿出解决办法，重大改革方案制定要确保质量"。下一步如何深化改革？对建筑企业来说，创新发展的思路越发清晰。大型央企、国企必须及时、准确地抓住这次深化改革政策上的有利时机，公共投资项目一定要大力提升EPC的管理能力，所有中标的PPP项目必须尽早主动推进EPC的管理模式，用优化设计、缩短工期、节省投资让PPP项目和EPC项目更好更省更快，进而形成央企、国企新的核心竞争力。其他建筑企业也要调整格局与思维，学习中天集团的"大客户战略"，采用"内涵式的EPC"管理模式，即使不是EPC项目，也要全力实现优化设计、缩短工期、节省投资，为业主创造价值，不超概算不超工期，形成自己独特的新的核心竞争力。

## 二、怎样理解新基建与传统基建的关系

### （一）什么是新基建

国家发展改革委在2020年4月例行新闻发布会上，首次明确新型基础设施的范围，认为，新型基础设施是以新发展理

念为引领,以技术创新为驱动,以信息网络为基础,面向高质量发展需要,提供数字转型、智能升级、融合创新等服务的基础设施体系。

目前来看,新型基础设施主要包括3个方面内容:

一是信息基础设施。主要是指基于新一代信息技术演化生成的基础设施,比如,以5G、物联网、工业互联网、卫星互联网为代表的通信网络基础设施,以人工智能、云计算、区块链等为代表的新技术基础设施,以数据中心、智能计算中心为代表的算力基础设施等。

二是融合基础设施。主要是指深度应用互联网、大数据、人工智能等技术,支撑传统基础设施转型升级,进而形成的融合基础设施,比如,智能交通基础设施、智慧能源基础设施等。

三是创新基础设施。主要是指支撑科学研究、技术开发、产品研制的具有公益属性的基础设施,比如,重大科技基础设施、科教基础设施、产业技术创新基础设施等。

当然,伴随着技术革命和产业变革,新型基础设施的内涵、外延也不是一成不变的,应持续跟踪研究。一是加强顶层设计。研究出台推动新型基础设施发展的有关指导意见。二是优化政策环境。以提高新型基础设施的长期供给质量和效率为重点,修订完善有利于新兴行业持续健康发展的准入规则。三是抓好项目建设。加快推动5G网络部署,促进光纤宽带网络的优化升级,加快全国一体化大数据中心建设。稳步推进传统基础设施的"数字+""智能+"升级。同时,超前部署创新基础设施。四是做好统筹协调。强化部门协同,通过试点示范、合规指引等方式,加快产业成熟和设施完善。推进政企协同,激发各类主体的投资积极性，推动技术创新、部署建设和融合应用的互促互进。

## （二）新基建与传统基建的关系及三个 $\varDelta$ 的概念

用辩证思维来分析，拉动经济有三驾马车：消费、出口、投资。在三者关系中，由于贸易战加上新冠肺炎疫情持续，出口订单减少，消费也受到一定程度抑制。那么政府一定会推动加大基建投资规模。

加大基建投资规模：$\sum \varDelta = \varDelta_1 + \varDelta_2 + \varDelta_3$

$\varDelta_1$ 是加大老基建投资政策出台；

$\varDelta_2$ 是新基建投资的增长效益；

$\varDelta_3$ 是智慧城市倒逼之下新建加既有项目的数字化提升改造工程。

先看 $\varDelta_1$，与2008年相比，相信会更大，但是政策导向一定会更明确。2008年4万亿元如果说还有些许不足之处，就是两个方面，一是有些大水漫灌；二是部分热钱溢出到了房地产，推高了房价。这次一定会精准地做好这方面工作。

热传导效应一定会带动建筑产业所有供应链条的方方面面，即拉动整个实体经济发展并带动就业。这是 $\varDelta_1$ 政策制定的核心价值所在，即，一是拉动产业链，拉动实体经济；二是带动就业。

据不完全统计，按照不同的且非正式的版本分析，全国各地的基建规模可能要达到40万亿。我们姑且听之，还要密切关注，还没有最终落地。最后到底是多少，肯定比2008年规模要大，这对我们建筑产业是一次空前利好。建筑业企业正紧盯"十四五"规划，哪些领域会增加，哪些领域会减少，如何做出战略调整等。

关于 $\varDelta_2$，第一，从概念上分析，$\varDelta_2$ 要比 $\varDelta_1$ 相对小很多，但仍然会对经济注入强劲活力，我们知道信心比黄金更重要，只要加大基建投资，对我们整个产业来讲，大家就会感觉宽松，大家就会感觉日子好过。第二，$\varDelta_2$ 的影响范围其实比 $\varDelta_1$ 的要相对小很多，但是热传导的影响会有"放大"和"倍增"的效应。第三，$\varDelta_2$ 一定会造就一批新基建的新独角兽，这是我要强调的一点。

再说 $\varDelta_3$。$\varDelta_1$ 和 $\varDelta_2$ 即将落地，$\varDelta_3$ 尚在孕育中，我们很希望 2021 年"十四五"开启之年就是 $\varDelta_3$ 的元年。$\varDelta_3$ 虽然从规模上来分析比 $\varDelta_1$ 和 $\varDelta_2$ 都要小，但其对建筑产业科技跨越的深远影响远超过其规模所表现的外在形态，其内在的创新性影响不可估量，我们期待着新的"未来"，新的"预期"的新独角兽产生。

### （三）新基建下的机遇与挑战

黄奇帆指出，新基建是互联网经济创新的重要基础，也是促进传统产业数字化转型的重要举措。他说得很好，基本上把"新基建"定性说全了。据其分析，5G 基站（大约有 600 万个）、配套的软件产业、1000 万台大数据中心以及相对应的配套电力和机房等基础设施，以及特高压、城市轨道交通等，不完全统计可能要达到 10 万亿元的规模。

我认为新基建有三个特点。第一，就基建来分析，其复杂程度并不高，这里面除了轨道交通、特高压等行业和设备外，就基建本身而言，其实都不难，广大的中小微建筑企业都会做。第二，新基建就布局来分析，具有很强的地域性特点，各地建筑企业都有施展才华的表现机会。第三，新基建市场经济的特点其实是提出了更高要求，可能很多会采用或 +PPP，或

+EPC，或+融资，或+交钥匙甚至+运维。常常有人问建筑产业到没到"天花板"？这次如果加上运维，可能会有很多企业要转型了，也就是说一些地区的基站的基建部分从建到管到运维可能都交给你，你是否做得到，当然设备还在运营商。所以对于更好更省更快，要真正认识透彻。

人们常说"互联网+"的思维,什么是"互联网+"的思维？彼得·蒂尔写过一本书《从0到1：开启商业与未来的秘密》，对于什么是未来预期，什么是新的独角兽，在这本书里我认为他论述得比较透彻，他举的成功案例是特斯拉汽车，在他出书这一年特斯拉汽车依然在亏损，但是特斯拉上市后，其市值居然比美国三大汽车商的市值加起来都要高，三大汽车商年年盈利但是没有其一家市值高。为什么？未来预期！他在这本书里还发现，凡是在美国股票市场上市的企业要当就当"老大"，凡是老大的股票价值比"老二""老三""老四"的股票价值加起来都要高，所以后来为什么大家都推崇独角兽。你是不是独角兽，你是不是现在的独角兽，是不是未来的独角兽？

新基建必然会产生一批新的独角兽。$\Delta_2$和$\Delta_3$会促进建筑产业产生一批新的未来已来和未来预期型的新独角兽。$\Delta_2$是"未来已来"，新基建马上落地。$\Delta_3$则是"未来预期"，还没有到，但是大家知道已经是喷薄欲出的太阳了，很快就会来。那么当什么独角兽呢？或者当一个行业独角兽，或者当一个地域独角兽，还有细分的独角兽。所以说"未来已来"和"未来预期"，是期待着新的行业独角兽、地域独角兽、细分独角兽。

归结以上，就是关注新基建，要以"辩证思维"和"互联网+"的思维来分析和把脉。

## 三、建筑产业绿色化转型升级的重点是什么以及如何做

### （一）为什么要发展装配式

中共中央、国务院《关于进一步加强城市规划建设管理工作的若干意见》指出，要大力推广装配式建筑。需要从国家战略层面认真回答两个深刻问题，即中国为什么要发展装配式建筑和如何发展装配式建筑。我国现有的传统技术虽然对城乡建设快速发展贡献很大，但弊端亦十分突出，必须加快转型，大力发展装配式建筑。

### （二）城市政府的作用

全面推广装配式建筑，上海市引领了发展方向。概括上海市政府的主要做法就是倒逼机制＋鼓励和示范，其成功经验就是真明白、真想干、真会干，根本原因就是市委市政府决策领导有把发展装配式建筑这件大事做好的坚定意志。为此，我们于 2017 年对上海市做了专题调研，发表了《上海市引领全国装配式建筑发展的成功经验和根本原因》的调研报告。各城市人民政府贯彻落实以上文件精神，让政策真正落地，是装配式建筑发展是否成功的关键所在。上海市通过政府引导、市场主导，各方主体参与，全面推动装配式建筑发展，在全国处于领先地位。

上海市政府规定，从 2016 年起，外环线以内新建民用建筑应全部采用装配式建筑；外环线以外不少于 50%，并逐年增加。这是目前各地推广政策中要求最高的。上海市将装配式建筑作为提升城市发展品质和建筑业转型升级的重要工作。发展装配式建筑，人民群众得到的最直接的实惠和好处是得房率实

实在在提高了（1%～3%），房屋质量比传统技术明显提高了。据上海市的开发企业反映，装配式建筑的报修率比传统技术大幅度降低，开裂渗漏等质量通病问题基本上得到解决。在"倒逼机制"和"奖励机制"共同作用下，开发商由原来的普遍抵触变为积极推广，努力探讨什么样的装配式建筑更好更省更快。设计院不断深化设计能力，研究什么样的装配式建筑更能符合市场需要。施工单位不断加大技术研发和资金投入，提升装配式建造的水平，向装配式建筑全产业链发展。目前，上海建工集团、上海城建、中建八局等单位已成为装配式建筑全产业链的领先企业。部品部件生产企业不断加大投入，提升产能，快速拓展装配式建筑市场，积极性空前高涨。上海市及周边城市人民政府都非常重视装配式建筑产业的聚集效应，把装配式产业作为提升本地经济转型和跨越发展的一次契机。

概括地说，上海市的成功经验就是，市委市政府对发展装配式建筑非常坚定。

一是真明白。就是真正明白发展装配式建筑是党中央、国务院的重大决策部署，是绿色发展和提升城市发展品质的必然选择。绿色发展是我国新时期重要的发展理念。我国的经济总量主要聚集在城市，要发展绿色经济必然要发展绿色城市，而建筑运行与建造能耗又占全社会总能耗的近一半，因此，发展绿色城市必须发展绿色建筑。上海市委市政府出台文件坚定贯彻党中央、国务院文件精神，就是深刻认识到绿色发展是提升城市发展品质的关键，装配式建筑对发展绿色城市和促进经济转型具有突出作用。这种真明白，既有认识论层面的，又有方法论层面的。

二是真想干。就是真正有把发展装配式建筑这件大事做好的决心和坚定意志。上海市的发展决心从在供地面积总量中落实装配式建筑面积的要求不断升级上抓住了"牛鼻子"。到2016年要求全市符合条件的新建建筑原则上都采用装配式建筑。标准要求不断提高，形成了强大的政策推动力，市场倒逼机制不断加强。在倒逼机制下，政府只需要因势利导落实奖励政策和做好示范引导，其他的就交给市场好了。但是如果政府的发展决心不大，还没有想明白真正想干发展装配式建筑这件大事，就会在各种困难面前却步，由于涉及规划、国土、发改、财税、建设等多个部门，或是几位副市长分管，就可能推诿扯皮，如土地供应上有人不明确对开发商的要求，怎么办？行业里在推广初期反映出的很多问题，如有人说没有标准，有人说不会设计，有人说不会安装，还有人说不会验收等，怎么办？破解这些问题的根本就在于市委市政府发展装配式建筑的决心和坚定意志。上海市委市政府就是通过制定政策加强市场倒逼机制，真正把发展决心落到实处。

　　三是真会干。就是要找出发展装配式建筑的关键环节，突破关键问题，制定切实有效的措施。上海市在这方面的确做出了表率。一是市委市政府主要领导非常重视装配式建筑发展，由分管副市长召集有关单位成立"上海市绿色建筑发展联席会议"，推动相关政策制定落实和工作协调。二是对应实施装配式建筑的建设项目，在土地出让合同中明确相关要求，保障项目顺利落地。三是出台扶持鼓励政策。如规划奖励、资金补贴、墙材专项基金减免等政策；明确装配式建筑工程项目可以实行分层、分阶段验收；新建装配式商品住宅项目达到一定工程进度可以提前预售。现阶段，最重要和最有效的就是奖励容积率（3%～5%）。四是建立并逐步完善了从设计、构件生产、施工安装到竣工验收的标准规范体系和图集,实施全过程质量监管,保障工程质量。五是充分发挥示范的引领作用,培育骨干企业,不断提高预制构件产能,形成完整的产业链。简约地说,上海市大力推动装配式建筑发展突出的就是,抓住"倒逼机制"(牵住"牛鼻子")和"奖励机制"("给快牛多喂草")及通过示范项目现场观摩引导各方。显然,只有解决了认识论层面的"真明白"的问题,才能破解方法论层面的"真会干"的问题。

  毛主席曾说过,工作成功必须要情况明、决心大、方法对。要把发展装配式建筑这项重要工作做好,现在看来,根本在于市委市政府的决策领导是否能像毛主席说的那样,是否能像上海市委市政府做的那样,坚定发展装配式建筑的决心,全面完成党中央、国务院制定的发展目标。市委市政府真明白、真想干、真会干是推动装配式建筑发展的成功经验,而决策领导的坚定意志又是成功的根本原因。我们认为,装配式建筑发展能否在全国全面地"既开花又结果",还是只在部分地区"既开花又结果",而在另外部分地区"只开花不结果",关键的关键就在于市委市政府的决策者的坚定意志。

### (三)建筑产业当如何

  发展装配式建筑,建筑业企业家要回答好四个问题,第一,到底要不要发展装配式?第二,准备发展什么样的装配式?有 PC 装配式、传统钢结构装配式以及全钢结构全装配式,即使是 PC,又有 1.0 版(即现浇剪力墙 +3 板 PC 结合套筒灌浆技术)、2.0 版(即预制剪力墙 +3 板 PC 结合套筒灌浆技术)、3.0 版(即预制剪力墙 +3 板 PC 结合"后浇带原理"的连结技术)、4.0 版(模块化装配式)。第三,准备以哪个城市为中心发展装配式？装配式是有运输半径的，PC 的运输半径也就是 150～300km，钢结构的运输半径约 300～500km，任何企业都不可能包打天下，只能是抢抓重点城市，下围棋抢点。现在大家都在抢点布局。第四，怎样更好地发展装配式？现在很多城市政府很积极，希望你把装配式生产基地落到他那个城市来，以增加该城市的 GDP、税收和劳动力就业，会给土地优惠、税收优惠、保障房下订单，还会给企业一定的人才公寓指标。更有甚者，一些城市还同意配套基地建设给一块商业用地，希望尽快建成 2～3 栋新型装配式建筑的商业示范出来，以起到观摩推广的作用。此等利好吸引了一些开发商主动上门来求合作，并愿意共同投资基地，效果好的话他们还愿意下订单。机电和装饰装修企业也积极跟进，形成装配式的产业链。如此，一盘大棋就下活了，一个产业联盟就形成了。所以说，装配式进一步发展，一定是产业联盟的发展，一定是产业联盟与产业联盟之间的竞争。

## （四）发展装配式要把握的重点和关键

我们说未来已来，实际上是说转型升级与科技跨越双重叠加同步到来。我们分析判断，突出体现在装配式 +BIM、装配式 +EPC、装配式 + 超低能耗这"三个绝配"上。

**装配式 +BIM**。青岛国际会议中心项目采用全钢结构全装配式，结构 – 机电 – 装修全装配式仅仅六个月就又好、又省、又快地建成了。他们由衷地感慨，没有 BIM 根本无法实现。所有的装配式部品部件，什么时候下订单、什么时候上生产线、什么时候打包运输、什么时候到现场、谁来安装、谁来验收等，全靠 BIM 大数据。

**装配式 +EPC**。真正推动装配式发展，没有 EPC 是难以实现更好、更省、更快的，所以一定要突出 EPC，这方面中建科技创造了很好的装配式 +EPC 的经验，做到 EPC 下的装配式更好、更省、更快。

**装配式 + 超低能耗**。今后超低能耗被动式在我们国家将有广阔的发展空间。

下一步，**装配式 +AI 智慧建造**将是一个新的广阔领域，每年 28 万多项新开工项目和 29 万多亿元总产值的产业场景全面实现智慧化（包括工厂智慧化、现场智慧化），这是多么巨大的蓝海，将极大地提升建筑产业的科技水平。正如习近平总书记所指出的，"中国制造、中国创造、中国建造共同发力，继续改变着中国的面貌"。

## 四、碳达峰碳中和战略下如何发展超低能耗建筑以破解结构性矛盾

### （一）建筑产业在碳达峰碳中和战略中的重要性

2020 年 9 月 22 日，习近平主席在第七十五届联合国大会上宣布，"中国将提高国家自主贡献力度，二氧化碳排放力争于 2030 年前达到峰值，努力争取 2060 年前实现碳中和。"随后，习主席又在联合国生物多样性峰会、二十国集团领导人利雅得峰会、2020 年气候雄心峰会、世界经济论坛"达沃斯议程"对话会等国际场合多次重申"3060"碳目标和坚定决心。中国向世界发出了中国积极引领应对气候变化的决心，彰显了大国担当。

《中共中央关于制定国民经济和社会发展第十四个五年规

划和 2035 远景目标的建议》明确提出，降低碳排放强度，支持有条件的地方率先达到碳排放峰值，制定 2030 年前碳排放达峰行动方案。

"3060"目标的提出，将加快我国调整优化产业结构、能源结构、倡导绿色低碳的生产生活方式。中央经济工作会议将"做好碳达峰、碳中和工作"列为 2021 年八大重点任务之一，明确要求抓紧制定 2030 年前碳排放达峰行动方案，支持有条件的地方率先达峰。国务院发布了《关于加快建立健全绿色低碳循环发展经济体系的指导意见》。

21 世纪初我国即提出了"三大节能"战略，建筑节能、工业节能、交通节能，其中建筑节能的比重最大，据有相关权威研究表明，在三大能耗中，建筑能耗按标准煤统计约占全社会总能耗的 43%，其中建筑运行能耗约占 23% 以上，建造和建材能耗约占 20%，因此做好建筑节能在"三大节能"战略中意义重大。目前我国既有建筑面积存量已非常庞大，2021 年全国新竣工房屋面积 40.83 亿 $m^2$，当年在建房屋面积 157.55 亿 $m^2$。由此可见，如果建筑能耗这个碳排放大户不能得到有效控制，并早日实现"碳达峰"，那么实现"3060"目标就无从谈起。

## （二）关注结构性矛盾

与此同时，新情况新问题又产生了，即随着生活水平的不断提高，人民群众有了新希望、新要求，需要新的获得感、幸福感，特别是广大的夏热冬冷地区群众迫切希望既要冬季供暖，又要夏季制冷，梅雨季还要除湿，这是人民的呼声，是不以人的意志为转移的。据初步分析，在我国每年竣工的约 40 亿 $m^2$

建筑中，夏热冬冷地区占到 40% 左右，像上海、江苏、浙江、安徽、江西、福建、河南、湖北、湖南、重庆、四川、贵州等省市，如果这个问题不解决好，人民群众不满意，碳达峰碳中和战略也难以实现，这是一个结构性矛盾，必须下狠功夫、真功夫加以解决。如何解决？我国三北地区传统的集中供暖老路肯定不行，碳达峰时点要大大延后，地方财政难以承受，人民群众还要背上供暖基础设施配套费和每年的供暖费负担。自采暖也不行，能耗一样高居不下，人民群众的热耗费也高居不下。唯一可行的办法就是发展超低能耗建筑。为此，中共中央、国务院《关于完整准确全面贯彻新发展理念做好碳达峰碳中和工作的意见》明确，要大力发展节能低碳建筑，要持续提高新建建筑节能标准，加快推进超低能耗建筑等规模化发展。

### （三）什么是超低能耗建筑及其破解结构性矛盾的作用

超低能耗建筑是指适应气候特征和自然条件，最大幅度降低建筑供暖供冷需求，最大幅度提高能源设备与系统效率，充分利用可再生能源，以最少的能源消耗提供舒适室内环境，综合节能率超过 82.5% 以上。超低能耗建筑从碳需求侧直接降低了总需求，并充分利用可再生能源。所以，发展超低能耗建筑是建筑率先实现碳达峰碳中和的根本之策。随着超低能耗建筑发展的加快，建筑碳排放将呈现以下发展趋势：一是建筑用碳峰值降低，二是峰值时间点提前，三是峰值后的下降幅度增加。有研究表明，若维持现有建筑节能政策标准与技术不变，碳达峰时间预计在 2038 年左右。只有在发展超低能耗建筑的条件下，全国建筑用碳达峰才能在 2030 年实现。发展超低能耗建筑是在建筑节能和绿色建筑基础上的更高质量更高水平的重要举措，其核心技术就是三方面，一是更高质量的墙体保温技术，二是更高水平的隔热技术，三是更高效率的新风系统。关键是有效控制在建筑节能和绿色建筑基础上的新增成本，现阶段不超过 400~600 元/$m^2$，以后还会更低。作者认为，既然是推动规模化发展，就要考虑推广的性价比，不能成本过高，否则难以规模化和商业化发展，因此要权衡比较超低能耗与近零能耗的推广成本问题。

### （四）启动"建筑碳排放计量与评价体系研究"

以上所讨论的超低能耗建筑，突出在于要研究"实现双碳"目标中建筑产业碳达峰的未尽事宜，即增量问题。广大冬冷夏热地区人民群众新希望新要求——冬季供暖、夏季制冷、梅雨季除湿可能会产生的碳排放增量问题，这是不以人的意志为转移的，必须早作判断，下大功夫、狠功夫、真功夫解决。

实现建筑产业"双碳"目标，还有一个问题必须未雨绸缪、加快研究的，即"建筑碳排放计量与评价体系"。中共中央、国务院《关于完整准确全面贯彻新发展理念做好碳达峰碳中和工作的意见》要求，要逐步开展建筑能耗限额管理，推行建筑能效测评标识，开展建筑领域低碳发展绩效评估。我国的所有工程项目设计建设原则，首先是安全，其次是经济，再其次是运行能耗（如建筑节能、绿色建筑以及今后的超低能耗），下一步即将是碳排放，特别是在即将实现碳达峰并开始关注碳中和的转折时期，各地方、各层级、各产业都会关注和重视碳排放的计量和评价问题，因为只有准确地计量和评价才可以开展碳交易，才能真正意义上鼓励各地方、各层级、各产业以及各企业、各项目重视减碳工作。因为减碳就是省钱，不但能省钱，可能还能赚钱。建筑产业是碳排放的最大产业，除了运行碳排放，就是建造碳排放，包括建造所用建筑材料的碳排放，材料运输的碳排放以及建造施工组织过程中各种碳排放，其中材料碳排放是大头。哈工大王凤来教授的研究团队对"建筑碳排放计量和评价体系的研究"已开展几年，有了一定基础和成果，建议其会同有关单位加快推进。我认为，该项研究有四个阶段。第一阶段，持续深入研究，突出在两方面，即所有工程项目的工程量准确设计计算研究和工程项目所用钢材、水泥等建筑材料的碳排放因子权威数据的收集分析整理和研究，包括材料运输半径的碳排放因子权威数据收集分析整理研究和建造施工组织管理过程的碳排放因子分析整理研究。第二阶段，编制指南和标准，包括业主设计建造均可使用的各类工程项目的指南和标准，也包括指导各地主管部门能够监督和评价的指南和标准。第三阶段，研发软件，包括业主设计建造可用的各类工程项目的碳排放计量软件，也包括各地主管部门可用于监督和评价的软件。第四阶段，指导推广，一是指导各类工程项目推广应用好指南标准，用好软件；二是指导各城市从战略规划层面做好建筑产业碳排放的综合分析。

## 五、建筑产业数字化转型升级的机遇与挑战

### （一）BIM 应用中的四个关键问题

习近平总书记在浙江调研时指出，要抓住产业数字化和数字产业化赋予的新机遇。我理解，习总书记已经为我们建筑产业指明了数字化转型升级的发展方向，即一是产业数字化，二是数字产业化。

产业数字化，当前突出的就是项目级 BIM，企业级 ERP（也称为项-企一体化）。我称此两项工作为产业数字化的"必答题"。现在我国的工程建设项目已经几乎"无 BIM 不项目"，但是要深刻认识到 BIM 应用中存在着四个关键问题。

第一是自主引擎，即"卡脖子"问题。我们现在用的 BIM 核心技术引擎基本上都是国外的。中央领导高度重视这个问题，在四位院士和有关专家学者呈报的报告上作出重要批示，政府有关部门正在积极推动同步开展课题研究。我们已经开始有了自主"备胎"，但是应用量还非常小，我们鼓励所有的重大工程项目都要主动采用自主引擎，这是应该有的政治站位。据了解，在北京怀柔科学城某重大装置项目上率先应用自主引擎，取得良好效果。

第二是自主平台，即安全问题。现在你 BIM、我 BIM、他 BIM，但是大家用的三维图形平台基本上都是国外的，而且都是云服务，数据库在哪里？设在国外。我们有几家软件企业有了自主平台。我们要鼓励更多项目应用自主三维图形平台，特别是重大工程项目一定要用自主三维图形平台。最起码数据库应当在国内。

第三是贯通问题。我们强调要全过程共享。就是设计与施工单位要共同建模，今后运维也可以用。

第四是价值问题，这是核心要义。我们为何要推广 BIM？不是因为别的，就是因为可以带来价值。"中国尊"项目，在施工阶段应用 BIM，就发现了一万一千多个碰撞问题，解决这些碰撞问题相当于给业主和总包方节省了 2 亿元的成本，缩短了 6 个月的工期，价值非常凸显。所以今后我们所有重大工程项目，用 BIM 一定要讲价值，要给业主方创造价值，为自己创造价值，还要准备好对接即将到来的"智慧城市"的要求。丁烈云院士指出，推广应用 BIM，不但要重视技术，更要重视价值。

关于企业级 ERP。我们推行 ERP 几年了，但是建筑企业真正可以打通的寥寥无几。最近上海建工，要全线打通集团公司、番号公司、区域公司和项目，不但打通层级还要打通管理、财务、税务三个系统，实现数据共享，这会是又一场革命。我们项目管理中的所有痛点和风险点都会通过 ERP 来解决。关于 ERP 也要关注自主引擎问题和自主平台问题，据了解，在 ERP 自主引擎和自主平台方面，我们国家已悄然后来居上了，值得期待。

## （二）数字化转型升级未来已来的 5 个 + 问题

关于数字产业化，突出的就是抓好在 BIM 基础上的 5 个 + 问题。我称之为"抢答题"。

第一是 +CIM，就是智慧城市。这是同济大学吴志强院士率先提出的概念。我们希望所有的城市都能就某个区域提出发展智慧城市的规划。如果发展智慧城市，就会倒过来要求我们所有工程项目都要提供 BIM 大数据，因为 BIM 大数据要支撑 CIM 建设。那个时候就不是建造方求业主方和设计方，而是业主方会倒过来求建造方与设计方共同应用 BIM。

第二是 + 供应链。就是要发展供应链平台经济，潜力巨大，我国每年 29 万多亿元建筑业总产值中约有一半多是可以通过平台集中采购的，其价值，一是解决了中小微建筑业企业采购融资成本过高，享受不到普惠金融的问题；二是解决了广大的中小微供应商难以收回供货资金的风险问题；三是集采可有效降低采购成本。现在已经涌现出了公共集采平台的雏形，达到千亿规模了，有几百家特级、一级企业上线，免费上线，享受普惠金融，一般可节省3%～5%。今后极有可能会发展形成若干万亿级平台，那个时候节省空间将达到5%～8%，潜力空前，已然就是一场革命。

第三是+数字孪生。发展智慧城市将会为建筑产业创造新的更大的空间。每年有28万多项新开工项目，还有500万～700万已竣工项目，需要实现数字化，要求BIM大数据。怎么孪生，把图纸变成BIM大数据是孪生，但是真正意义上的数字孪生是把实际工程通过北斗技术、结合无人机技术和精密仪器测量技术来实现毫米级的真实数字孪生。

第四是+AI智慧建造。如前所述，潜力巨大，现在刚刚开始。"中国尊"和武汉绿地项目已经在核心筒施工部分，实现自动绑扎钢筋、支模板、浇筑混凝土、养护，然后再自动爬升，实现了无人造楼的概念。当然还是概念，但是发展潜力很大。我们强调，一定是工厂智慧化+现场智慧化，一定是结构+机电+装饰装修全面智慧化，才是完整的建筑产业智慧化。

第五是+区块链。国家决定在深圳、苏州、雄安新区、成都等地率先推行区块链应用。对我们建筑业，区块链应用会带来什么？第一是DCEP，实现数字货币的应用。第二，所有的数据都是真实可靠且不可更改的，这对我们的诚信体系建设是一个重要基础，将会是一场诚信体系的革命，对此也要重点关注，努力推动试点示范。

综上，贯彻新发展理念，建筑产业要加快绿色化与数字化转型升级，是在绿色化基础上实现数字化转型升级。建筑企业要首先充分做好产业数字化这道"必答题"，实现项目级BIM和企业级ERP，还要在此基础上，研究好+CIM、+供应链、+数字孪生、+AI智慧建造和+区块链这几道数字产业化的"抢答题",全面掌握好建筑产业绿色化与数字化的未来已来与未来预期,有所为有所不为。

(参与本报告研究的还有中建科技集团有限公司 王健宇、清华大学互联网产业研究院 关瑞玲)

## 综述报告四：
## 王广斌：建筑产业数字化转型内涵与关键技术体系

- 建筑产业数字化转型的概念与内涵
- 建筑产业数字化转型的关键技术体系

《"十四五"数字经济发展规划》提出，数字经济是继农业经济、工业经济之后的主要经济形态，是以数据资源为关键要素，以现代信息网络为主要载体，以信息通信技术融合应用、全要素数字化转型为重要推动力，促进公平与效率更加统一的新经济形态。数字经济正推动生产方式、生活方式和治理方式深刻变革，成为重组全球要素资源、重塑全球经济结构、改变全球竞争格局的关键力量。从全球范围看，数字经济创新企业无论是规模还是成长性方面，都处于引领地位，全球市值最高的前10家企业中，数字技术相关企业占7家。各国普遍将数字经济视为促进经济复苏、重塑竞争优势和提升治理能力的关键力量，德国、英国、美国等工业发达国家数字经济占GDP比重超过60%。《IDC Future Scape：2020年全球数字化转型预测》显示，2020～2023年，全球数字化转型投资支出将达到7.4万亿美元，复合增长率达17.1%。我国处于数字经济将发挥关键性作用的阶段，2020年，我国数字经济规模达到39.2万亿元，占GDP比重为38.6%。随着新一轮科技革命和产业变革的持续推进，数字经济已成为我国最具活力、最具创新力、辐射最广泛的经济形态，成为国民经济的核心增长极之一。VUCA时代的来临为全球经济带来更多不确定性，人工智能、大数据等新兴技术的快速发展引起行业变革加剧。全球数字化转型业务中心2015年研究表明，传统业务企业受到颠覆的时间大约为36个月。在VUCA时代下，企业要掌握驾驭数字化带来的指数级变革的能力。

数字经济包括数字产业化与产业数字化两大部分。数字产业化即信息产业，其具体业态包括电子信息制造业、信息通信业、软件服务业等；产业数字化是指在新一代数字科技支撑和引领下，以数据为关键要素，以价值释放为核心，以数据赋能为主线，对产业链上下游全要素数字化升级、转型和再造的过程，即传统行业因数字技术带来的生产数量和生产效率的提升。近年来数字经济增速保持高位运行，数字经济结构持续优化升级，产业数字化深入推进，如图1所示。建筑业数字化属于产业数字化范畴。德勤咨询2019年"数字化成熟度"调查结果显示，建筑产业数字化成熟度得分为4.50，在被调研的各行业中得分最低。建筑企业应当正确认识数字化发展内涵，把握数字化转型关键，跟上后工业时代发展步伐。

图1　数字经济规模与结构

【数据来源：根据《中国数字经济发展白皮书》整理】

《中华人民共和国国民经济和社会发展第十四个五年规划和2035年远景目标纲要》将新型基础设施建设提上日程，新基建涉及5G基建、人工智能、大数据中心、工业互联网、城际高速铁路和城际轨道交通、特高压和新能源汽车充电桩等，前四者重创新，后四者补短板，赋能智能建造发展。以5G基站为例，工信部《通信业统计公告》统计数据显示，截至2020年底，新建5G基站超60万个，已开通5G基站超过71.8万个，覆盖全国地级以上城市及重点县市。《"十四五"数字经济发展规划》提出优化升级数字基础设施，包括加快建设信息网络基础设施、加快建设信息网络基础设施、有序推进基础设施智能升级。住房和城乡建设部等13部门联合印发的《关于推动智能建造与建筑工业化协同发展的指导意见》强调加快推动智能建造与建筑工业化协同发展，打造全产业链融合一体的智能建造产业体系，走出一条内涵集约式高质量发展新路。中国工程院委托同济大学、中国建筑股份有限公司等开展了《中国建造2035战略研究》《中国建造高质量发展战略研究》《建筑业"十四五"期间发展趋势研究》等一系列研究项目，清晰勾勒了"中国建造"未来发展蓝图，为建筑产业未来发展提供了支撑。在国家宏观政策方向与行业变革方向共同作用下，建筑产业有需要、也有必要向数字化转型，这既是建筑企业应对变革的内在要求，也是建筑产业实现高质量发展的必经之路。建筑企业需要抓住新一轮科技革命的历史机遇，全面认识建筑产业变革，打造智能建造新范式和新框架体系，聚焦产业数字化转型，准确把握行业发展痛点，高度重视数字化、网络化、智能化对工程建造的变革性影响，推动建筑产业由碎片化、粗放型、劳动密集型生产方式向集成化、精细化、技术密集型生产方式转型。

## 一、建筑产业数字化转型的概念与内涵

数字化转型（Digital Transformation）是建立在数字化转换（Digitization）、数字化升级（Digitalization）基础上，进一步结合企业的核心业务，以新建一种商业模式为目标的高层次转型，构建一个富有活力的数字化商业模式。数据、信息和知识是数字经济价值创造的主要生产要素。将数据、信息和知识融汇在产品与服务的全过程、全环节、全要素中，为客户创造更多价值，是数字经济和数字化转型的出发点和突破口。

《"十四五"数字经济发展规划》提出全面深化重点产业数字化转型，推动传统产业全方位、全链条数字化转型，提高全要素生产率。建筑产业数字化转型的最终目标是提高绩效，增加价值，按价值形式划分的商业方面的价值主要有三种，分别是成本价值、体验价值与平台价值。对于成本价值，以波士顿咨询公司发布《Digital in Engineering and Construction》为例，不同类型建筑在数字化转型作用下全生命周期成本均有降低，预计到2025年，全球建筑产业数字化转型将节省设计与建造成本7000亿~12000亿美元（13%~21%），运维成本节省3000亿~5000亿美元（10%~17%）[1]。随着中国经济工业化阶段基本完成，开始逐步向后工业化阶段过渡，物质产品进入需要结构性调整的时代，客户的体验价值凸显，不同于工业化时代的标准化与去个性化，后工业化时代则是以个性化定制、柔性化生产为企业的生产发展特征。建筑企业应当顺应数字化转型趋势，以客户需求为导向，满足客户个性化需求，优化客户体验。数字化转型提供平台价值，串联全产业链企业的数据与信息，打造集成化、协同化的业务生态系统，构建全数字化

市场。按价值形式划分的商业模式如图2所示。

图2 按价值形式划分的全数字化商业模式

建筑企业是实现建筑业转型升级、实现高质量发展的微观基础，通过打造一体化数字平台，全面整合企业内部信息系统，强化全流程数据贯通，加快全价值链业务协同，可形成数据驱动的智能决策能力，提升企业整体运行效率和产业链上下游协同效率。建筑企业数字化转型的基本特征和关键有以下三点。一是产品数字化，主要目的是产品的服务和创新，向制造业强国转变必须依靠产品和服务的创新能力。建筑业企业向数字化转型，需要且必须利用数字化业务模式带来的新价值主张，形成新能力和竞争力；二是企业敏捷性，敏捷性包括超强感知能力、明智决策能力和快速执行能力，是实现组织转型的基本保证。只要拥有良好的敏捷性，企业就能通过迅速调整来适应不断变化的市场形势，甚至提前预知市场变化，抢得先机。企业也可以洞悉颠覆者如何攻击自己的核心市场以及如何主动向客户提供更有吸引力的价值主张，在激烈竞争中求生存；三是人员数字化，人员数字化旨在提升企业里每个员工的积极性和生产力，对于传统的职能等级制度和尊重层级文化的国家和地区而言，挑战性会更大。

建筑产业数字化业务转型涉及组织、流程、人员和战略变革。建筑业企业数字化转型过程中，战略制定是最先的一步，也是关键的一步。建筑企业数字化转型的核心是组织和人员的数字化建设，制造业的经验表明，企业数字化转型常常会陷于组织惰性这一"陷阱"，企业在追求数字化转型时会面临组织运营、制度环境和文化三大挑战，转变思维模式是企业数字化转型成功的重要因素。

## 二、建筑产业数字化转型的关键技术体系

推动建筑产业数字化转型，应当立足我国实际，借鉴工业发达国家制造业发展经验，明确推动智能建造发展的基础关键技术。数字模型技术是建筑产业数字化转型中的技术主线，也是关键和基础。数字模型技术包括基于模型的数字产品定义（Model Based Definition，MBD）和基于模型的数字企业（Model Based Enterprise，MBE），应用范围涵盖企业全流程和全产业链。MBD 是将产品所有相关设计定义、工艺描述、属性和管理等信息都附着在产品三维模型中的先进数字化定义方法，对产品设计制造过程进行并行协同数字化建模、模拟仿真和产品定义，然后对产品的定义数据从设计的上游向零件制造、部件装配、产品总装和测量检验的下游进行传递、拓延和加工处理。实施 MBD 技术需要完善数字化基础环境建设、数字化标准体系建设、数字化业务流程建设、MBD 设计制造辅助工具开发、企业信息技术团队和数字化文化建设。MBE 的目标是建立数字孪生模型，通过产品系统和生产系统的全数字化建模仿真，在工程设计和工艺设计领域应用大数据和预测性工程分析技术，

逐步实现向智慧工厂和智能服务制造转型。数字模型技术是后工业化时代实现大规模个性化制造、产品创新变革的基础。

建筑信息模型（Building Information Modeling，BIM）技术是建筑产业的数字模型技术的代表，是建筑产业数字化转型的基础关键技术。BIM技术应用贯穿项目全生命周期，实现了全组织、全流程、全要素的管理。通过应用BIM技术可以实现各阶段信息的集成与共享，减少信息传递层次，降低信息失真率，有效实现项目各参与方之间的协同管理。在规划设计阶段，数字化技术应用涵盖协同设计、集成场地信息、数据驱动设计、模拟仿真与优化设计等。各专业工程师、设计师将图纸信息集成到统一的BIM模型中，可识别模型碰撞和冲突，保证所有图纸、报告和数据的一致性，增强协同设计。航空测绘技术和三维激光扫描技术将现有的建筑和基础设施转换成虚拟三维模型，有利于翻修和改造项目。大数据分析有助于优化设计决策，通过数据驱动的设计提高设施运营效率。全息技术模拟仿真以及3D打印技术，可加速设计迭代并提高可视化。与BIM集成的软件工具通过自动生成和评估设计方案、成本分析、可持续分析等优化设计。在施工阶段，数字化技术应用涵盖参与方间实时信息共享、数据驱动的精益建造、自动化施工、严密的施工监控等。BIM云平台可以实现各参与方间实时信息共享、整合和协作。BIM施工模型可以模拟项目施工方案、展现项目施工进度，复核统计施工单位的工程量，并形成竣工模型交给业主辅助进行项目验收，为数据驱动的精益建造提供基础。新型建造技术和自动化施工提高施工现场生产率、精度和安全性。数字化测量和监控设备跟踪施工过程和活动，减少校正工作，无人机和远程相机对建筑工地进行调查，远程信息处理系统传输多台机器参数的数据，实现严密的施工监控。运营阶段数字化主要受益于设计阶段的性能分析和施工阶段移交后运营商接收的建筑信息，实现基于BIM的运营维护、虚拟交付和调试、健康检测和运维预警、快速高效地更新和改造。数字设备和技术可以现场收集测试数据，并通过配备条形码扫描仪的移动设备，将数据直接传输到对应三维模型，在不丢失信息的情况下将数据高效地传递给建筑运营商，简化交付和调试过程。同时，BIM模型也可以通过专业接口与设备进行连接，对设备的运行进行实时监控并作出科学的管理决策，在BIM信息协同系统中，运营商可以及时将建筑物的使用情况、设备维修情况、安全评估情况等信息上传，用户可以根据相关信息对运营情况进行评估并提供反馈意见。全球BIM最佳实践也证明，BIM全生命周期成功应用的组织模式是集成项目交付（Integrated Project Delivery，IPD），在该模式下，施工阶段和运营阶段的参与方提前介入设计阶段共同工作，各个环节割裂的问题可得到很好的解决。

建筑产业数字化转型的技术体系结构共分为四个层级，包括传感器和其他设备层、数据/物理整合层、软件平台和控制层及用户界面和应用层。技术体系的底层是嵌入式传感器，可以在建筑施工和运营期间对建筑的任何部分进行实时状态监控，并不断刷新和补充数据库。数据/物理层中的3D打印技术可应用于大型建筑构件和混凝土结构，还可通过3D扫描仪创建复杂建筑数字模型，促进翻新，保障质量。软件平台和控制层是数字化转型的技术关键，该层级中BIM技术作为传统计算机辅助设计（CAD）的继承者，服务于价值链上的所有利益相关者。用户界面和应用层的大数据和分析可以处理建筑项目及其环境产生的大量异质数据，加强建筑设计，促进实时决策，提高预测准确性。项目全生命周期数字技术体系结构如图3所示。

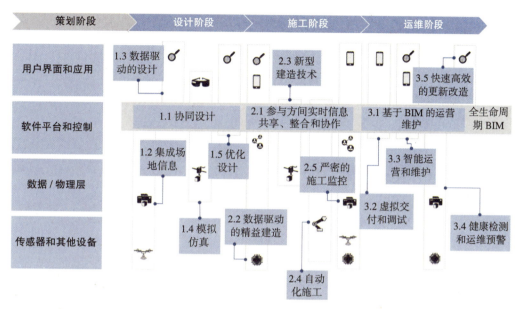

图3 项目全生命周期数字技术体系结构

BIM技术具有与其他数字技术集成应用的特点。在建筑产业供应链中，BIM技术与GIS、RFID、IOT等数字化技术结合应用，可以实现工业化建造的高精度设计、高精度构配件工厂生产及现场装配，促进不同参与方之间的协同与合作。例如，BIM能够存储和处理翻新项目中的三维激光扫描数据；提供预制和自动化现场设备所需的输入数据；在施工和运营过程中，可以与传感器和移动设备连接融合分析。此外，BIM能够整合和应用外部数据，丰富其他软件应用程序和数据系统的数字化建设，为ERP系统、PMS系统、TMS系统提供基础数据，完成海量基础数据的计算和分析，解决建筑业企业信息化中基础数据的及时性、对应性、准确性和可追溯性的问题。例如，BIM与ERP系统二者数据整合可使项目信息系统实现四算对比，使项目成本处于可控状态[3]。基于 BIM 的数字建造模式技术框架如图 4 所示。《麻省理工学院斯隆管理评论研究报告》指出，较成熟的数字化企业关注通过集合例如社交媒体、移动互联网、大数据分析、云计算等数字技术来转变企业的工作方式，不够成熟的数字化企业关注使用单独的某项数字技术来解决离散的企业问题。建筑产业数字化转型应当以 BIM 技术开发和应用为主要的技术路线和抓手，构建涵盖 BIM 和其他数字化技术集成应用的技术体系。

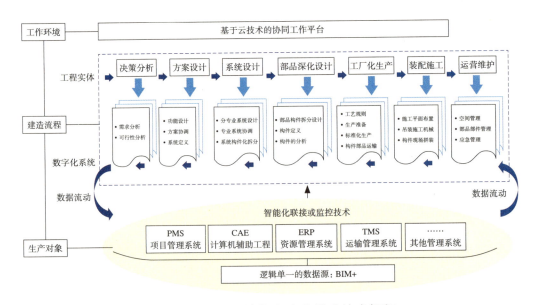

图 4  基于 BIM 的数字建造模式技术框架

建筑产业数字化发展可分为三个阶段。第一阶段为项目数字化，基本特征是基于 BIM 的项目生产与管理环节数字化。项目数字化阶段以加强生产指挥能力建设、提升精益化项目管理能力、建设智慧工地等为主[4]。第二阶段为企业数字化，基本特征是基于 BIM 与 ERP 系统的项目管理与企业管理数字化。企业数字化阶段以提升战略绩效管控能力、建设全面预算管理能力、加强一体化建造能力提升、提供特色业务服务等为主。第三阶段为产业数字化，实现基于 BIM、GIS、ERP、IoT 等数字技术的产业互联网。在产业数字化阶段，建筑业企业依托数字化平台，对建筑产业链上下游业务流、信息流、数据流进行一体化和智能化管理。建筑产业数字化发展的三阶段如图 5 所示。随着数字化转型发展阶段的提升，建筑产业将逐步走向数字化、在线化和智慧化。

**图 5　建筑业数字化发展的三阶段**

传统的建筑产业组织体制、生产流程、专业分工等存在着严重的割裂（Fragmentation）特点，从建筑全生命周期角度上来看，建设项目各个环节之间的信息交互，信息孤岛依旧存在。解决行业割裂，提升行业的生产效率，实现行业的转型和高质量发展，除推动数字化转型的技术因素外，还应紧密结合现有行业环境、组织流程以及人员知识技能，对现有规范、标准、政策做出相应调整。

## 小结

智能建造是通过大规模定制建造，满足个性化要求的数字化与工业化深度融合的过程，集成整个产业供应链和生产活动，包括产品、企业、产业信息化。建筑产业发展的基本范式，是通过数字化、工业化的深度融合追求社会、经济、环境的绿色可持续发展。

建筑产业数字化转型是大趋势，是全产业绿色可持续发展和高质量发展的必由之路；数字化发展的内涵是构建新的商业模式，实现组织变革，提高绩效；数字化转型的技术体系涵盖企业和供应链上 BIM 与其他数字化技术的集成应用，BIM 是关键技术抓手。建筑业数字化转型是思维模式、技术创新、生产管理方式以及商业模式的系统性变革，是长期持久的变革之路。

## 参考文献

[1] 王广斌. 建筑业数字化转型内涵及关键技术的思考 [N]. 中国建设报，2021-10-26.

[2] The Boston Consulting Group. Digital in Engineering and Construction：The Transformative Power of Building Information Modeling [R]. [S.I.]：BCG，2016.

[3] 杨宝明. 建筑信息模型 BIM 与企业资源计划系统 ERP[J]. 施工技术，2008（6）：31-33.

[4] 由瑞凯，周露，赵璐. 建筑企业数字化转型策略与实践 [J]. 建筑经济，2021，42（8）：10-14.

# 主题一：
## 关于产业数字化之 BIM 发展

# 1. BIM 自主引擎研发初见成效，破解"卡脖子"问题在即

## 袁正刚：研发 BIM 自主引擎，加快推广应用

### 一、国际 BIM 应用情况

BIM 在全球各国的实施落地过程中，出现了美国、英国、新加坡等典型性国家。

美国 BIM 技术政策由机构和企业提出，对行业 BIM 发展起了重要的推进作用，其中最为著名的就是美国总务管理局与美国联邦机构——美国陆军工程兵团。BIM 技术发展是市场自发行为，更偏向于 BIM 软件厂商驱动。通过具体工程案例的经验积累，再逐步要求企业、机构、政府制定相关的政策与制度，来加速 BIM 的推广，提升整体产业链的生产力和价值。

英国的 BIM 技术更多是由政府层面直接牵头及推动，要求政府投资的建设项目全面应用 3D BIM，并且要求信息化管理所有建设过程中产生的文件与数据。BIM 推广体系也是国家层面在推动 BIM 技术的发展，通过颁布"BIM 强制令"政策，将政策的具体落实分配给了行业上的各个行业组织机构，不同的组织（政府 – 协会 – 地方）分担了不同的职责。

新加坡政府在 BIM 配套政策发布的同时还建立了对应的电子送审配套平台，早在 2001 年就推动电子送审平台，供建筑、土木专业人员缴交与项目相关的计划与文件。BIM 应用推广过程以政策规划引导为主，配套指南和资金进行市场引导推广。

## 二、推广 BIM 的必要性

BIM 技术是项目精细化管理最有力的技术支撑手段，国内多数建筑企业已经把 BIM 技术作为企业创新发展的重要技术手段之一。BIM 的推广和应用，是建设工程领域的一次革命，近两个五年规划的实践进一步清晰了 BIM 技术的定位：BIM 技术是建筑产业数字化转型的关键技术引擎。

建筑产业事关国计民生，国家为加快推进国产自主可控替代计划、构建安全可控的信息技术体系，出台了一系列政策来加强国内 BIM 技术的安全可控性。当前国产化 BIM 技术的推广才刚刚起步，急需扶持相关核心技术的快速发展，实现核心自主 BIM 技术的推广和国内生态的全面发展，争取下一个五年内完全实现国产 BIM 自主可控替代。

## 三、现阶段 BIM 应用概况及关键问题

BIM 技术在我国建筑产业的应用推广已有了较大的进展，BIM 技术应用的企业数量越来越多，且持续性不断提升。2017 年未使用 BIM 技术的企业占比 35.20%，到 2021 年未使用 BIM 技术的企业仅占 5.12%。2017 年应用 BIM 技术达到 5 年以上的企业仅有 5.70%，到 2021 年持续应用 BIM 技术 5 年以上的企业已经达到近一半（47.85%）。可以看出，投入 BIM 应用的企业数量在不断增加，持续性在不断提升。

总体上 BIM 应用的项目覆盖范围持续提升，业务范围不断扩大，越来越多的企业认可 BIM 应用价值，行业对 BIM 技术的整体认知有了大幅度的提升，我国建筑产业 BIM 应用基

础已具备。

当前全国BIM技术应用推广的范围更广，BIM政策更加细化；对房建、公路、水运等工程类型也提出了相应BIM应用政策。但最核心的差距是核心技术自主可控和国内BIM应用生态和产业链补齐。BIM核心技术自主开发和应用、BIM技术与其他技术的集成应用，国内BIM应用生态的建设和推广应用影响日趋严重。我们认为，最关键的是要解决BIM软件引擎的自主可控问题。这是一个"卡脖子"问题，必须加快解决。我们国家正在加快研究解决，广联达作为BIM软件的专业公司，也正在做出自己的贡献，提供自主可控引擎方案。

## 四、BIM推广应用方案

BIM推广应用路径的总体原则是，方向指导，示范引领，创新发展。具体方案如下：

**一是政府引导和市场主导结合，引导核心BIM技术开发和推广，完善BIM应用生态。**

项目层面，针对重大项目和重大区域，制定示范引领企业和示范引领区。明确要求各省树立自主可控BIM示范应用企业和示范城市。

企业层面，强化大型国有企业的社会责任，引导自主BIM引擎的推广应用，试点和示范相结合，企业数字化转型和项目数字化管理相结合，树立自主可控BIM示范企业标杆。

政府层面，鼓励和支持核心技术发展，激励企业与项目层面多维度国产BIM技术的示范引领效果，完善BIM技术应用规则体系和国内生态布局，逐步建立BIM审查和监管系统配套。

**二是构建 BIM 建设和运维全生命周期体系，推动核心技术创新发展。**

要推行基于 BIM 技术的建造运维一体化的建设管理模式，鼓励有条件的企业和项目打破现阶段管理框架的限制，形成利益共同体，构建完整的 BIM 数据共享机制，推进 BIM 技术在工程全生命周期的使用。

要深化和促进 BIM 技术同新业态和新技术的融合发展。因地制宜制定 BIM 技术的融合发展指南，可重点结合 BIM 技术容易给新产品赋能的相关产业，如装配式，城市管理等，推动 BIM 应用于工程总承包模式、数字化审查、招投投标阶段等。

还要鼓励研发企业持续推进核心技术积累和研发创新，推动自主知识产权的 BIM 技术和产品研发：针对各地高新技术企业发展现状，重点围绕 BIM "卡脖子"核心技术和项目管理核心平台，制定鼓励和支持政策，扶持本企业技术创新。

## 五、迫切需要政府支持的建议

**一是加大对关键技术研发企业的支持力度。**

加大对自主可控技术研发企业的培育和支持力度，提高企业创新愿望和创新能力，切实发挥企业的主体创新作用和市场引领作用。进一步明确建筑行业基础平台研发创新的目标，吸引和引导研发力量集中持续发力。通过支持行业领军企业参与政策、规划、标准和配套制度及措施的制定，支持采购国产化创新产品和服务，有效协调国家目标和企业目标之间的关系。

**二是加大示范应用企业和区域的支持力度。**

BIM 技术应用费用计价标准在工程建设其他费用中单独计

列，并明确 BIM 技术应用费用纳入项目投资预算；对已完成立项批复的工程，应按有关规定办理项目概算调整手续，并在相关科目费用中列支自主可控 BIM 技术应用专项经费。持续支持国产自主技术示范应用企业。

## 六、基于自主引擎的 BIM 软件推广应用案例

基于自主引擎的国产 BIM 建模和设计软件产品，在国内尚处于起步发展阶段，国内代表性软件厂商逐步推出 BIM 应用软件。其中最具有代表性的 BIM 软件产品是广联达公司基于 BIM 三维图形引擎技术开发的施工 BIM 建模和深化设计软件 BIMMAKE，率先在重大工程项目中实现示范应用，并经过两年左右的推广应用，在施工阶段与国际同类软件相比已建立了局部优势。

**案例 1：北京怀柔科学城脑认知项目应用 BIM 自主引擎情况**

项目位于怀柔科学城，建筑面积 3.2 万 $m^2$，由中航建设集团承建。北楼地上 7 层/地下 1 层（局部夹层），建筑高度为 35.4m；西楼地上 6 层，建筑高度为 30m；南楼地上 2 层，建筑高度为 10.2m；东楼地上 3 层，建筑高度为 18.6m。项目为"中国脑计划"和"人工智能 2.0"等国家重大战略的实施提供重要支撑。

该项目基于 BIMMAKE 施工深化设计软件解决了以下重要施工难题：

**钢筋及钢构件管控难度大。**钢骨柱和钢板墙处，钢筋及钢构件数量多，空隙小，模板的穿墙螺栓焊接固定质量难以控制，且混凝土浇筑作业时易出现蜂窝麻面的质量通病。

**模板施工组织难度大。**地下室结构中存在多处同层、同轴线且相互相连的不同标高的楼板,对施工中的标高控制难度大、不同标高楼板处施工作业组织难度大。

**施工深化设计要求高。**地上部分实验室为洁净实验室,施工精度要求较高,施工难度大。

项目通过一模多用连通上下游模型,实现数据信息的共享,大大提高了BIM模型创建效率。深化后的钢筋模型实现整体钢筋布置,控制项目钢筋材料用量和指导加工。

2020年12月11日在北京怀柔科学城,由丁烈云、肖绪文院士等有关专家组成专家组对科学城脑认知建设项目进行现场考察并听取了BIMMAKE软件在该项目的应用汇报。专家组认为,基于自主引擎的BIM软件能够满足土建施工要求,支持快速建模、快速生成场地布置模型、自动导出工程量和钢筋下料单、管理人员现场快捷浏览施工模型,建模效率高,易用性好、安全性高,符合土建施工业务需求。与现有相关软件相比,具有显著优势。

### 案例2:深圳卫星通信运营大厦超高层项目应用BIM自主引擎情况

项目位于深圳市宝安区宝兴路,由中建三局一公司承建,地处CBD核心地段,定位于"高通量宽带卫星通信系统"大厦。项目是深圳市及宝安区委区政府重点招引项目,包括高通量宽带卫星空间段、卫星应用服务系统等。由一栋超高层办公塔楼与裙楼组成,办公塔楼47层,建筑高度224.8m(绝对高度230m),底部商业裙楼6层,地下4层,总建筑面积10.71万$m^2$。其中地上建筑面积8.04万$m^2$,地下室建筑面积2.67万$m^2$。

该项目基于BIMMAKE施工深化设计软件解决了以下重

要施工难题：

**施工场地狭小。**本项目基坑边即为红线，现场首道内支撑封板作为材料堆场及车辆运输的场地。基于自主引擎的 BIM 模型进行场地布置和优化，模拟复杂基坑内支撑拆除，有效表达基坑周边道路、建筑等环境信息，为现场施工安全提供环境信息。

**项目施工成本控制要求高。**基于自主引擎的 BIM 模型深化钢筋和钢骨模型，解决了现场钢筋施工难的问题同时提高了钢筋下料的精度；二次结构和木模板参数化快速深化，降低了深化设计人力成本，精准提取模板和砌体用量，实现材料计划精准管控。

**施工工艺难度大。**通过基于自主引擎的 BIM 模型的施工工艺模拟和节点模拟，降低现场施工风险和实施难度。

2021 年 8 月 20 日，由丁烈云、肖绪文院士等专家组成的专家组听取了关于"基于自主图形引擎的 BIMMAKE 软件在超高层建筑工程示范应用成果"并审阅相关文件资料。专家组认为，具有自主知识产权的 BIM 图形平台针对一般房屋建筑工程能够支撑基于 BIM 的设计、施工及造价软件开发与应用，基本实现了 BIM 三维图形技术上的自主可控。与国际同类软件相比，在几何造型复杂度与扩展性、布尔运算的稳定性、渲染引擎的云端扩展及大规模 BIM 场景的渲染效率、参数化构件创建能力等关键核心技术取得突破性进展。同时基于自主图形引擎的 BIM 软件自 2021 年 1 月至 2021 年 7 月在超高层建筑"卫星通信运营大厦（建筑高度 224.8m）"工程中成功应用，能够支持快速创建三维 BIM 模型、基于模型进行施工技术深化设计和施工模拟、提取工程量和交底。应用结果表明，该软件易用性好、安全性高，满足超高层建筑土建施工需求，与国际同类软件相比优势明显。

**案例 3：河南未来林溪湾项目应用 BIM 自主引擎情况**

项目位于商丘市柘城县未来路和浦东路交会处，包括 16 栋高层住宅楼以及附属地下车库，总建筑面积 16.9 万 $m^2$。其中地下一层建设单位为河南崇丽置业有限公司，由郑州一建集团承建。结合广联达 BIMMAKE 软件，项目从施工现场布置、图纸问题审查、土方开挖、砌体排砖、利用 BIM 技术创新创优等方面展开全面 BIM 技术应用，并取得了显著成果：

一是利用 BIM 技术进行施工场地策划，优化临建布置，加快施工进度，保障绿色施工，同时大大提高企业对外形象，召开省级以上观摩会 3 次。

二是基于模型对整层砌块材料量进行提取，每层按需上料，使砌体损耗率得到有效控制。根据成本统计分析，砌体损耗率比目标值降低 3 个百分点，减少砌体损耗 245.61$m^3$，节约成本 6.63 万元；

三是通过 BIM 技术应用，模板的制作损耗率由原来的 10% 降低到 5%，节约模板原材 3214 张，节约成本 16.07 万元。

四是针对图纸模糊不清的地方，经过深化设计使图纸表达更加详细，有效避免了对原有地基的扰动，使基槽成型一次通过监理、设计、地勘的验收；同时整个项目基础混凝土方量得到有效控制，比预算值节约 167$m^3$，节约成本 10.02 万元。

五是由于有 BIM 技术应用的支持，项目获得商丘市安全文明工地、优质结构工程、QC 一等奖（2 项），还获得省级 QC 一等奖（3 项）、国家级 QC 三等奖（1 项）、实用新型专利 2 项；获"中原杯"BIM 大赛一等奖（1 项）、"共创杯"BIM

大赛二等奖（1项）。

**案例4：长沙金桥国际商贸城应用BIM自主引擎情况**

项目位于长沙核心区——望城经济开发区，总建筑面积1500万$m^2$，总投资600亿元，分三期开发建设，致力于打造湖南省首个"千亿商贸物流城"，建成后将是一个集商品交易批发、会展博览、仓储物流、电子商务、金融后援、总部基地及相关产业配套为一体的超大型湖南"3+5"城市群金融商贸物流中心。

施工企业项目部，对其中1号楼主楼（建筑高度93m，27层，每层1900$m^2$）、3号楼裙楼（建筑高度22m，5层，每层2000$m^2$）应用了基于自主引擎的BIM软件对钢筋施工总控量进行深化计算。3号楼裙楼和1号楼主楼分别导入预算模型，基于施工图调整优化钢筋构造设置和节点设置，优化和深化钢筋计算后得到的钢筋量，分别较施工图预算量节约了5.41%、4.37%，两栋楼执行施工图深化设计后可节约钢筋101.8t。

以上案例表明，基于自主引擎的BIM软件完全可以替代国外同类软件，且在多个方面显示出更加符合中国建筑企业工程管理特点的优势。丁烈云、肖绪文院士等专家对应用案例进行了专题评审，给予了很高的评价，并认为基于自主引擎的BIM软件的推广应用一定会加快。

（参与本报告研究的还有广联达科技股份有限公司 万祖勇）

# 许杰峰：研发 BIM 自主引擎，破解"卡脖子"问题

当前，新一轮科技革命和产业变革加速演进，信息技术创新日新月异，"数字技术"和"数字经济"已成为新一轮经济社会生产的核心要素，在推动经济社会发展、促进国家治理体系和治理能力现代化方面发挥着越来越重要的作用。党的十九大报告在论述创新型国家时，提出了"数字中国"的理念，为工程建设行业数字化转型指明了方向。与此同时，我国正处于"十四五"规划开始的关键节点上，新型信息技术助力数字化、网络化、智能化协同发展，数字化转型成为新的行业热点，推动各行业向"高质量发展"转变。

为贯彻落实习近平总书记关于推动数字经济和实体经济融合发展的重要指示精神，打造数字经济新优势等决策部署，促进数字化、网络化、智能化发展，增强企业竞争力、创新力、控制力、影响力、抗风险能力，提升产业基础能力和产业链现代化水平，加快推进行业数字化转型工作，2020 年 9 月 21 日，国务院国资委印发《关于加快推进国有企业数字化转型工作的通知》，明确了国有企业数字化转型的基础、方向、重点和举措，积极引导国有企业在数字经济时代准确识变、科学应变、主动求变，加快改造提升传统动能、培育发展新动能，开启数字化转型的新篇章。

建筑产业作为国民经济支柱产业，在推动经济社会发展过程中持续发挥重要作用。但作为传统产业，建筑产业还长期存在着发展模式粗放、生产效率低、工业化程度低、资源

浪费大、建设成本高等问题，严重阻滞了建筑产业的健康发展。在数字化变革的大趋势下，通过数字技术赋能建筑产业已变得迫在眉睫。

## 一、破解"卡脖子"问题关键是研发 BIM 自主引擎

2021年10月18日，习近平总书记在中共中央政治局第三十四次集体学习中强调，要加强关键核心技术攻关，牵住自主创新这个"牛鼻子"，要全面推进产业化、规模化应用，重点突破关键软件，推动软件产业做大做强，提升关键软件技术创新和供给能力。

BIM 即建筑信息模型，其概念是基于 Autodesk 公司提出的虚拟建筑（Virtual Building）概念和 Bentley 公司提出的 Signal Building Information 概念之上于2002年首次提出。BIM 以工程项目建设的各项相关信息数据作为模型的基础，进行建筑模型的建立，并通过数字信息仿真模拟建筑物所具有的真实信息，具有可视化、协调性、模拟性、优化性和可出图性五大特点。伴随着全球建筑产业信息化的快速发展，BIM 技术已经迅速扩展应用到了各个国家。

面对当前错综复杂的国际环境，中国发展必须解决对国外技术依赖的风险问题。而现阶段，国内 BIM 软件市场长期被国外企业垄断，以之建立的建筑数据将存在着巨大的安全隐患问题，这就要求我们要尽快掌握自主可控的 BIM 技术，解决中国工程建设长期以来缺失自主的 BIM 三维图形引擎，国产 BIM 软件无"芯"的"卡脖子"关键技术问题，实现关键核心技术自主可控。

在此形势下，从国家层面组织攻关自主可控的 BIM 核心技术，加强在技术、软件、应用模式等方面的自主创新，研发具有完全自主知识产权的三维图形引擎、BIM 平台和应用软件，形成系统性软件方案，实现 BIM 软件的国产化替代和升级已是非常紧迫的任务。

## 二、BIM 自主引擎研发初见成效

三维图形引擎是 BIM 软件最为核心的底层支撑技术，在计算机辅助设计（CAD）、计算机辅助制造（CAM）、计算机辅助工程（CAE）等诸多应用领域，三维几何引擎都是最基础的核心组件。成熟技术高度集中在欧美发达国家，中国正在努力发展中，属于"卡脖子"的基础核心技术之一。目前主要的三维图形引擎有法国达索集团的 CGM、美国 Spatial 公司（已于 2000 年被达索公司收购）的 ACIS、德国西门子公司的 Parasolid、美国 PTC 公司的 Granite、俄罗斯 ASCON 公司的 C3D Molder、中国建研院构力科技的 BIMBase、中望软件的 Overdrive 等，以及法国 CapGemini 的 Opencascade 开源技术。

中国建筑科学研究院基于 30 多年自主图形技术的积累，承担了自主 BIM 技术攻坚项目，经过十年集中攻关，于 2020 年推出了完全自主知识产权的 BIMBase 图形引擎，并于 2021 年推出国内首款完全自主知识产权的 BIM 平台软件——BIMBase 系统，解决了中国工程建设长期以来缺失自主 BIM 三维图形系统，国产 BIM 软件无"芯"的"卡脖子"关键技术问题，实现了关键核心技术自主可控。

2021 年 4 月 25 日，在福州召开的第四届数字中国建设峰会上，国务院国资委首次对外发布"国有企业科技创新十大成果"，中国建筑科学研究院研发的自主可控BIMBase系统，作为建筑行业唯一成果入选。2021年5月30日，国资委向全社会发布《中央企业科技创新成果推荐目录（2020年版）》，BIMBase建模软件列入"基础软件类"成果，与"九天"人工智能平台、麒麟操作系统并列。BIMBase为工程建设行业提供数字化基础平台，目前已在建筑行业推广应用，将为行业数字化转型和数据安全提供有力保障。

BIMBase图形引擎面向工程建设行业全生命周期BIM应用需求，涵盖几何引擎、显示引擎、数据引擎等底层核心技术，高效图形引擎和轻量化图形引擎是BIM引擎的关键，包括了自主可控的高效数据库技术、参数化对象与约束机制，可扩展的基础几何库和三维编辑工具集，组件式、可视化的开发环境、多源数据共享格式与机制和API应用接口，突破基础数据结构与算法、数学运算、建模元素、建模算法、大体量几何图形的优化存储与显示、几何造型复杂度与扩展性、BIM几何信息与非几何信息的关联等核心技术，同时提供了二次开发环境，为上层各类应用软件的研发奠定了坚实基础。

其WEB端图形引擎基于B/S架构，采用微服务架构容器技术部署，利用Kubernetes对容器集群进行编排管理，减少对操作系统和公有云平台的依赖，可灵活在各种环境部署。在BIM模型简化和压缩、数据的流式加载、轻量化数据的动态加载等方面突破了传统桌面软件的局限性，基于浏览器的WebGL技术，实现BIM可视化或编辑模型数据。通过图形引擎提供对图形显示、图形操作的良好支持；基于图形轻量化、Web图形显示等技术，实现对图形数据的轻量化处理以及模型承载量的提升，实现高效传输和高效加载。

BIMBase 图形引擎的核心技术包括：

**大体量图形处理的 BIM 三维图形引擎技术**。具有完全自主知识产权的 BIM 三维图形引擎 P3D，重点突破了大体量几何图形的优化存储与显示、几何造型复杂度与扩展性、BIM 几何信息与非几何信息的关联等核心技术，支持基于 BIM 三维图形平台的应用开发。采用包围盒以及显示层次定义、配合场景的模型显示剔除与精细度控制、转换矩阵和视图剪切与特定视图的显示列表关联、定义缓存 – 元素 – 视图唯一 ID 以加速索引等方式提升显示效率，采用异步加载技术和分部分加载技术解决 BIM 模型的 Web 显示和加载时间效率问题。

**基于 BIM 三维图形平台的参数化建模技术**。提供参数化建模方法，面向建筑行业内置的参数化构件，同时提供用户自定义参数化构件方法。BIM 参数化建模与机械制造领域的参数化设计具有较大的区别，BIM 构件之间的约束关系具有较强的专业性，且 BIM 模型体量通常庞大，求解效率对满足实际应用需求至关重要。因此 BIMBase 对通用标准构件（如常规墙体、标准结构柱、机电管道等）进行系统内置，称为标准参数化建模；对特殊造型构件（如门窗、异形柱、机电设备等）提供开放自定义参数化构件功能（图1），称为自定义参数化建模，内容主要包括：基本对象及关联关系、基本功能、参数化构件对象及管理、参数化构件实例及布置等。

**面向工程项目全生命周期应用的 BIM 基础平台技术**。面向工程项目全生命周期应用需求，具备数据版本管理效率、多端即时访问、数据存储安全性、高负荷几何运算和专业分析的计算性能等关键技术，解决了大体量工程项目的数据承载、基

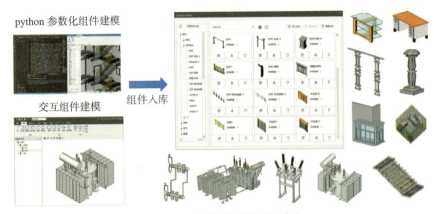

图 1 开放的参数化组件库

于构件的协同工作与按需加载、BIM 子模型提取和合并、存储压缩率和数据扩展机制等问题。平台将 BIM 三维图形平台对图形引擎、BIM 数据服务、协同工作等公共功能进行封装,提供 BIM 基础数据定义、BIM 数据服务、参数化建模、协同工作、数据交换、轻量化服务及二次开发服务。

**多专业模型关联数字化协同建模技术。**基于该平台的建模软件和设计软件,通过平台的一体化数据库存储,支持多专业构件级协同设计。基于统一的平台,建立构件级的关联关系,实现以 BIM 数据交换为核心的协作方式,建立多专业、多参与方的协同工作机制。通过该平台集成各专业建模和设计成果,提供模型参照、互提资料、碰撞检查、差异比对等多专业协同模式,消除各专业设计中的冲突;通过基于云服务的多端(桌面端、WEB 端、移动端)协同平台,集成云存储、图档管理、模型共享与批注等功能,可提供跨企业和跨地域的协同应用模式,满足不同场景下的多类型协同工作需要。

目前,自主 BIMBase 图形引擎各项技术性能指标已达到国外成熟软件的 80% 以上,可以满足建筑行业绝大部分常规构件的数字化建模需求，解决了自主三维图形平台从无到有的问题。目前基于自主图形平台开发的国产 BIM 应用软件陆续推出，已在建筑行业进行了广泛应用，逐步建立起国产 BIM 软件生态。

## 三、应用案例

### 案例 1：丰润尚和府项目应用 BIM 自主引擎情况

丰润尚和府项目位于河北省唐山市丰润区，项目规划总建筑面积 21.2 万 $m^2$，包括 D 区、E 区、F 区三个地块，属于重要发展区内的城中村改造工程。本项目由中国二十二冶集团装配式建筑分公司牵头实施，本案例针对 E 地块进行详细介绍，其规划用地面积 2.1 万 $m^2$，总建筑面积为 6.1 万 $m^2$，其中地上建筑面积 4.3 万 $m^2$，地下建筑面积 1.8 万 $m^2$。依据地形，本项目合理规划住宅 7 栋（18 层住宅楼 6 栋，9 层住宅楼 1 栋），总设计户数 367 户。其中预制构件包括预制叠合板、预制墙、预制楼梯，最终装配率为 85% 以上。作为装配式建筑示范项目，所有预制构件均采用 PKPM-PC 进行三维建模、构件布置与深化、二维出图。

应用基于自主 BIMBase 平台研发的装配式建筑设计软件 PKPM-PC，所有源代码可实现自主可控。软件面向客户需求，按照装配式建筑全产业链集成应用模式研发，符合装配式建筑精细化、一体化的特点，实现了方案设计与深化设计无缝连接。软件可完成国内各种结构形式的装配式设计，内置国标预制部品部件库，提供智能化构件拆分与预拼装、全专业协同设计、构件深化与详图生成、碰撞检查、设备开洞与管线预埋、装配率统计与材料统计、设计数据接力生产设备等模块。

该装配式建筑设计软件可以快速完成国内各种装配式建筑的全流程设计，包括方案、拆分、计算、统计、深化、施工图和加工图，可实现预制构件智能拆分、智能统计、智能查找钢筋碰撞点、智能开设备洞和预埋管线、构件智能归并、即时统计预制率和装配率，自动生成各类施工图和构件详图，相比传统CAD设计和采用其他通用性软件设计，效率大为提高。该产品通过对钢筋精细化加工后的大体量工程模型数据处理、专业设计可视化模拟等创新技术，实现了模型高效创建、即时编辑和实时动态加载、顺畅展示，全面提升了设计效率，在这种场景下，相较于国外同类产品卡顿、死机等问题，国产PKPM-PC软件具有明显优势。

**应用情况：**

在方案设计中，利用软件的拆分工具和部件库，根据运输尺寸、吊装重量、模数化要求，进行构件拆分，并利用软件的自动设计功能，形成符合国标设计规范要求的构件。结合河北装配式建筑评价地方标准，在PKPM-PC软件中进行装配率相关指标计算。在深化设计中，根据装配式项目设计要求，利用软件的交互布置功能，对预制构件、预埋件和预留孔洞等进行交互布置。根据计算结果，对预制构件中的配筋进行交互布置和参数调整。在设计完成后，进行三维碰撞检查，对于专业内、专业间碰撞位置进行处理，及时做出调整，避免施工过程中的诸多问题。经过BIM三维模型精细化调整，最终一键形成构件详图、物料清单、生产加工所需数据等。

设计成果导出对接生产加工，导出生产加工数据包，包含工厂生产所需的pmodel模型、json数据、PDF图纸、UNI文件，对接至装配式智慧工厂管理系统。通过信息传递，实现BIM设计数据在生产过程中三维可视化查看与管理，促进项目进度模拟以及生产控制。

**应用效果：**

装配式建筑设计软件的成功应用和生产数据无缝对接传导，为丰润区尚和府项目的设计和建造提供了高效便捷的数字化工具。BIM模型的应用，保证了三维模型信息与二维图纸统一，有效地提高了设计质量。用PKPM–PC软件深化一栋18层楼的装配式预制叠合板、预制楼梯、预制墙一天两层图，大约需要1周画完，CAD手画大约需要25天，与CAD手画相比效率提升70%；比REVIT（美国软件）操作更流畅，对比单层出图时间更快，实现了更为高效准确完成项目预制构件设计的效果。

同时，本项目基于BIM应用，直接将设计数据对接工厂管理系统，减少人工数据处理过程，效率提升了一倍。

**案例2：广州市施工图三维数字化审查系统应用BIM自主引擎情况**

为进一步加快推进广州市建筑信息模型（BIM）技术应用发展，根据《广州市城市信息模型（CIM）平台建设试点工作联席会议办公室关于进一步加快推进我市建筑信息模型（BIM）技术应用的通知》等有关要求，在广州市城市信息模型（CIM）平台上，基于自主BIM平台构建了三维数字化审查系统。

该系统采用的核心引擎也是上述自主三维图形引擎，针对B/S端的应用情景，基于轻量化图形引擎提供对图形显示、图形操作的良好支持；基于图形轻量化、Web图形显示等技术，实现对图形数据的轻量化处理以及模型承载量的提升；实现高效传输和高效加载。图形显示方面能够流畅进行图形浏览和操作，支持多版本图形的对比和多视角图形的查看，在 Web 浏览器和移动设备上实现灵活、高效、丰富的三维模型显示，具有良好的兼容性，支持主流的浏览器；图形操作方面，支持对模型的缩放、旋转等基本操作，同时提供图形筛选、模型三维批注及状态更新、图形测量、3D 剖切、视点记录等功能，支持多模型集成操作，并支持与数据信息和业务信息的关联及业务模块划分。

广州市三维数字化审查系统可实现建筑、结构、给水排水、暖通、电气、消防、人防、节能等专业和专项系统的智能化审查功能。其特点及创新点：

在形成统一的数据交付标准、数据格式标准和管理规范的基础上，探索施工图三维数字化审查。开发施工图三维数字化审查系统，通过专业自动技术审查工具，针对计算机语言可完成规则编写规范强条与审查要点的部分条文，完成规范条文的拆解工作，从 BIM 模型进行信息提取结合规范规则库的拆解，将模型数据与规则库匹配，自动进行技术审查功能。

针对 B/S 云端服务架构，基于轻量化浏览技术，大文件的智能分片存储和秒传，客户端多专业模型文件动态组装，细节级别控制技术、渐进式流式加载和分片渲染技术，模型数据压缩技术，提升大模型的加载和渲染效率。

研发完成了自动审查引擎，实现三维模型的计算机自动审查功能，减少人工审查条文的数量和审查工作量，形成计算机辅助人工审查的工作模式。

施工图三维数字化智能审查系统与 CIM 基础平台衔接。探索施工图三维数字化智能审查系统与市 CIM 平台顺畅衔接，在应用数据上统一标准，在系统结构上互联互通，实现 CIM 平台上对报建工程建设项目 BIM 数据的集中统一管理，促进 BIM 报建数据成果在城市规划建设管理领域共享，实现数据联动、管理协同，为智慧城市建设奠定数据基础。

**应用效果：**

根据项目一期近 500 个报建模型审查表明，BIM 审查系统将审图效率提升了 50% 以上，审查条文漏审率降低了 30% 以上，审查规范条文能力提升了 3 倍以上，将减少大量人工，施工图审查质量和效率有了质的飞越，为建筑行业政府主管部门和企业单位带来管理效率的提升，项目设计质量的提升也使工程建设过程中的返工大为减少，工程造价相应降低，将带来巨大的经济效益。

随着国家逐步取消施工图审查，实行建筑师负责制，广州市大力推进工程建设项目审批制度改革，顺应了信息化社会发展的迫切需要。在我国建设行业中，数字化程度相对较低，管理体制及配套的信息系统应用相对较少；BIM 模型审查可以说是一项技术、手段的创新。通过 BIM 模型审查，不仅为 CIM 基础平台提供基础数据，而且推动建筑行业 BIM 技术应用与发展，是对建设领域智能化的一个尝试，将带来较大社会价值。

（参与本报告研究的还有中国建筑科学研究院北京构力科技有限公司 姜立、马恩成、张晓龙）

## 赵 伟：自主引擎 BIM 软件的中望方案

广州中望龙腾软件公司是一家上市企业，目前已构建了二维和三维 CAD 绘图、CAE 仿真和自主引擎 BIM 协同平台等系列产品。同时持续推动自主、先进的国产软件在工程建设行业的深度应用，助力行业数字化、协同化发展。

### 一、自主 BIM 平台

中望悟空 BIM 平台分为通用三维 CAD 图形平台、BIM 基础技术平台、行业应用平台，各层平台内由多个模块、组件或应用组成，共同组合形成行业解决方案。其定位是适应大体量场景的三维应用，提供大型项目，全生命周期的，多专业协同合作解决方案，适用建筑、市政（大土木）、流程工厂三大板块。

2010 年，中望全资收购 VX 公司并获得其全部知识产权和源代码，随后经过十多年对 Overdrive 三维几何内核的不断开发与应用，中望不仅从知识产权上完全拥有了 Overdrive 内核技术，国内的研发团队也完全掌握了这项技术，各产品核心模块不依赖于第三方供应商，可以有效避免在商业竞争及贸易争端中被第三方"卡脖子"的情况。Overdrive 内核的核心技术支持各种基础的几何算法实现；支持各种三维基础建模算法；支持"实体-曲面对象"的混合建模；支持"参数化建模和直接建模"的混合建模；支持面向数据交互的模型导入导出，模型诊断与修复；支持高精度下的建模计算；支持与大多数三维数据格式进行数据转换。目前平台已经十分成熟、稳定，可以与 CGM 等世界一流三维几何内核并肩。

## 二、自主 BIM 平台的核心优势

悟空 BIM 平台基于 Overdrive 三维几何内核引擎，以解决工程行业实际问题为核心需求，集成国际国内先进的软件工程技术及 CAD 技术，突破工程设计软件底层关键技术，改变工业软件领域技术封锁的现状。其核心优势有以下几点：

**一是支持异形建筑设计。**

目前，市场上的主流 BIM 软件的自由曲面造型能力不足，难以支持异形外立面的建筑设计。工程师在完成异形建筑设计时，需要使用 Rhino 等造型软件完成外立面的曲面设计。

悟空平台底层的 Overdrive 内核采用与 Rhino 软件相同的 NURBS（非均匀有理 B 样条曲线曲面）技术，可以有效地表达自由曲面，完成曲面的创建、修改、编辑，并将曲面造型能力与行业建模功能有机结合，使软件平台能够支持工程行业高精度的实体/曲面混合建模，满足工程项目中复杂造型的需求。

**二是支持单一数据源设计协同。**

目前，市场上的主流 BIM 软件以文件为基础进行数据存储及交换。存储分散的文件极易引起工程数据丢失、泄漏等风险。在多专业多用户开展的协同设计中，项目数据的访问/修改等权限无法精确控制，容易导致项目数据错乱，造成工作协同困难的问题。

悟空平台将数据统一管理在服务端数据库中。用户可以在任意访问单一数据源的项目数据进行协同设计，数据保存上传至服务端，采用关系数据库加文件库的方式，对集中存储到服务端的数据进行管理。可以提供构件级别的权限管理/协同服务。在完成工程项目三维设计之余，还能将各阶段各专业的设计有效地进行串联，形成适合企业实际工作场景的一体化解决方案。

**三是支持建筑/市政/道桥等多行业领域。**

目前，市场上的主流BIM软件很难利用一款BIM软件满足建筑、道桥等多专业领域的设计需求，用户必须使用多款软件才能完成项目设计，造成很大的人力、物力浪费。

悟空平台围绕数字化设计技术的工程行业应用技术，攻克信息模型技术、参数化技术、中间数据标准技术等方面的关键共性技术，研究具体专业领域内的数字化应用技术，例如建筑设计平台、桥梁设计平台等。让各专业领域的用户都能基于悟空平台进行设计，并且产生的设计数据在悟空平台中天然互通，做到利用同一套平台满足建筑、市政、道路、桥梁等多专业的设计需求。

**四是支持逐渐深化地正向设计。**

悟空BIM平台以支持工程项目正向设计为导向，突破多项关键技术，以支持概念设计、施工图设计、深化设计等多阶段，逐渐深化的项目设计。对于概念外形设计阶段，提供便于形体推敲的建模工具；对于方案设计阶段，提供便于功能分区的建模工具；对于施工图或深化设计阶段，提供行业属性更丰富、造型更精细的建模工具；让用户能够在每个设计阶段，使用最合适的工具快速完成相应详细深度的三维设计，最终实现一套数据模型贯穿设计始终，逐渐深化地正向设计。

**五是支持超大体量工程设计。**

目前，市场上的主流BIM软件由于开发时间较早，很多不能及时跟上科技进步步伐，利用目前发展迅速的各项先进软硬件技术，从而导致一些软件的性能存在不足，如运行速度、渲染效率很难提升，造成软件卡滞等问题，极大地影响用户体验。

悟空平台进行了多维度的架构设计和性能优化。支持厚重的几何拓扑数据及轻量化的显示数据两种数据之间的切换，还可以按照用户意图进行自动化地按需加载，从而大幅度提升平台对大体量工程数据的处理能力，实现千万级构件项目完整加载情况下仍能流畅建模设计。通过对数据组织的精巧设计，以及构件级别的数据拆分，可以减轻在项目打开过程中的计算机资源耗费。悟空还采用先进的高性能显示引擎技术、多线程等技术，提升平台显示效率，进一步提升用户体验。

**六是支持面向装配式制造的深化设计。**

悟空 BIM 平台以 Overdrive 三维几何内核为基础，不仅能够表达大尺寸工程模型，还能在小尺寸的模型上保持高的精度，因此能够将在平台中创建的三维模型直接用于装配式构件生产制造。

## 三、应用案例

### 案例 1：Overdrive 内核案例

某合作方使用 Overdrive 内核开发国产软件，利用中望成熟的三维建模能力，快速构建出与国外同类产品有类似功能定位的国产软件。该软件有如下特点：

一是合作方利用 Overdrive 的二次开发能力，抽象设计出符合行业使用习惯的通用造型库与常用算法库。

二是基于 Overdrive 的三角化能力，双方合作开发了一个高效的三维渲染模块，嵌入到该软件中。

三是 Overdrive 内核支持国产操作系统与常见的 Windows 操作系统，也支持多个硬件平台，对国产软硬件平台都有较好的支持；基于该特点，合作方开发的软件可以从底层深度国产化。

**案例 2：ZW3D 用户案例**

Temren Makina 公司成立于 2017 年，是土耳其一家从事国防、航空航天、交通运输等领域基础装备产品的机械设计与制造厂商。Temren 公司希望新的设计软件在操作上要足够简单便捷，让工程师能够在短时间内快速切换、熟练掌握并开展设计绘图工作。

Temren 公司工程师主要应用中望 3D 进行其中的概念设计和机械设计两大核心环节。在其最新的 PENÇE_PLT3 托盘系统设计项目中，托盘系统安装于车辆的车轮上，驾驶人员只需按下按钮即可将车轮快速更换为托盘，使车辆能够在雪天或极端的地势环境下正常行驶。在 PENÇE_PLT3 项目执行过程中，中望 3D 出色地承担了该系统的整个概念和机械设计工作，工程师们对软件的草图、建模、装配设计和丰富的标准零件库等功能也给予了高度评价。中望 3D 直观友好的界面和易于使用的功能让工程师们能够快速上手，开展各项设计工作，从而使得 PENÇE_PLT3 托盘系统这一新产品能够提前交付，获得竞争优势。

# 水伟厚：关于地基基础 BIM 研究

## 一、什么是地基基础 BIM

地基基础 BIM 是将工程地质、基坑支护、地基处理等地基基础及周边地下构筑物等各种信息整合于一个三维模型场景中，具有多维化、协同性、实时性和真实性等特点。地基基础 BIM 贯穿于工程的全生命周期管理，强调地基基础工程的分析、设计、施工和管理，是工程全生命周期应用，是全过程、全要素、全参与方应用的关键环节。

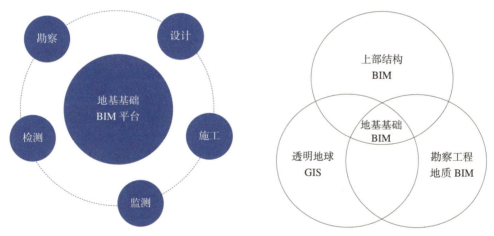

图 1　地基基础 BIM 研究内容及其与相关 BIM 和 GIS 的关系

地基基础 BIM 与 GIS、勘察 BIM 和结构 BIM 等有联系，更有明显的区别。GIS 平台更关注宏观层面的数字化表达，主要用于城市规划，国土资源的利用和评估，地质灾害防治等宏观领域的应用，更偏向地质而非工程。结构 BIM 主要为上部结构，用于碰撞检测、优化及空间分析。勘察的 BIM 平台仅关注对勘察的数据管理，建立的模型更多地用于单纯的勘察研究，缺少与地基基础工程设计、施工、管理乃至运维的结合。

地基基础 BIM 的数据完备，不仅包含工程地质和地基基础工程全生命周期的信息，它同时还是一个大数据的分析共享平台，不仅实现地基基础工程的数字化和空间分析能力的可视化，也可以将项目的经验、数据以可控的方式进行共享，建立地基基础工程经验的共享协同模式，以促进地基基础工程综合研究经验的即时借鉴，使方案的优劣取舍更具科学的决策支持。地基基础 BIM 模型的数据结构层面考虑了在工程领域的应用特点，可以与各专业 BIM 模型完美融合。

目前我国的地基基础工程信息化较为落后，在地下空间开发过程中，缺少有效的数字化应用手段，对数据及经验的积累越来越不重视的问题凸显，成为建筑行业数字化转型的落后环节。地基基础 BIM 既可以解决地下地基基础结构与地质信息数字孪生的问题，同时还可以与工程项目的设计和施工深度结合，实现工程安全生产和真实记录，是 BIM 和 CIM 发展不可或缺的重要组成部分。

## 二、地基基础 BIM 的价值

地基基础 BIM 的研发，旨在通过数据的引入，建立可视化的地基基础数据模型，实现工程施工数据的孪生，弥补设计经验不足的缺陷，降低工程风险，提高工程效率。同时逐步形成地基基础的大数据平台，为其他项目的勘察、设计、施工、监测、检测提供借鉴，也为城市的规划、建设、管理、运维提供地下空间数据支撑。

地基基础 BIM 通过建立地质模型，使用插值算法和岩土工程空间统计技术，就可以根据需要模拟出研究区域任意点的虚拟钻孔土层情况，方便描述其空间分布规律，能有效地实现二维成果资料的数字化、三维化、可视化。可以将工程地质、基坑支护、地基基础及周边地下构筑物各种定位和结构（包括物理力学等）信息整合于一个三维模型场景中，具有多维化、协同性等特点，可以实现设计团队、施工单位、运营部门以及业主等各方人员的协同工作，避免了信息孤岛的存在，有效提高效率、节省资源、降低成本。

同时地基基础工程的安全不仅需要合理的设计、施工，也需要借鉴贯穿在工程始终的实际变更和经验数据，由全面的地基基础数字孪生形成的地基基础 BIM 可以为保证工程安全提供科学依据，为邻近或类似工程的设计和施工方案指导借鉴，是实现建筑行业数字化转型的关键环节。

## 三、地基基础 BIM 拟解决的关键技术问题

地基基础 BIM 会形成真正基于 BIM 的云端城市三维地基基础模型，对岩土特性指标等参数进行分析，并将工程设计和建造过程信息进行有效孪生，实现设计和施工数据的互通与真实记录。拟解决的关键技术问题有：

一是具备勘察和地基基础数据导入、存储和浏览，可通过平台进行地基基础 BIM 的快速建模，根据现场实际数据实现地基基础的数字孪生，反映工程项目的真实情况；

二是可结合现场情况进行地基基础相关的碰撞与协调，提前发现工程存在的问题隐患，实现对现场施工的指导和优化；

三是地基基础工程施工动态模拟，优化施工管理，即三维模型加载成本和工期等参数进行多维度分析，便于优化施工方案和节约成本；

四是可根据现场施工数据对模型进行更新对比，识别出与设计方案之间的差异，可辅助质量管理和验收管理；

五是形成地基基础 BIM 大数据库，建立数据对比系统，可实现对拟建项目的地基基础工程设计参数的对比、分析，辅助进行设计参数和方案的优化。

地基基础 BIM 可引领地基基础行业向互联网和大数据应用的思维转变，通过实现地基基础的数字孪生，进行大数据累积与挖掘分析，为后续项目地基基础的设计、施工和管理提供更为准确有效的依据。

## 四、地基基础 BIM 研究进展及应用案例

目前地基基础 BIM1.0 已基本实现地基基础工程数字孪生，主要功能如下：

建立了岩土工程勘察成果的三维工程地质 BIM 模型。创建关联地层信息、钻孔信息、原位测试、室内试验数据的关联属性大数据库，实现任意点地层柱状的提取、任意剖切面和平切面的生成、任意开挖和剖切、任意地质体体积量算等，便于进行方案比选分析和土方工程量核算等。

实现了地基基础的数据化和可视化。如西安未来之芯项目建立设计阶段与工程地质三维 BIM 模型，实现了地基基础设计和施工的数据化和可视化。

建立基于设计及地基基础工程实际数据的地基基础 BIM

模型。在西安未来之芯项目中通过将设计阶段的模型与工程地质模型进行整合碰撞，指导了基坑设计、桩基设计的优化，减少了现场变更的风险及数量，节省了成本，加快了工期。

下一步地基基础 BIM2.0 将实现设计及施工方案分析优化；地基基础 BIM3.0 实现业务协同应用；地基基础 BIM4.0 实现动态分析优化及预测。

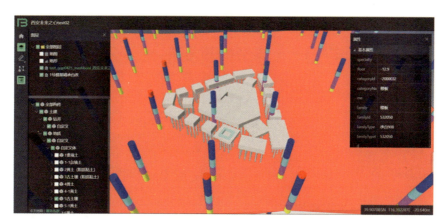

图 2　桩进入持力层计算分析

## 五、全面推进地基基础 BIM 会引发建筑产业重要变革

岩土工程本质上是一门经验性学科，地基基础工程是典型的大数据应用范畴。随着传感器技术和设备的发展，针对施工的数据采集的门槛会越来越低。通过建立地基基础 BIM 平台，可以不断积累地下空间的数据资产，运用大数据分析技术进行相互比对，可以多角度验证数据的可靠性和合理性。以"数据即资产"的思路来看，可以利用数据进行资产增值，将数据在可控的范围内进行共享，在换取数据交易收益的同时，也加强不同项目间技术人员的经验交流，可以随时随地进行共享借鉴。

同时借助大数据分析技术，建立地基基础工程经验共享或协同的模式，可以促进地基基础工程综合研究经验的即时借鉴，使方案更具科学的决策支持，从而提高地基基础工程技术水平，推动整个建筑产业的转型升级，降本增效。

地基基础BIM对地基基础工程的质量、工期和成本极为重要，是地基基础生态的再造，特别是反映在"花自己的钱办自己的事"的EPC或PPP项目中。通过数字化手段，结合大数据、人工智能先进技术，解决地基基础的高能耗、高成本、高风险的问题是建筑产业转型的重要举措，全面推进地基基础BIM会对建筑产业发展引发重要变革。

（参与本报告研究的还有中建二局华北公司 李峰、中国建设基础设施有限公司 栾帅、广联达科技股份有限公司 陈伟）

## 2. BIM 自主三维图形平台推广加快，解决安全问题刻不容缓

### 袁正刚：自主三维图形平台是推动数字化转型、实现安全可控的关键支撑

数字孪生是工业互联网的基石，是数字中国创新发展的基础设施和关键引擎，其中三维图形技术是工业软件和数字孪生的基础支撑。目前工业软件底层图形平台基本来自国外。航空、造船等核心领域为保障信息安全通常采取物理隔离措施，但由于缺乏底层平台技术，自主积累的数据与应用很容易遭遇授权许可审查等"卡脖子"风险。各行业目前正处于数字化转型的关键时期，加快国产自主图形平台推广，解决安全问题刻不容缓。

三维图形技术主要研究图形的几何形体表示、生成、处理、显示和交互操作的基本原理和算法，是计算机科学的核心基础学科之一。作为人与数字化空间交互的核心技术，三维图形技术通过三维直观表达、虚拟操作和模拟仿真，实现所见即所得的真实感临场体验，因此在科学研究、艺术、教育、娱乐、工程等众多领域具有广泛应用。三维图形技术与各行业的结合也催生出了大量交叉学科，包括 CAD（计算机辅助设计）、GIS（地理信息系统）、仿真分析、可视化、虚拟现实、三维游戏、数字媒体、数字孪生等，目前最新的元宇宙概念也是三维图形技术在数字孪生技术体系的基础上，进一步集大成的发展体现。

三维图形技术在工程建设领域的应用也非常广泛。进入

21世纪，随着数字化转型需求的拉动，在航空航天、高端制造业相对领先的"三维图形仿真、三维设计、集成制造、智能制造、数字孪生、工业4.0"等工业技术成果，以及消费互联网领域的最新IT技术成果开始进入工程建设领域，并结合工程建设行业的技术生态，催生出了BIM、构件预制加工、建筑工业化、数字建筑平台、建筑工业互联网等概念及其相关技术。三维图形技术与城市规划、建设、运营结合也进一步催生了CIM技术的产生。目前BIM与CIM技术相互支撑、相互促进，成为工程建设与城市运营相关行业推动数字化转型的关键抓手。

融合工程建设行业特性、集成三维图形基础模块的BIM三维图形平台是支撑工程建设行业规划设计、施工建造、运维管理全过程、全参与方、全要素的基础平台，对推动工程建设行业的数字化转型升级具有重大意义。

**是提升建筑软件国际竞争力的关键因素。**

BIM技术作为一种贯穿于建筑全生命期的三维数字技术，经过多年发展，以其可视化、虚拟化、协同化、数字化等特点，已成为各种建筑软件的技术基础。目前国内BIM应用软件大多基于国外的Revit、Tekla等平台进行二次开发，国产应用软件停留在插件层次，生态薄弱、缺乏核心竞争力。中国作为建造大国需要拥有自己的核心技术，作为基础支撑的BIM三维图形平台是提升建筑软件核心竞争力的前置条件与关键因素。

**是推动建筑产业数字化转型的核心引擎。**

BIM三维图形平台可有效促进建筑产业的管理模式创新。BIM与PM（项目管理）的深度融合将打破传统的工程项目管理模式，二者结合可有效提高业务数据的准确性和利用率，支持更优决策；BIM与IPD（项目集成交付）的集成应用可有效降低设计变更，提高项目执行效率；BIM 与建筑工业互联网的结合将会彻底改变目前相互割裂的工程建造模式。在行业层面，BIM 三维图形平台可有效提升行业数字化水平，推动行业精细化管理。

**是保障建筑产业安全可控的关键手段。**

基础三维图形技术事关建筑软件生态的可持续发展与建筑信息安全。当前国内 BIM 软件厂商大多基于国外图形平台或在国外 BIM 产品上做二次开发，国产建筑软件生态薄弱，发展严重受制于人。另外，很多建设、设计、施工单位直接应用国外 BIM 软件，并将模型存储在国外厂商的云端服务器，产生了很大的安全隐患与风险，特别是影响国计民生的重大建设项目。

## 一、国外三维图形平台及其基础引擎基本垄断了国内市场

国外三维图形平台与 BIM 技术起步较早，已形成了比较成熟的上下游应用生态圈与工具链。目前工程建设行业领先的三维图形应用平台包括 Autodesk 公司的 AutoCAD 和 Revit（三维 BIM）、Bentley 公司的 MicroStation，分别在建筑领域和基础设施领域占据国内市场的主导地位。达索公司的 CATIA 平台在航空、机械领域拥有比较大的技术优势，最近也逐步开始向建筑领域的高端市场扩展。上述统称为 ABC 的三家企业基本垄断了国内 BIM 平台和核心应用市场，国内软件厂商限于自身技术能力以及这些巨头厂商形成的生态锁定，主要提供二次开发应用、边缘小型应用或者具有本地化特色的应用软件。

ABC 核心应用平台通过最近 20 多年的发展，最近已进入

稳定推广和收获期。以业界主导的 Revit 平台为例，1998 年来自 PTC（参数化技术公司）公司的核心人员创业成立 Revit，2002 年被 Autodesk 收购。2004 年 Autodesk 在建筑产业的重心开始转向 Revit 和 BIM 理念推广，随后 6 年间 Autodesk 公司开始连续性的高强度投入，将 Revit 从单纯的参数化建筑设计工具打造为 BIM 基础平台和一系列核心应用软件的综合解决方案，并强力向市场推广。2010 年 Revit 平台基本完善，随后 Autodesk 开始布局云化（BIM360 服务）战略，并于 2012 前后开始启动订阅制模式转型，发展施工云应用。目前 Autodesk 的 BIM 平台已成为设计、建造一体化的集成平台，并提供行业大数据与 AI 服务。

制造业、工程建设领域主流图形应用平台与大型应用软件（CATIA、Solidworks、UG、AutoCAD/Inventor 等）的成熟也直接沉淀出了较为成熟的底层基础图形引擎。几何造型技术方面代表性的是西门子公司的 Parasolid 和达索旗下 Spatial 公司的 ACIS 产品，二者代码同源但独立发展，迄今已有 50 多年历史。在参数化约束求解技术方面有西门子公司的 De-cubed 与达索公司的 CDS 产品，在图形显示方面则有 Tech Soft America 公司的 HOOPS。这些引擎经过持续的工程实践打磨，凭借其技术壁垒占据了市场主体位置。在市场竞争过程中，也有若干相对处于商业劣势的图形技术和产品逐步走向了开源之路，Open Cascade、Open Inventor、OGRE 是其中的典型代表，成为商业引擎的重要补充。

游戏产业也是三维图形技术的重要应用领域，产生了众多游戏引擎，最具代表性的是美国的 Unity3D 和 UE4 引擎。相比工程应用，游戏场景按一定的剧本预先制作，核心数据基本固定，建模方式主要关注视觉效果，不考虑工程的物理真实与科学性，因此游戏引擎无法表达工程应用中的设计制造与工艺，也无法支持多样化、动态变化、高度精密的工程数据建模与图形处理。游戏引擎虽然无法作为工程应用、数字孪生的核心基础图形引擎，但在单纯的可视化渲染方面可以作为三维图形平台的补充，发挥其价值。目前 UE4 开始探索开源模式，在国内建筑可视化领域具有广泛应用。

## 二、国产三维图形平台火种尚存、存在赶超机会

20 世纪 90 年代国内众多高校、软件企业都在研发和推广国产三维图形软件。高校成果由于缺乏产学研和市场化机制，基本停留在科研层面，无法通过工程实践与市场推广逐步提升技术成熟度，在国外领先技术的冲击下，目前已基本退出市场。国内游戏行业非常兴盛，不少游戏公司也拥有自己的游戏引擎。但游戏引擎只考虑游戏场景，其技术架构无法支撑工程应用，国产游戏引擎也鲜有匹敌国外领先引擎的综合性图形技术，因此游戏公司很难从技术和市场层面转型，支持工程领域的图形应用需求。目前在工业软件各领域仍有不少企业在从事图形应用软件开发，但绝大多数只能基于国外核心平台进行二次开发，缺乏图形核心技术，因此国产三维图形软件生态非常薄弱。

当前我国建筑产业的 BIM 应用正处于发展阶段，行业特性和国外发展模式相比具有较大差别，尤其在工程造价、结构计算、施工管理等领域具有较强的本地化特色，国内产品也因此具有一定的局部优势。代表性的厂商包括广联达、构力、盈建科、品茗、鲁班、清华斯维尔、中设数字等。

在支撑自身应用产品的研发过程中，个别厂商也沉淀出了自己的BIM三维图形技术，为国产自主图形技术保留了进一步发展的技术基础。其中代表性的成果是广联达公司的BIM三维图形引擎技术，前后历经十余年发展，目前已迭代至第三代技术。其技术架构继承了通用图形引擎的国际主流技术成果，同时结合建筑产业BIM应用的场景特征、数据特征和需求特色进行了大量行业适配。针对国外通用基础图形引擎应用难、领先BIM应用平台底层图形能力对外不开放、国内BIM应用基础技术"卡脖子"的现状，广联达BIM三维图形平台将BIM应用所需的底层引擎进行有机融合，为行业提供开放的底层技术保障。同时为融合智慧城市、数字孪生、工业互联网等新技术趋势，广联达BIM三维图形平台实现了几何、渲染图形引擎的跨平台多端适配，支持三维图形技术和云计算、大数据、AI技术的交叉融合，并支持CIM底层图形数据处理，使得BIM三维图形平台成为建筑工业互联网、智慧城市持续发展的坚实技术保障。广联达BIM三维图形平台先后支撑了公司内部工程算量、BIM5D、施工深化设计、建筑设计、机电设计、BIMFace轻量化SAAS应用平台、CIM基础平台等十余款应用系统的研发，同时初步对外开放，支持了沪东船厂国产船舶设计软件的平台自主化，并在三峡集团、中建总公司、中船九院、国网电力等众多国家大型核心企业的技术系统中得到应用。广联达三维图形平台在2021年10月通过了以谭建荣院士为组长的专家组鉴定，核心技术整体达到了同类技术国际先进水平，其中基于公差抖动的模糊布尔运算和云加端扩展的渲染引擎技术达到国际同类技术领先水平。

## 三、自主 BIM 三维图形平台加快技术升级与推广应用，解决建筑产业安全问题刻不容缓

国产自主 BIM 三维图形平台整体距离国际领先水平尚有明显差距。譬如广联达 BIM 三维图形平台，虽然经过了建筑行业 BIM 应用的初步检验，技术具备一定的可用性，但其技术发展仅 10 年左右，完全依靠企业自主积累进行投入，成果主要体现在基础的几何与渲染引擎，在技术的系统性深度、平台应用的综合性、功能细节的丰富性、外部生态建设方面，相比国际领先平台仍有明显差距。未来仍需扩大对外开放，通过 BIM/CIM 多应用领域的需求牵引，进一步深化技术体系建设，不断完善技术细节，持续融合上层应用的核心能力，形成能支撑多行业应用、具有国际竞争力的多层次一体化三维图形平台。

国家的产业政策需要持续加大对工业软件的支持力度，引导人才、资金进入实体技术领域，加快建筑产业的技术革新和数字化转型步伐。BIM 三维图形平台的研发涉及三维图形、软件工程、应用领域专业技术，因此需要大量各领域的专业技术人员以及复合型领军人才，也需要长时间反复实践。目前三维图形技术人才严重断档，也缺乏人才有效供给。高校毕业生大多倾向追逐较为热门的互联网、游戏、视频、娱乐等行业的工作机会。最近十年来，互联网、人工智能的风潮造成明显的人才与资金虹吸效应，导致工业软件的技术研发遭遇较大困难。在打造基础国产自主核心技术的趋势下，需要加大对具有一定技术基础和发展潜力的公司提供支持，帮助其做强做大，成为具有国际竞争力的领先软件企业。

为保障建筑信息安全，在涉及国家安全的公共建筑工程中

应首先考虑使用基于国产技术、安全可控的产品。在城市建设与管理中鼓励使用基于国产化三维图形平台研发的 BIM 软件。对政府投资项目应明确要求优先使用基于国产化三维图形平台研发的 BIM 软件，特别是影响国计民生的重大建设项目，如雄安新区、大湾区等。重大建设项目在立项阶段应明确列支专项费用，并保证资金专用。对应用企业在资质评定、信用评价、银行贷款、各类奖项申报等方面给予优惠政策。通过"产学研用"的良性循环，一方面促进国产技术的持续迭代升级，另一方面也确保国家重大基础的建筑信息安全得到切实保障。

（参与本报告研究的还有广联达科技股份有限公司　李宾）

# 许杰峰：自主三维图形平台的中国建筑科学研究院方案

## 一、数据安全支撑数字经济高质量发展

为了规范数据处理活动，保障数据安全，促进数据开发利用，保护个人、组织的合法权益，维护国家主权、安全和发展利益，《中华人民共和国数据安全法》由第十三届全国人民代表大会常务委员会第二十九次会议于 2021 年 6 月 10 日通过，并自 2021 年 9 月 1 日起施行。

数据既是一种新型生产要素，也是国家重大战略资源，是信息安全产业基础，信息安全影响数字经济的健康发展，数据作为一种新型的、独立的保护对象已经获得立法上的认可。数据安全法是国家大数据战略中至关重要的法制基础，将成为数据安全保障和数字经济发展的重要基石。

数字化转型是建筑产业发展的趋势，建筑信息模型（BIM）技术作为建筑产业数字化转型的核心引擎，可实现建筑全生命期数据信息的集成和管理。BIM 技术正在建筑、市政、铁路、公路、电力、石化等多个工程领域中得到应用，已成为实现产业现代化的重要抓手，近年来我国在政策方面给予了极大的支持。这些政策支持不仅包括了 BIM 技术推广的政策性要求，还有具体项目的推进目标和技术层面上对于工程全过程 BIM 应用的指导意见。住房和城乡建设部在 2015、2016、2017 年分别颁布了《关于推进建筑信息模型应用的指导意见》（以下简称《指导意见》）、《2016—2020 年建筑业信息化发展纲要》及

《建筑业10项新技术（2017版）》，对BIM、物联网、云计算、大数据、GIS、VR/AR等技术在建筑工程生命期各阶段的应用进行了全面指导。

随着我国综合国力的增强和科技的不断进步，有关国家军事设施、网络安全、重大基础设施等项目越来越多。如果大量采用国外BIM平台和软件完成这些重大工程项目，特别是高保密需求项目的建造，将无法保证信息数据的安全可控，对国家安全造成很大影响。随着我国数字城市建设的推进，包含城市所有基础设施和建筑项目的数字资产更需要有效的安全保证。

BIM技术作为建筑产业数字化转型的关键核心技术，是一个多元、多维度应用的开放式平台，可实现建筑全生命周期数据信息的集成和管理。以数字技术为支撑，以BIM平台构筑产业大数据并支撑产业数字化，通过建筑产业互联网汇聚更多数据，打造与现实城市孪生的数字城市，以大数据中心作为信息化发展的基础设施和数字经济的底座，有效提升城市的规划、建设和管理效率，是下阶段工程建设行业数字化转型的最佳路径。但是国内长期以来对欧美BIM软件严重依赖，相关数据很容易被他人窃取掌握，信息安全的风险在不断加大，制约了我国工程和软件企业创新引领能力。采用自主可控的BIM技术将对保证工程建设行业的可持续高质量发展和工程数据安全具有重大意义。

基于BIM自主三维图形平台构建我国自主BIM软件生态，推动我国建筑产业数字化转型，将为行业的可持续发展与建筑产业的数据安全提供有力保障。

## 二、自主 BIM 三维图形平台推广应用

中国建筑科学研究院研发的国内首款完全自主知识产权的 BIMBase 系统已于 2021 年正式发布。该系统自主化率达 98.8%，并获得中国泰尔实验室颁发的"BIM 软件技术创新 S 级（五星级别）"评估证书，测评结论认为 BIMBase 系统在平台国产化程度、源码自主性、可控性程度等方面均达到了较高水平。

该平台是完全自主知识产权的国产 BIM 基础平台，基于自主三维图形内核 P3D，结合数据管理和协同管理引擎，由参数化组件、通用建模、数据转换、数据挂载、协同设计、碰撞检查、工程制图、轻量化应用、二次开发等九大功能组成。平台可满足建筑工程大体量建模需求，实现多专业数据的分类存储与管理，以及多参与方的协同工作，支持建立参数化构件库，具备三维建模和二维工程图绘制功能。通过集成人工智能、云计算、物联网、GIS 等新型信息技术，可为各行业提供广泛的专业应用服务。平台提供桌面端、移动端、WEB 端二次开发接口，支持公有云、私有云、混合云架构部署。

2021 年底，基于该平台，已研发完成涵盖建筑、结构、机电、绿色建筑和装配式全专业的 PKPM–BIM 数字化协同设计系统。系统针对建筑工程体量大、专业多的特点，将 BIM 技术与专业技术深度融合，使数字化设计覆盖建筑设计全要素和全流程，实现全专业一体化集成设计，提升 BIM 技术应用效果和价值；融合 BIM 设计模型质量验证技术，实现了伴随设计过程的规范检查；从建筑项目全生命期数字化角度提升 BIM 设计软件功能，结合生产、施工和运维阶段应用需求，完善各阶段 BIM 模型交付标准，使设计 BIM 模型达到后期应用的交付要求，

推动设计—施工—运维一体化。BIMBase 面向建筑产业工程应用提供了基础 BIM 建模和数字化交付软件——BIMBase 建模软件，其主要功能特点包括：

**建模**：软件可满足工程项目大体量建模需求，完成各类复杂形体和构件的参数化建模，模型细节精细化处理，可添加专业属性；

**协同**：软件可实现多专业数据的分类存储与管理，以及多参与方的协同工作；

**集成**：软件具备一站式的模型组织能力，提供常见 BIM 软件数据转换接口，可集成各领域、各专业、各类软件的 BIM 模型，满足全场景大体量 BIM 模型的完整展示；

**展示**：软件可实现大场景模型的浏览，实景漫游，制作渲染、动画，模拟安装流程，细节查看；

**制图**：软件可完成各类二维工程图的绘制，提供二维绘图和编辑工具，包括图层、线型、文字、尺寸、表格等；

**交付**：软件可作为数字化交付的最终出口，提供依据交付标准的模型检查，保证交付质量；

**资源**：软件支持建立参数化组件库，可建立开放式的共享资源库，使应用效率倍增；

**多端**：软件提供桌面端、移动端、WEB 端应用模式，支持公有云、私有云、混合云架构云端部署；

**开放**：软件提供二次开发接口，可开发各类专业插件，建立专业社区，助力形成国产 BIM 软件生态。

在建筑产业，BIMBase 已率先实现构力科技 BIM 核心产品国产化替代，2021 年 3 月，完全自主知识产权的 BIMBase 建模软件、建筑全专业协同设计系统 PKPM–BIM 2021、装配式建筑设计软件 PKPM-PC 2021 正式推向市场，之后陆续发布了全国产的装配式钢结构设计软件、绿色建筑节能系列软件、铝模板设计软件、爬架设计软件、市政管廊设计软件、电力隧道设计软件、总图设计软件等 BIM 软件产品。

截至 2021 年 8 月底，自主平台及系列 BIM 软件的各项技术性能指标达到国外成熟软件的 80% 以上，软件功能可以满足大部分常规性建筑的数字化建模、自动化审查、数字化应用等需求，可以支持规模化推广和应用。目前，构力科技系列 BIM 软件已经在建筑行业一千多家企业推广，在数千个工程项目中应用。与此同时，基于自主平台二次开发的 BIM 智能审查系统已在雄安、厦门、湖南、天津、南京、苏州、广州、海南等地成功落地应用或建设中，通过自主 BIM 技术支撑"新城建"建设，大大促进了行业国产 BIM 应用水平。

建筑工程 BIM 协同设计系统应用情况。2021 年，部分国内大型设计企业已有数十个工程项目采用全专业协同设计系统进行探索与应用。在已经开始 BIM 施工图智能化审查的地区（湖南、南京、广州等地），湖南省院、江苏省院、常德市设计院等多个项目均采用 PKPM-BIM 进行建模，并通过 BIM 审查。湖南省作为国内第一个 BIM 智能化审查的省份，目前采用国产系统完成的设计和 BIM 审查项目已占总报审项目的 15%。广东省院针对机电专业正向出图难的问题，通过该平台探索出一套正向设计出图模式，并在广东美术馆、广东非物质文化遗产展示中心、广东文学馆项目中落地应用。江苏省院铁北高中项目更是成为南京市 BIM 施工图审查系统首个过审项目，充分体现了国产化软件在满足国内设计需求方面的独特优势。

装配式 BIM 设计软件应用情况。基于该平台的装配式设计软件于2020年10月首次发布，软件按照装配式建筑全产业链集成应用模式研发，主要应用于装配式住宅、公建项目设计深化阶段，为设计人员大幅降低了设计门槛，有效提高设计效率及质量；同时设计数据可对接审查平台，满足装配式审查要求；对接装配式预制构件生产系统，满足加工厂制造要求。

目前该软件已服务全国设计单位、构件厂一千多家，并在大量实际工程项目应用，与基于CAD软件传统的设计方式相比，该软件可提高装配式设计效率20%以上，降低80%的拼装检测人工量，减少了大量错漏碰缺现象的发生，设计精度大为提高，全面助力国内建筑工业化发展。

BIM报审系统对接"新城建"建设。面向建筑产业数字化转型目标，加快推进自主平台及其二次开发成果的推广，先后在雄安、厦门、天津、南京、湖南、苏州、广州、海南、青岛、兰州等地展开施工图审查项目和CIM平台建设项目，开启了BIM智能化审查新阶段，丰富了自主BIM生态应用场景，为"新城建"建设奠定数据基础。

推进高校自主BIM技术人才培养。为响应住房和城乡建设部《关于推动智能建造与建筑工业化协同发展的指导意见》，推进数字化设计体系建设，推广国产BIM平台和技术，培养自主BIM技术后备人才，促进高校开展BIM技术技能及创新应用交流。通过承办国产BIM软件大学生菁英邀请赛，让参赛学生自主建立各类具有创新创意的三维BIM模型，对推动自主BIM的应用起到了很好作用，为培养数字建造人才、完善数字建造人才库，促进产学研全面对接，联动企业促进优质人才就业、创业，助力建筑产业转型升级和高质量发展。

国产BIM软件二次开发生态建设。在建立自主BIM平台和软件开发生态方面，目前国内已有 100 多家软件开发企业和科研设计单位基于自主平台展开各自领域的软件研发。通过"十三五"期间立项的自主 BIM "卡脖子"攻关项目，我国自主 BIM 平台解决了从无到有的问题，后面还有很多艰苦的工作要做。一方面，要加强 BIM 核心技术攻关，推出好学易用满足需求的应用软件；另一方面，将与广大政府、协会、企业、高校一起，落地应用项目，营造良好氛围，共同推进国产 BIM 软件生态建设。

## 三、应用案例

**案例 1：江苏省建筑设计院南京玄武区铁北高中项目应用**

该项目为铁北高中新建工程，由南往北分别布置了行政楼、教学楼、实验楼和后勤楼，教学楼分为地上五层，地下一层，总用地面积 3.45 万 $m^2$，总建筑面积 5.1 万 $m^2$。由江苏省建筑设计院基于自主平台设计。

**应用情况：**

采用自主平台，保障了工程项目的数据安全。平台可满足该工程项目大体量建模需求，完成各类复杂形体和构件的参数化建模，模型细节精细化处理，可添加专业属性。平台可实现多专业数据的分类存储与管理，以及多参与方的协同工作，具备一站式的模型组织能力，提供常见 BIM 软件数据转换接口，可集成各领域、各专业、各类软件的 BIM 模型，满足全场景大体量 BIM 模型的完整展示。平台还可完成各类二维工程图的绘制，提供二维绘图和编辑工具，包括图层、线型、文字、尺寸、表格等。在项目交付阶段，平台可作为数字化交付的最终出口，提供依据交付标准的模型检查，保证交付质量。还支持建立参数化组件库,可建立开放式的共享资源库,使应用效率倍增。

此外,软件中内置了审查所需的属性信息,实现审查属性自动挂载功能,无需用插件或者手动方式设置,只需要建模时输入相应的设计参数即可,设计师们不必为报审而单独设置属性,提升了建模效率。软件中还内置三维模型自审功能,包含南京市BIM审查系统中的审查内容,根据自审结果,可直接定位问题构件进行修改,提升报审通过率。南京市BIM审查系统通用三维数据格式可直接从PKPM-BIM软件中直接导出,设计端无缝对接审查系统无需插件转换,保证数据完整性和流通性。

**应用效果:**

铁北高中新建工程作为南京市的第一个批报审项目,意味着南京市在数字化建设以及施工图审查制度改革方面有了重大突破。国内首款完全自主知识产权平台的能力在项目实践中得到了验证,解决了工程建设行业信息化领域的"卡脖子"问题,保障了数据安全。

**案例2:长房岭秀项目应用**

长房岭秀项目位于湖南省长沙市雨花区,项目总面积7.4万$m^2$,BIM应用面积达1.9万$m^2$。该项目是第一个应用自主BIM的全专业正式项目,也是第一个应用自主BIM完成全专业(含节能、装配式)BIM审查项目。

**应用情况:**

项目利用BIM技术以EPC模式进行设计、生产、施工,并通过湖南省BIM审查。该项目在方案、初步设计阶段,采用BIM技术进行了日照分析和技术策划分析;在施工图设计方面,采用PKPM-BIM软件进行了信息模型制作,计算预制率、装配率以及构件连接节点等可视化信息表达；在 BIM 审查阶段，报审专业含建筑、结构、机电（水、暖、电）、消防专项、节能专项、消防专项、装配式专项，除人防专项外，涵盖了湖南现阶段上线的所有五大专业和四大专项，并顺利通过审查。

在施工图设计阶段，采用自主软件进行了信息模型制作。软件的构件内置了审查属性，大幅提高了建模的效率。在机电设备智能连接方面，自主软件内置一键布置、连接功能，在满足设计师需求和实际工程要求的同时，减少重复性设置工作，高效建立精细化模型。软件支持结构、机电的专业计算，提升效率的同时保证质量。除上述传统专业外，项目还应用自主软件进行节能分析和装配式模型创建。其内置规范智能审查功能，边设计边审查，审查过程中部分属性自动添加，简化审查流程。审查结果可定位查看，问题构件高效定位与修改。自审完成后可导出报告，审查结果清晰明确，内置一键导出功能，无需插件即可一键导出标准数据文件，供管理部门进行最终的 BIM 审查。

**应用效果：**

长房岭秀项目依托自主软件，主要在设计方案阶段和施工图阶段 BIM 审查进行应用探索。湖南省建筑设计院集团有限公司各专业设计师从零开始学习，整个过程包含设计师的培训和项目整体建模共费时 2 天。此次探索大大增强了设计师对国产 BIM 软件的信心，也为利用 BIM 技术推动施工图审查由"二维图纸"向"三维模型"、由人工审查向机器智能审查转变的发展作出贡献。

（参与本报告研究的还有中国建筑科学研究院北京构力科技有限公司 姜立、马恩成、夏绪勇）

## 3. 设计施工共同建模已成趋势，BIM 应用务必解决贯通问题

### 邓明胜：设计施工共同建模创造价值与中建八局的创新实践

2010 年 BIM 开始在中国工程建设领域全面普及推广，以点、线、面为代表的设计和施工"蓝图"等众多二维平面世界逐渐被以"模型"为代表的三维空间世界取代，并较好、较快地融入时间概念，进入可高效支撑建设管理活动的四维流动空间世界和广泛适应技术、质量、安全、成本等不同管控需求的多维世界。BIM 技术带来的革命性效应在各地、各单位 BIM 示范应用中快速、有效地显现，但真正全面普及系统应用到各类建设活动，深入地发挥 BIM 的技术效用，还有较长路要走。

### 一、设计、施工、运维分离，全面推进 BIM 应用存在瓶颈

目前，设计施工一体化项目还不多，绝大多数工程项目的设计、施工、运维主体均彼此分割，BIM 在设计、施工各方业务系统内部运用较好，但跨领域、跨单位、跨专业应用却存在瓶颈，建筑产业基于 BIM 的数字化转型任重道远。

**一是 BIM 模型认识差异和贯通应用间的瓶颈**。受社会各方 BIM 实践正反经验影响，产生了"BIM 万能"和"BIM 无用"两种完全对立的观点。前者过分夸大 BIM 的作用，滋生出无图纸化 BIM 正向设计、"无 BIM 不施工"等激进认知；后者观

念仍停留在 BIM 示范之初，认为没有 BIM 照样完成项目，无视或否定 BIM 的作用。介于两者之间还有一批"观望者"，看似在应用 BIM，实则停留在粗浅认识层面，浅尝辄止，即只做点状、局部应用，缺乏全员、全过程、全方位的深入、细致、全面、系统应用。基于此，在设计、施工、运维各环节，业主、设计、施工等各单位，建筑、结构、机电等各专业间，普遍存在着 BIM 模型贯通和系统应用的瓶颈。

**二是设计 BIM 模型向施工和运维贯通的瓶颈**。设计 BIM 模型包括两方面：一为辅助设计，比如日照运行轨迹与能耗波动、消防（交通）疏散与平立面变化、结构（体系）构件布置与承载力计算模型等。二为用 BIM 工具设计并以三维模型表现设计成果，形成可取代施工图的各专业或综合模型，前者主要是设计人员自行使用；后者，除设计人员使用外本可以继续流转，但基于以下原因，尚不能直接贯通至施工和运维环节，或者法律层面仍以"施工图"为依据而非 BIM 设计模型，或者设计对施工及运维需求、环境、资源条件及相关方法等不熟悉，且不同施工、运维单位，甚至同一单位不同时期都有不同需求及资源配置，并非一成不变，设计人员难以准确考虑这些因素；还有并非所有内容都可以用模型表达，也并非所有内容都有必要用模型表达，存在模型空白区。

**三是施工及竣工 BIM 模型向运维贯通的瓶颈**。施工 BIM 模型也包括两方面：一为针对建筑实体，二为针对建造活动创建的模型。前者与设计 BIM 相同或相似，但不同工况各有不同，最大差别在于应按施工需求分别创建或逐项深化、细化设计 BIM 模型，包括必要的分解，比如将复杂构造或节点分解成易于操作理解的施工模型、将钢结构分解为满足工厂制作和现场安装的钢构件，将暖通系统分解成满足加工和安装需求的管件等；后者是根据施工图或设计BIM模型指代的建筑实体，围绕建造需求而创建的涵盖施工工艺、方法、流程等要求的模型，比如模板、脚手架搭设，钢结构顶升、提升、滑移等。前者指代的施工BIM伴随着各项施工记录和验收信息的输入可转化为竣工BIM模型并进一步转化为运维BIM模型，后者却不需要在竣工和运维BIM模型中体现。缺少运维单位参与、未植入运维方案的施工和竣工BIM，依然难以贯通运用到运维环节。

**四是运维模型专项需求产生的BIM贯通瓶颈**。业主甚至政府有关管理部门都希望在运维活动中充分发挥设计和施工BIM的作用，甚至有学者提出将各类设计和施工BIM模型导入城市管理系统，构成CIM元素；尤其是施工BIM，时间和逻辑关联与运维更近、更密切，导致承包合同常常要求竣工时提交满足运维需求的竣工BIM模型。毫无疑问，运维活动必然会用到设计和施工BIM模型，但绝非直接应用并寄希望于让其包揽运维所需各项工作。运维BIM模型应该是根据资产、空间、设备（设施）、应急（疏散）、能耗、隐蔽工程和在线健康监测等各种运维管控需求（目的），依据设计和施工BIM模型，结合运维管控设备设施配置另行创建各类有针对性的专项模型。这些运维要求（方法、流程等），尤其是用于运维管控的专用设备设施，若能在建筑设计之初或施工之前加以明确，设计和施工BIM模型中包含的内容就会更具体明确，完工后转化为运维BIM模型的可能性也更大。

**五是化解BIM模型贯通应用瓶颈的"加减法"**。上述瓶颈部分是"天然"的，短期内难以消除。当前，可基于前序BIM模型，结合本期条件，以必要的"加减法"手段创建满足需求的专用模型。比如：依据设计（尤其是建筑、结构和机电等专业）BIM 模型，按合同图纸订正模型准确（正确）性，再结合施工环节"人、机、料、法、环"条件及施工方案做相应的"加法"；规模较大项目，尚应根据施工或流水段划分进行必要的分解（分拆）后再做相应的"加法"；以形成专项施工 BIM 模型具体指导或辅助施工。通常，各项施工完成满足交付要求时形成的竣工 BIM 模型都是同层级别最高、精细度最好、信息最完整的模型，据此创建的 BIM 运维模型，则是分别按不同运维工作（团队）要求做相应的"减法"，以及在完成"减法"后再根据运维活动特定需求做必要的"加法"；各项运维活动所需 BIM 模型，是基于运行对象的设计和施工（尤其是竣工）BIM 模型根据运维方案完成相应的"加减法"后才能获得。

采用"加减法"打破各"壁垒"带来的 BIM 技术应用"瓶颈"以解"燃眉之急"的同时，探索更加有效方法或路径，从 BIM 技术软硬件"源头"发力，在 BIM 应用"机制"上下功夫，让 BIM 模型从始至终一贯应用，双管齐下、快速推进，势在必行。

## 二、源头发力，可任意拆装 BIM 模型的共建共享

从技术研发源头发力，拓展和提升 BIM 软硬件功能，实现创意设计之初 BIM 模型可按设计规划和施工部署任意组合，施工及运维中可按施工方案和运维要求任意拆解，组合与拆解过程中智能、智慧地整合（生成）或分解与目标模型对应的信息，获得准确（正确）的物（建筑实物）–模（BIM 模型）一致、模–数（数据信息）一致和模–数一体模型。

**一是模型轻量化，满足多终端查阅使用需求。** BIM模型要走出办公室，在施工现场生根落地，目前最主要的方法是根据不同模型组合，采用专门BIM插件，将原模型合理压缩后应用到施工现场专用移动终端（Pad、智能手机等）实时查阅，灵活便捷地指导实际操作，比如，中建八局开发的智慧图纸、C8BIM协同管理平台等。目前，有的BIM插件对BIM模型轻量化压缩比可达20∶1至50∶1，甚至更高，较好地满足了施工现场BIM模型运用的需求。但仍存遗憾的是，插件轻量化中还存在着信息、甚至构件"丢失"现象，从而加大了模型应用的校订工作量；甚至因模型构件及其参数的丢失实际施工存在错漏项风险。

**二是提速扩容，软硬件功能提升保BIM应用。** 一方面最大限度借助国际计算机软硬件技术发展动能；另一方面加大自主研发力度，力求在计算机尤其是自主引擎及移动终端等方面进一步提升其运行（运算）速度、稳定性和存储容量等性能。充分利用5G、AI、IoT等功能做好施工现场与工厂和办公室的"无缝"连接，使BIM模型创建不受体量大小和精细化表现程度限制，做到移动终端与工作台运行一样、现场查询与办公室运行一样、模型传输中构件与信息匹配完整性一样，实时互动、运行顺畅，尽最大可能减少"轻量化"带来的工作量增加及因信息、构件丢失而带来施工误差等风险。

**三是模型任切割，满足目标段分拆组合需求。** 在通用软硬件性能提升的同时，重点加强对BIM软硬件自身性能提升的攻关；在模型创建和信息集成能力提升的同时，实现依托软件功能对前序BIM模型任意"切割"并保证切割生成模型在实体（构配件）数量、性能及所含信息等方面不丢失，且能够"逆向"组合"还原"前序模型。

**四是多方协力，共同促进 BIM 软硬件升级**。面对上述瓶颈挑战和对 BIM 软硬件性能突破的期盼，研发者努力攻关的同时，充分发挥设计、施工、运维及社会各方 BIM 技术应用者的聪明才智，全面吸纳 BIM 实践应用的经验教训，找准需求点、瞄准突破口，多方合作、齐心协力、共同推进，从 BIM 技术软硬件性能提升（突破）源头发力，实现 BIM 软硬件在模型创建及拆分等多目标应用的重大突破。

目前，在 BIM 软硬件技术尚未达到可以支持用户按使用目的任意拆装、组合 BIM 模型时，一个贯通 BIM 模型应用的最有效方法是全面推行 EPC 模式，一体化推进 BIM 模型共建共享。

## 三、全面推行 EPC 模式，一体化推进 BIM 模型共建共享

工程建设中，EPC 模式在质量、工期和成本控制及组织协调等方面有诸多优势，特别是将设计图纸质量与施工质量责任人法律主体整合为一体，国际工程中被广泛采用。中国承建商也广泛参与了各类 EPC 工程实践并取得较好成绩，积累了丰富的经验。因设计、采购、施工的有机融合，为 BIM 模型创建从设计之初就通盘考虑，实施中不断深入、系统完善，全面推广运用到工程建造环节创造了较好的条件。

**一是开放的 EPC 承发包模式**。国家全面推行公共投资项目采用 EPC 模式后，各地积极响应，EPC 项目比例快速提升。当然与真正的 EPC 模式要求相比还存在一些问题，如表面遵从政策规定推行 EPC，实则是原模式"换汤不换药"，EPC 各

方属"拉郎配",并未形成有机整体;又如EPC牵头方尚未真正掌握EPC实质,不具备驾驭EPC各方的能力,缺少EPC资源,未形成EPC合力;还如EPC模式在国内推行起步不久,各方认识还要一个过程,消除传统惯性阻力还需要一定时间等。因此,现阶段的EPC项目多是有其形无其实,EPC只是构成法定意义的承发包模式,参与各方却并未遵循EPC规律,尚未养成EPC思维,还未建立EPC方法,更谈不上运用EPC手段。尽管如此,从BIM技术推进角度看,EPC模式却是从法律层面给牵头方提出了在设计之初就充分考虑施工等各种因素,并将BIM模型贯穿运用于建造活动从始到终的要求,客观上为BIM一体化贯通应用奠定了基础。

**二是深化设计中的EPC思维**。关注钢结构、机电、幕墙、精装修等专业分包活动,会发现较多共同点:一为原设计本身不尽详细,依照所给施工图无法直接组织施工,实施单位需开展"深化设计";二为该领域专业性较强,设计者很难提供完整设计作品,也需要实施单位开展"深化设计";三为部分"新兴"领域(如幕墙等)或特殊领域(如钢结构等)社会资源有限,只有少量实施者的"深化设计"成果更能够满足业主和设计需求等。进一步分析发现,它们都有"深化设计"环节——正是通过"深化设计",在开工前就将采购资源和施工技术优势较好地整合到一起。非EPC(模式)项目,却按EPC要求开展工作的思维被较好地贯彻到这类专业分包活动中。按EPC思维开展的工作,其深化设计创建的BIM模型,由于较好地考虑了采购因素和施工方案,所形成的模型即可较好地应用于加工制作和现场安装,甚至在运维活动中广泛应用,较好地实现了BIM模型的贯通应用。

**三是落实承包活动中的 EPC 方法**。EPC 合同只是 EPC 模式的"形";在建造活动之初即通过 E 将 P 和 C 有机整合为一体,并实现优势互补,让参建各方基于质量、工期、成本等控制目标实现效益最大化才是 EPC 模式的"魂";围绕这一本质特征,中建八局在成都凤凰山体育公园[①]等 EPC 项目开展全面实践,一方面,通过设计 BIM 模型,有效整合并体现采购和施工优势,竞标之初就展现出 EPC 能力和实力;另一方面,由于设计之初就充分考虑了采购和施工条件,中标后即遵照设计 BIM 快速响应、迅速启动,直接指导施工,不需要再根据设计 BIM 模型做"减法"或分拆以形成施工 BIM,实现 BIM 模型从设计向施工环节的良好过渡;施工中,根据可能的变更条件,以"加法"方式补充完善,直到工程验收形成竣工 BIM。最后,根据运维团队介入或运维方案输入情况,在竣工 BIM 基础上,通过分类实施必要的"减法"后再针对性地开展必要的"加法"即可完成各类运维 BIM,形成 BIM 模型从设计到运维的一体化贯通。

**四是设计、施工协力共建**。鉴于我国长期以来设计与施工的分离,EPC 从"形似"到"神是"还有一个过程。这期间,绝大多数工程承发包模式依然是传统的设计或施工总承包。中建八局在天津周大福金融中心项目[②]施工总承包活动中扩大深化设计范围、以深化设计中的 EPC 思维开展工作并培育 EPC 方法。探索应用 BIM 工具建立设计(E 平台)、采购(P 平台)

---

① 成都凤凰山体育公园项目 BIM 技术应用获得 2020 年度全球工程建设业卓越 BIM 大赛施工类大型工程冠军;
② 天津周大福金融中心项目 BIM 技术应用获得 2017 年度全球工程建设业卓越 BIM 大赛施工类大型工程冠军。

和施工资源库（C平台），牵头人或设计方主动以E的姿态整合P和C资源，形成有效的工作流程和方法（包括各种BIM族库、BIM协同方法、BIM表现手段等），建立参建各方科学、高效的BIM应用生态关系和各软硬件及管控平台的BIM应用生态链。由深化设计出发，从深化设计向设计优化转化，再从设计优化向优化设计转化、从优化设计向设计引领转化，经"三个转化"最终实现"设计引领"。将BIM技术根植于"三个转化"过程，以此为工具，培育贯通BIM应用的EPC方法、培植具有优势BIM技术的EPC能力、将丰富的BIM成果和优秀的EPC方法整合为各种EPC手段，以优异的EPC手段推进各项工程建设活动，助力"中国建造"优质、高速、高效发展。

## 李 霆：实现建筑一模到底无图建造
—— 关于建筑工程全生命周期管理（PLM）平台建设研究

### 一、一模到底无图建造是数字化转型成功的标志

国家在"十四五"规划中明确提出要"加快数字化发展，建设数字中国"。目前，一些建筑企业仅仅把数字化转型视为工具的转型升级，认为开发或者采购一个 BIM 软件系统并把它用好，数字化转型就算完成了。这让人不禁想起清朝末年的洋务运动，洋务运动其思想实质是"中学为体，西学为用"，只引进先进的工具而不触及组织和思想，最终以失败而告终。现在这场"数字化转型"是否会重蹈覆辙？如果我们不从马克思政治经济学层面上认清问题的实质，这种危险是存在的。

按照马克思政治经济学原理，数字化可以分为生产力、生产关系，经济基础、上层建筑几个层面，因为经济基础是生产关系各方面的总和，所以可以浓缩为生产力、生产关系、上层建筑三个层面。

在生产力层面，生产力有三个要素：劳动者、劳动资料、劳动对象；具体讲就是"人、工具、产品"三要素。所以，数字化转型首先是"人"的转型，要求具有数字化"思想"和数字化"能力"的更高素质的人。其次是工具的数字化升级换代，也就是换成适应数字化要求的硬件和软件。最后必须是数字化的产品，**数字化的产品是数字化转型成功与否的最显著的标志**。对设计院而言，现有的二维图纸还不是数字化的产品，必须实

现三维设计交付；对施工单位而言，只有不依赖图纸、全部基于三维数字模型和智能终端孪生出的建筑，才是数字化产品。所以，**建筑产业数字化转型成功的标志首先是无图设计、无图建造。**

在生产关系方面，有三个要素：生产资料所有制形式；生产者在生产过程中形成的地位和相互关系；由以上两个关系形成的分配、交换、消费关系。所以，数字化转型意味着，数字资产将成为资本的重要形式；数字化企业可以通过控制数字资产提高自己在产业链中的相对地位，甚至可以控制全产业链；数字化企业控制产业链以后可以大大提高在产业链中的利润份额。

生产力决定生产关系，生产力的进步（数字化转型）必将导致生产关系的进步（数字化的生产关系）。经济基础是生产关系的总和，经济基础决定上层建筑。

在上层建筑方面，也有三个要素：组织、制度和文化。在组织方面，对于数字经济而言，连接比拥有更重要，共生比竞争更关键，所以数字经济一定要求"开放、合作、共享"的平台型组织，而不能是封闭型组织；在制度方面，要求从工业时代的带有主观色彩的信息化管理转型为参观的数据治理；在文化方面，数字经济要求生态圈"价值共生"的价值观，要求将竞争逻辑转型为共生逻辑，这是战略底层逻辑的转型。

所以，数字化转型，绝不只是生产工具的转型，不能搞成一场新洋务运动，而是生产力、生产关系、上层建筑三个层面九个要素的共同转型，否则数字化转型不可能成功。换句话说，只引入BIM等数字化的工具，不改变碎片化的管理模式、组织架构、业务流程和工作方式，建筑产业数字化转型是不可能成功的。**建筑产业数字化转型成功之路在于加快向一体化的制**

造业转型。

## 二、建筑产业数据孤岛问题

目前，建筑产业主要采用 BIM 技术创建三维模型，但由于传统的管理模式、组织架构、软件系统的碎片化问题，导致工程项目数据存在大量孤岛，存在大量的图模不一致、模模不一致、数模不一致、物模不一致等问题，严重影响了工程质量和效率。

**一是设计阶段存在的数据孤岛问题。**BIM 模型和各专业的仿真模型一般还不能无损互导。如 BIM 模型与结构仿真模型大多还做不到无损互转，结构模型往往需要重建，仿真优化后也不能自动无损返回 BIM 模型，这中间将不可避免地发生模模不一致、数模不一致问题。设计各专业同时在同一个三维模型上协同设计尤其是关联设计尚未完全实现。

**二是设计与建造之间存在的数据孤岛问题。**目前在没有全面推进 EPC 的工程项目中产品设计与工艺设计大多还处于分离状态，产品（建筑）设计的 BIM 模型往往只是为了解决建筑设计自身的问题，一般考虑不到制造、建造工艺问题，其标准也往往与制造、建造企业的标准不一致，模型精细度也达不到加工级的标准，导致下游制造、建造企业不得不重新建模（翻模），数据不能在上下游无损流通，造成各种不一致等一系列问题，同时，也造成了**设计的 BIM 模型无人买单**的局面，严重制约了 BIM 等数字化技术的推广应用。

**三是施工总包与分包商、供应商之间的数据孤岛问题。**施工总包商与各分包商（如机电安装、幕墙、精装修等）和各供应商之间也存在上述的数据（信息）孤岛问题。

**四是 CAD、CAE、CAM、PM 之间的数据孤岛问题。**目前建筑产业常用的 BIM 系统中，数值仿真（CAE）和数字制造（CAM）较弱甚至缺失，BIM 模型往往不能直接用于数值仿真（CAE）和数字制造（CAM），直接造成建筑产业智能化水平不高。这也是产品（建筑）设计与工艺设计分离造成的后果。另外，建筑业项目管理（PM）系统的功能主要集中在项目信息和流程的管理与协调上，缺少三维模型管理能力，一般还不能基于 BIM 平台有效开展全过程的项目管理，也就是 BIM 技术与项目管理存在"两张皮"的现象。

## 三、制造业与建筑产业的理念差异

在工业设计行业，产品设计就是设计出想要的产品，而工艺设计是考虑如何制作出想要的产品，设计出加工流程。所以产品设计与工艺设计历来就分不开。产品设计必须考虑生产工艺的实现能力，确保产品能以适当的成本、工期和质量生产出来。工艺设计也必须支持产品设计，实现产品设计确定的产品功能，同时反馈产品设计的不足。所以，**产品设计与工艺设计相互依赖、互为反馈，紧密配合、协同优化**。只有这样，工业设计制造公司才能设计制造出优良的产品。

而我国的建筑产业，由于当年学习苏联计划经济模式，条块分割，造成了**建筑（产品）设计与工艺设计分离，这是产生一系列问题的根源**。国家近年来出台了一系列政策，如推广装配式建筑、EPC、全过程咨询、建筑师负责制等，其内在逻辑都是将碎片化的建筑产业转型为一体化的制造业。

## 四、建设工程全生命周期管理（PLM）平台

通过上述分析，**建筑产业数字化转型的痛点问题主要来自存在大量的数据孤岛**，如专业之间、流程之间（建模设计、仿真验证、数字建造）、参建单位之间等的孤岛。

他山之石，可以攻玉。20多年前，航天、汽车、船舶等先进制造业也面临同样的问题，最终引入**产品全生命周期管理 PLM** 的理念，基于三维模型，将产品设计和工艺设计紧密结合，并通过数值仿真验证形成"数字样机"，进而孪生出现实的产品，打通了设计、制造等环节，整合了产业链，取得了较好的效果。

PLM（Product Lifecycle Management）产品全生命周期管理，与 BIM 在设计阶段往往仅考虑设计"作品"不同，PLM 在各阶段的目标均指向打造优良的最终"产品"（Product）。PLM 平台集三维 CAD/CAE/CAM 及项目管理（PM）于一体，对产品实行全生命周期管理，也就是"一个模型干到底，一个模型管到底"，消除一切数据孤岛，全程保持唯一（统一）数据源，为用户建立跨专业、跨企业的协同工作平台，为不同用户提供三维建模设计、三维仿真分析及数字制造与建造能力，实现全流程的项目管理、全产业链的沟通协调和数据的高效流转，对工期、质量、成本进行严格精准把控，可大大提高产品研发设计制造的质量、大大降低成本和工期。如美国波音公司在 20 世纪 90 年代就采用了 PLM 平台研发设计制造了波音 777，全程无图。江南造船厂引入 PLM 平台后，也实现了全程无图建造海巡 160 轮。西安飞机集团采用 PLM 平台，研发设计建造了运 20 大型运输机，实现了一模到底、全程无图。

建筑产业完全可以学习高端制造业的先进经验，将建筑工

程视为离散化的产品，全面引入PLM平台，解决自身的痛点问题。

建设PLM平台需要三项关键技术和一项基础能力。**关键技术一：**各物理场的数值仿真与验证技术；通过数值仿真，完成建筑在荷载、地震、风、温度等各种物理场作用下的仿真分析与评估验证，完成暖通、消防、电力系统等的设计与验证，为建筑全生命周期管理提供技术支持。**关键技术二：**虚拟设计与建造（VDC）技术；通过在虚拟空间进行建造全过程模拟，将产品（建筑）设计与工艺设计紧密结合起来，为建筑设计、建造、管理等工作提供技术支撑。**关键技术三：**三维标注（MBD）技术；即在三维空间对模型进行标注，并在模型中集成材料、预算、进度等工程及管理数据，形成完整、可靠的唯一数据源，实现三维设计交付，形成"数字样房"，并在产业链中流转，从而全程取代二维图纸。**一项基础能力：**就是PLM系统需要作为统一数据源，为用户建立跨专业、跨企业的协同工作平台，提供全流程的项目管理能力。只有这样，才能实现产业链的沟通协作、数据的高效流转、工程的有序开展，才能实现建筑的全生命周期管理。

"建设工程全生命周期管理平台"可以实现**"一个模型干到底、一个模型管到底"**的功能，以及**"三维交付、无图建造、造价精准、缩短工期、提升质量"**的效果，最终实现无图设计、无图审批、无图招标、无图建造、无图结算、无图审计、无图运维。引入PLM平台，还将彻底改变碎片化的工程管理模式、组织架构、业务流程和工作方式，**倒逼碎片化的建筑产业向一体化的制造业转型。**这将大大促进建筑产业数字化转型升级，符合行业发展方向，具有建立标准、打造标杆、重塑行业、发展产业的潜力。

**PLM平台商业模式**："建设工程全生命周期管理平台"的服务对象是建设方、设计方、总包方、分包方、供应商等产业链上下游相关方，通过提供定制的数字化服务帮助各方降本增效，营业收入来源包括向服务对象收取数字服务费。平台为各方主体带来的效益主要在以下方面：对**建设方**，通过孪生模型，实现对建筑工程的全透明造价控制，提高项目管理效率；对**设计方**，准确获取设计条件、设计资料和施工工艺反馈，通过数字孪生模型建立"数字样房"，减少错漏碰缺，提升设计质量；对**施工方**，直接获取三维设计成果"数字样房"，预演施工方案，减少差错率和返工率，降低施工成本，缩短施工工期；对**制造方**，通过仿真模型预演安装流程，减少安装偏差，提高加工精度和加工效率。

**案例：武汉新一代天气雷达项目应用PLM平台实践**

武汉新一代天气雷达建设项目是中国气象局与湖北省政府合作的重点项目，项目建设单位是武汉市气象局，设计单位为中南建筑设计院股份有限公司，施工单位为中国核工业第二二建设有限公司。

项目位于武汉市江夏区八分山上，规划用地面积8672.01m$^2$，总建筑面积4230m$^2$。该项目以自然现象"气旋"作为设计灵感，塔体平面采用双螺旋形，立面变化丰富。该项目旨在打造集监测预警、科研实验、科普教育和旅游观光等功能于一体的气象塔（图1）。

图1 武汉新一代天气雷达建设项目效果图

中南建筑设计院应用PLM平台，以该项目为试点，开展建筑产业PLM的实践和探索。该项目**基于统一的数据源，建立了跨专业、跨企业、全流程的统一管理和协同平台，支持全专业三维协同工作，支持上下游企业基于同一个模型进行实时沟通协作**。将建筑（产品）设计与工艺设计紧密结合，基于PLM数字连续性以及演进式设计技术，实现了从LOD100的方案设计模型直至LOD400的加工建造模型的无缝衔接；通过基于模型的定义（MBD）技术，创新实现在三维空间对构件定位、尺寸等进行标注，并在属性中集成各类工程数据，在产业链上下游流转；借助虚拟设计与建造（VDC）技术，实现了机电系统的三维仿真，建立了机电三维模型和原理图的映射，并完成了塔吊运行、幕墙吊装等施工工艺仿真。目前项目已经完成了加工级高精度建模，实现了多专业协同、跨公司合作，打通了设计、施工数据通道。

通过该项目实践，探索基于统一平台的项目策划、变更管理、进度管理、资源管理、知识管理、成本管理等业务，在PLM系统中集成材料、标准、工法、预算、采购、档案、进度等工程数据信息，形成完整、唯一且可靠的数据源。最终，实现"一个模型干到底，一个模型管到底"。

该项目是碎片化的建筑产业转型为一体化的制造业的一次尝试，是全国第一个全过程无缝衔接的数字化建筑项目，将为推动建筑产业数字化转型升级提供有益的参考。

## 4. BIM 应用要突出价值导向

## 余地华：BIM 应用要突出价值导向
—— 中建三局的实践

纵观全球，社会数字化趋势越来越明显，数字经济方兴未艾。建筑产业也在从传统模式快速向数字化方向转型。BIM 技术作为"数字建筑""数字城市"的核心引擎，必然驱动建筑产业生产方式和管理模式革新，引领建筑产业的转型升级与可持续健康发展，促进建筑企业数字化转型升级，释放数字经济增长潜能。

BIM 技术的有效应用无疑是促进建筑产业数字化转型的关键。纵观历年来 BIM 技术应用的历程，建筑企业和工程项目更多从创新驱动转向价值驱动。如何利用 BIM 技术为工程项目和企业创造价值是目前促进 BIM 技术可持续发展的关键因素。近年来，BIM 技术在工程项目全生命期的价值不断凸显，同时 BIM 作为促进建筑产业转型升级的核心引擎，在建筑产业数字化过程中的价值也在被不断挖掘和深入探索。

### 一、BIM 在工程项目全生命期的价值凸显

BIM 技术的应用在设计阶段最早出现，在建造阶段有了更加广泛和深入的推广和应用，现在 BIM 技术不管在设计阶段的成本估算、精细化设计，还是在施工阶段的可视化应用、模拟仿真等基础应用的价值已经被实践证明和普遍认可。BIM 用

于工程管理，尤其是在工程全生命期管理中的更大的价值也在不断地被深入挖掘和探索。由建设单位主导的 BIM 应用模式、参建各方基于 BIM 协同应用的价值逐步凸显。

**一是建设方主导 BIM 应用进行工程全生命期管理的模式逐渐成为趋势**。利用 BIM 技术建设方可在工程建设初期，实现管理前置、协调同步，将大量的错漏碰缺和管理矛盾前置解决，减少各参建方之间的争议，大大提高整体建设效率。北京中信大厦项目，正是在这种模式下，建设方总体规划，使 BIM 模型做到完整的流转，施工阶段继承设计阶段的 BIM 模型，并进行模型深化，替换部分设计模型，增加必要过程信息，最终将模型深度提升至竣工模型标准。最终的竣工模型包含了运维所需要的所有信息，用于基于 BIM 模型的可视化运维系统，实现了建设全过程应用中的 BIM 信息交换连续性的要求，有效地提高了建筑品质，提升了整体管理水平。仅在施工阶段的应用就避免了上万个可能在施工阶段出现的碰撞问题，优化了建筑空间，增加了 7000 余平方米使用面积，为建设方和总包方带来了约 2 个亿的经济效益，缩短了近 6 个月的工期。

**二是 BIM 技术在促进工程项目各参建方信息和资源协同的价值显著**。BIM 作为数据载体，能够将全生命期的工程信息、管理信息、资源信息集成，能够更好地打通各个建设环节，打通各参建方之间的信息壁垒，打通设计、施工、运维分块割裂的业务，解决数据无法共享的问题。提升效率的同时保证资源的有效利用；通过完善整个建筑行业从上游到下游的各个管理系统和工作流程间的纵、横向沟通和多维度交流，实现项目全生命期的信息化管理。在工程项目设计、加工、施工和运维等所有阶段优化项目、减少浪费并最大限度提高效率，保证各项资源的有效利用。

## 二、BIM 在数字化过程中的价值逐渐显现

在企业数字化转型中，BIM 的本质不仅要实现建筑实体的数字化，还要使建筑过程数字化，并对相关数据进行结构化管理，可以改善工程建设各参建方的协作，提升管理效率和资源利用率，同时可以支撑企业实现工程项目管理的数字化以及决策的智能化。

**一是工程项目的数字化。** 工程项目的数字化包括建筑实体数字化和建造过程数字化。**建筑实体数字化**是通过 BIM 打造项目数字模型，是工程项目数字化的基础，核心是多专业建筑实体的模型化。亚洲最大专业货运机场——湖北省**鄂州花湖机场项目**，全面正向应用 BIM 技术，在方案规划、初步设计、施工图设计与深化设计阶段持续协同优化设计，深入解决错漏碰缺等设计顽疾，为建造实施保驾护航，实现了全过程的数字化设计；项目依托数字化施工设备与质量验收评定系统，将 BIM 与施工过程信息进行整合，使工程质量管理追溯性和真实性得到极大提高，实现了施工过程全面把控；项目各方均通过数字化项目管理系统传递管理流程和信息，设计、施工、变更、计量均基于统一的 BIM 数据开展，管理效能进一步提升。实现了全阶段数字化管理；打造了国内智慧机场的标杆，产生了巨大的经济与社会效益。**建造过程数字化**是结合 BIM+ 物联网等技术，将"人、机、料、法、环"等要素对象和项目的进度、成本、质量、安全等管理过程数字化。提高项目管理业务流程的标准化程度、执行效率、数据的实时性和准确性，实现对传

统作业方式的替代与提升。中建三局探索**钢筋工程新型产业化发展模式**，按照信息集成、设备集控、资源集约的总体思路，提出一种基于BIM技术的钢筋数字化建造新模式，包含钢筋BIM翻样智能化辅助系统、钢筋BIM云管理系统等系列成果，实现钢筋加工的智能化翻样、集约化加工及信息化管控。解决了场外加工常见的半成品缺料、送错等问题，并且人均加工产能翻倍、钢筋损耗率大幅度降低。

**二是管理和决策的数字化。在项目管理层面**，通过对工程项目的建筑实体、建造过程的数字化，形成工程项目的数据中心和管理指挥中心，提升项目各参与方之间的协作效率，为项目进行重大决策提供数据支撑，促进项目作业方式和管理方式的变革。**雄安市民服务中心项目**基于BIM的全生命期应用，使用了自主研发的智慧建造系统，将项目的进度、安全、质量、物料、劳务、环境等信息进行采集并集成，实现项目的透明管理，推动雄安新区的绿色管理，智慧建造。也为最终达成实体建筑与虚拟建筑同步生长，数字孪生的管理目标贡献了初步经验；**在企业管理层面**，基于项目数据中心，通过建立项企一体化的数字化系统，实现企业与项目之间的管理系统、业务协同，通过数据的积累，支持企业智能化的流程再造与优化。当前，建筑企业数字化信息化水平普遍不高，项目管理仍较为粗放。现代企业的竞争在很大程度上是管理能力和水平的竞争，是企业数字化进程及精细化管理的竞争。企业的精细化管理水平推进了BIM技术的深入应用，反过来利用BIM技术也可以提升建筑企业的精细化管理水平。企业的盈利点最终要看每一个项目的盈利。每一个项目要做到盈利，管理水平至关重要，BIM技术的可视化、协同性、交互性、集成性可以让项目管控精确定位到每一个人，提升管理的沟通效率。行业与企业均面临着数字化转型，BIM技术也到了发展瓶颈阶段，更需要企业去磨内功，通过量变积累质变，实现数字化转型与管理升级，这是不得不经历的阶段。纵观近几年BIM技术应用实践过程可知，项目层面的BIM技术应用不断深入，且应用范围不断延伸，有效解决了设计、施工阶段各种技术问题，提升了管理和协同效率。随着BIM技术应用的深入，越来越多的企业开始利用已形成的BIM技术数据资源进行数据共享和信息化管理。将BIM技术应用延伸到企业管理层面，以先进的管理理念和方法为指导，以信息化应用重塑管理流程为核心，依托BIM技术应用平台实现企业各管理层级、各部门、全员实时参与，在规划设计、施工建造、投资造价和运营维护过程中实现精细化管控，实现企业管理由传统的经验管理向科学管理、流程化管理的转变，提升管理效率，增强企业核心业务管理能力。

**三是建筑运维的数字化。**随着BIM技术的应用范围不断扩大，形成了大量的数据资源，继承了设施设备资产全过程信息，在运维阶段，建立基于BIM技术的运营维护管理模式，可将建筑在设计中的绿色性能实效化、可视化。建筑生命周期中，运维阶段是时间最长的阶段，同时建筑或者绿色建筑的价值也体现在运维阶段，所以运维阶段也是非常重要的阶段。

通过继承建筑工程阶段形成的BIM竣工模型，为建筑运维管理信息化打造了很好的平台。BIM模型可以集成建筑生命期内的结构、设施、设备甚至人员等与建筑相关全部信息，同时在BIM模型上可以附加智能建筑管理、消防、安防、物业管理等功能模块，实现基于BIM的运维管理系统。BIM运维管理模型优良的能耗控制、精细的维修保养管理、高效的运维响应可以使建筑达到更好的社会效益和更低的运营成本。例如，目前我国已经建立起了桥梁定期检测制度，在养护过程中检测到的各种数据融入模型，直观表现出结构的状态及发展变化情况，从数据管理和使用来说，就形成了实质性的提升，可以让管理者更好地了解结构的实际状况，判断缺陷发展规律，使得BIM技术逐步在运维阶段得到深化使用；再进一步通过智能化运维管理平台等工具实现数据资源的分析挖掘和复用增值，整合并有序协调多参与方的资源、数据和业务流程，解决现有运维管理过程中信息化程度不足、各项管理相对分散、缺乏沟通协同、无法有效利用等既有管理问题，在既有标准和管理规范的基础上建立更加精准、智能、高效的信息化运维管理模式，形成更大的价值，使BIM技术从建设阶段延伸至运维阶段。

## 三、BIM对智慧城市建设的价值未来可期

BIM技术的普及应用，形成了各行各业"碎片化"的海量数据，如何将这些数据整合起来形成数字孪生城市，为城市建设管理探索新的精细化管理模式，是BIM技术应用的重点。

智能建筑在智慧城市的建设中起着关键的作用，以BIM技术为主体的智能建筑是智慧城市必要因素。智慧城市建设需要数字城市，而数字城市必须是彻底数字化的城市。BIM技术作为建筑产业和城市基础设施数字化建设必不可缺的基础支撑，其基于模型集成底层数据信息，结合GIS、物联网、大数据等数字技术构建城市和区域专属的CIM模型，是数字化城市的重要基础。BIM技术应用于数字城市三维建模，是数字城市发展的变革方向。精确的三维模型构建，大量的数据共享，

实现了各专业各环节之间无缝信息沟通，将为数字城市管理提供更快捷准确的数据支持。通过打破数据孤岛，促进BIM技术、GIS、CIM多元融合，推进各行各业的协同研发、数据共享和互联互通，整合各板块领域已有的建筑信息模型，形成的全域高精度的数字化城市，是智慧城市建设的基石。BIM技术在推动城市开发建设从粗放型外延式发展转向集约型内涵式发展，推进基于信息化、数字化、智能化的新型城市建设管理，提升城市可感知、可判断、快速反应能力的价值更加巨大。

总之，BIM是建筑产业数字化的核心，BIM技术在工程全生命过程中的应用以及BIM与数字化技术的集中应用中的价值创造都使建筑产业的数字化发展之路更加明晰，并带来了无限可能，相信随着BIM技术的深入应用会给工程项目和企业带来更显著的价值。

（参与本报告研究的还有中建三局总承包公司　周晓帆、欧阳明勇、邵凌）

# 朱智俊：以 BIM 技术赋能突出创造价值
## ——通号建设在巴马科创中心项目创造价值的案例

通号建设集团是中国通号在"一业为主，相关多元"战略指导下打造的工程总承包新业务主力军，于 2016 年成立，是工程建设行业的"新兵"。为加快提升企业竞争力，通号建设集团以 BIM 技术为重要抓手，推进了信息化建设工作。

## 一、项目概况

巴马科创中心位于被誉为"世界长寿之乡"的广西壮族自治区巴马瑶族自治县，是巴马县的地标建筑，也是当地大众创业、万众创新的示范基地。

项目总建筑面积 2.87 万 $m^2$，结构形式为框架剪力墙结构，建筑立面为曲面，包括 2 座塔楼，呈"S"形布局，塔楼层层退台，1 号、2 号塔楼在 10 层和 12 层通过空中绿化连廊连接。

巴马科创中心项目施工场地狭窄、周边环境复杂，建筑外立面曲线多，竖向严重不规则，结构异形梁、变截面梁多，节点复杂，施工存在很多困难（图 1）。为解决施工重难点问题，项目团队在施工全过程应用了 BIM 技术。

## 二、BIM 技术应用情况

**BIM 技术辅助图纸会审。**

图 1　复杂的项目建筑外形

项目创建了全专业 BIM 模型，建模过程发现并解决各专业图纸问题 50 余处。BIM 技术审核发现图纸问题占问题总数的 2/3 以上，避免了大量的图纸问题（特别是 Z 方向和各专业图纸碰撞的问题）流入施工现场，降低了质量和安全风险，减少了工期和成本损失。

**BIM 技术指导临建布置。**

针对项目施工场地狭小、周边环境复杂导致的塔吊和材料加工区布置困难等问题，采用 BIM 技术建立施工现场工况模型，提前模拟施工现场布置情况，使施工场地布置更合理，减少材料搬运，保障项目施工便捷。

针对塔吊布置难题，项目采用 BIM 技术进行分析，在满足不触碰 1 号塔式起重机、1 号塔楼、高压线电线杆及满足 2 号塔式起重机扶墙等要求的前提下，合理确定 2 号塔式起重机位置，很大程度上杜绝了塔式起重机安全隐患。

**BIM 专项方案设计。**

针对结构不规则的问题，采用 BIM 技术开展模板脚手架综合设计，破解了项目外架底部高度不一致、异形构件等带来的模架设计难题,极大地提高了专项方案的编制效率和准确性。

**三维技术交底。**

本项目借助 BIM 3D 可视技术呈现技术方案,使施工重点、难点部位可视化,提前预见问题,解决因其细部节点复杂、构件繁多,难以进行精细设计及材料用量统计的问题,提高交底效率。

在外架方面,因主体结构呈"S"形,水平方向上外轮廓曲线较多,利用 BIM 模架软件成功解决项目外架在立杆方面的布置问题,从而达到外架架体美观整洁的效果(图 2)。

图2　外架模型效果图

**基于 BIM 技术的机电综合优化。**

利用 BIM 技术 3D 管线综合排布的优势,将各专业 BIM 模型进行整合(图 3),碰撞分析,综合优化,发现并解决碰撞 500 余处,节约后期返工、变更等成本近 20 万元。

**基于 BIM5D 平台的项目协同管理应用。**

在进度管理方面,基于 BIM 技术的可视化与集成化的特点,在已经生成进度计划前提利用 BIM5D 软件可进行精细化施工模拟,并提前预知现场所需材料用量,提前上报物资计划,确保现场计划有序进行。

图 3　BIM5D 平台模型整合

在安全质量管理方面,借助项目 5D 管理平台,通过移动技术和云技术,发现和反馈安全质量问题,在线上跟踪整改情况,提升了管控效率。同时,云平台记录安全质量问题并进行大数据分析,方便项目部和公司宏观掌握项目的安全质量指标,不断改善项目的施工安全和质量。

在工程量管理方面,通过迅速提取构件所属工程信息(图 4),生成二维码,方便施工人员扫描查看,快速全面了解工程信息,并对所有构件提取工程量,精确提料,从而减少材料浪费,节约项目成本。

在技术管理方面,将设计图纸、设计变更、施工方案、技术交底、安全技术交底上传 BIM 云空间,通过分享,现场管

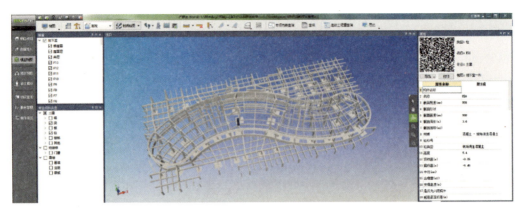

图 4　项目 BIM5D 平台构件信息

理人员可以通过 APP 或者以扫描二维码的形式及时查看相应资料信息，更方便、快捷管理资料，避免资料丢失、遗漏。

## 三、BIM 应用突出价值

**为项目创造价值。**

对成本控制的价值。通过错落碰撞分析，发现 500 余处碰撞问题，提前解决掉相当于节省约 20 万元。通过 BIM 技术优化，又节约施工成本约 35 万元；钢筋实际使用量与模型理论量非常接近，混凝土浇筑量实际节省 1.3%。

对进度安排的价值。在危大工程专项方案的编制上，缩短工期 45 天。通过 BIM 技术交底提高效率，又缩短工期 20 天。

对质量控制的价值。BIM5D 管理平台施工质量问题整改闭合率 100%，问题发现、整改、验收过程透明化，施工质量持续改进。

对安全管理的价值。BIM 技术辅助危大工程专项施工方案的编制、技术交底、过程信息化管控，确保了危大工程的施工安全，施工过程零工伤事故。

**为企业创造价值**

巴马科创中心项目获得了湖南省 BIM 大赛二等奖、"龙图杯"全国 BIM 大赛二等奖、河池市"年度建筑工程安全文明工地"称号，我们举一反三大力提倡 BIM 应用创造价值，不仅为企业品牌塑造发挥了作用，而且直接带动了后续项目的发展。下一步，我们还将 BIM 与 CIM 结合，持续扩大我公司在这方面的领先优势。

**为地方和行业创造社会影响力价值。**

巴马科创中心作为巴马县的地标建筑和河池市的 BIM 示范项目，其成功地应用 BIM 技术，显著创造价值，对提升当地有关部门对 BIM 技术的认识发挥了重要的作用，促进了 BIM 技术在西部地区的推广应用和发展。

（参与本报告研究的还有通号建设集团有限公司 李丽、王海楠）

# 主题二：
## 关于产业数字化之ERP应用

# 1. ERP 应用于大型央企国企的意义与实践

## 韩爱生、王广斌：推广应用 ERP 的实践

### 一、建筑产业数字化转型的时代背景

2020 年 9 月，国务院印发《关于加快推进国有企业数字化转型工作的通知》，2021 年全国两会上发布的《中华人民共和国国民经济和社会发展第十四个五年规划和 2035 年远景目标纲要》中提出，"以数字化转型整体驱动生产方式、生活方式和治理方式变革"。加快构建以国内大循环为主体、国内国际双循环相互促进的新发展格局，是党中央站在全局高度和战略层面做出的重大决策，这也给建筑企业数字化转型带来了新的机遇与挑战。国家政府层面对于数字化转型的倡导，将数字化转型推向了当前整个社会的发展建设热点，越来越多的建筑企业也开始走上数字化转型的探索和实践之路。

随着云计算、大数据、物联网、人工智能、移动互联网等技术的兴起，建筑企业的生产方式和管理模式也随之发生了重大变革，我们已经进入数字化管理时期。面对建筑产业日益突出的高消耗、高风险、高投入、低利润的问题，如何将现代信息技术与先进的企业管理理念相融合，转变企业组织方式、管理方式、生产方式、经营方式、业务流程，预控风险防范，理顺内部机制，增加盈利和降低成本，提升企业经营管理水平，增强企业核心竞争力，为企业高质量发展赋能，是建筑企业在思考未来发展方向的重要课题。

## 二、央企国企数字化转型具有重要的战略意义

建筑产业作为我国国民经济的重要支柱产业，也是在全球最具竞争力的产业，加快推进互联网与建筑产业深度融合，建筑产业数字化转型已成为推动我国建筑产业高质量发展的重要驱动力。

国有企业是中国特色社会主义的支柱，是推进中国进入新时代的主力军。党的十九大报告指出："要完善各类国有资产管理体制，改革国有资本授权经营体制，加快国有经济布局优化、结构调整、战略性重组，促进国有资产保值增值，推动国有资本做强做优做大，有效防止国有资产流失。深化国有企业改革，发展混合所有制经济，培育具有全球竞争力的世界一流企业。"

**大型央企国企作为中国建筑产业的先行者和排头兵，对产业的创新和发展有着重要的引领示范作用。**大型央企国企始终坚持改革创新，不断增强经营活力和内生动力，确保国有资产保值增值，提升国际竞争力，在全球赢得了"中国建造"的声誉。

伴随着全球数字经济发展和建筑工业化、绿色化与数字化等新技术推动，国内建筑企业正普遍处于转型升级的关键时期。越来越多的地方国有建筑企业逐渐**向业务多元化、经营异地化发展**，从传统施工向投资、融资、设计、施工、制造、运营等覆盖上下游产业链的多元化发展，经营区域范围也逐步从传统区域向全国化、全球化进行扩张。

企业规模越来越大，市场竞争压力越来越大，经营半径越来越广，管理难度大大增加，运营风险也接踵而至。建筑企业数字化转型是企业高质量发展的战略要求，也成为支撑建筑企

业的实体转型升级的重要手段。通过数字化、信息化的手段，将建筑企业的投资、设计、采购、施工、运营等各业务整合，形成以数字化管理、网络化协同、智能化建造、服务化延伸为手段，以建造方式数字化转型、建筑产业高质量发展为目标的全数字化应用平台。数字化转型是打造智慧企业的主要手段和核心路径，通过对企业全面、系统的数字化重塑，来实现企业的智慧化升级，将企业打造成为面向未来的智慧企业。

为了有效应对建筑企业在新的市场环境下面临的机遇与挑战，为了更好地**促进全国化、全球化经营与发展、拓展产业链上下游业务、打造建筑全生命周期的服务商**，数字化转型迫在眉睫，特别是大型央国企承担着中国建筑产业创新发展的历史重任，陆续启动了新一轮的数字化转型。项目管理平台（PM），作为建筑企业的资源计划系统（ERP），是核心业务板块的核心管理平台，也必然成为这些大型央企国企数字化转型的重点。

## 三、建筑行业的央企国企 ERP 建设重难点

建筑企业相较于其他行业企业有着诸多的行业特色，比如项目异地分散、工程非标准化、建造过程环节多周期长、现场管理人员素质不高、施工环境复杂、项目管理难度大等，给 ERP 系统（项目管理平台）的建设与应用带来了一定的挑战。而**大型央企国企更是具有管理层级多、成员企业多、业务板块多、管理模式多、项目关联方多、应用系统多等特点**，因此，大型央企国企要建设集团统一、集中部署的项目管理平台，则需要考虑更多复杂的业务场景和更繁杂的应用问题。

**建筑行业央企国企 ERP 系统建设的难点。**一是管理层级

多、成员单位多且管理水平差异大**。既要满足集团战略在成员单位的贯彻落实，又要保持成员单位的市场竞争优势和经营活力，所以需要在统一的管理标准化和个性化之间寻求平衡；二是**业务板块多，专业领域涉及面广**。房建、市政、公路、园林、装饰、安装等业务都需要兼顾，不同类型项目管理方式存在差异，系统建设也需要因项目而异，多种管理模式需要能够共存；三是**业务模式多样**。大型央企国企往往除了传统施工总承包项目外，EPC 工程总承包、PPP、BT、BOT 等各种不同组织模式的项目也普遍存在，不同模式的项目管理的侧重点有所不同，管理差异性也需要兼顾；四是**项目承包模式多样**。项目经理承包制、项目经济责任状、项目股份制等，不同承包模式的项目的管控目标、管理精细程度、决策权限等差异明显，统一平台也需要兼容多种特殊的管理流程；五是**大型央企国企内部项目共享、资源共享是集团化优势的重要体现**，但是如何做好项目组合管理，实现成员单位间不同项目团队之间的业务协同、数据共享是关键；六是**大型央企国企信息化建设通常存在应用软件多的特点**，而项目管理平台作为核心管理平台，与其他业务系统/模块关联度高，对于多系统间如何实现集成和融合一体化的需求迫切。

**央企国企的 ERP 系统建设还要关注两大重点。**

央企国企建设 ERP 系统的目标已经不是以提高工作效率为主要目的的**管理数字化**，如会计电算化、办公自动化、业务流程协同化等；而是更高层次的**数字化管理**，数字化管理的目的是提高央国企的**集团管控能力、提升商业模式创新能力、提高整体运营能力、优化产业链业务流程**。因此，要重点关注两点：一是项目全过程管理涉及集团内外部方方面面的关联单位、关联业务部门的工作协同、数据共享，需要切实打通项目管理各个环节的业务流程，实现业务流、数据流、信息流的有效共享与集成；二是项目管理平台的原始数据来源于项目现场，而项目现场普遍存在环境差，硬件条件弱，管理人员素质偏低等客观因素，亟需破解数据采集的便捷性、现场管理的智能化难题。

## 四、大型央企国企 ERP 建设最佳实践

大型建筑企业建设集团统一、集中部署的项目管理平台，有利于强化集团战略在各级成员单位的执行落地，有利于对各级成员企业、项目进行动态的、实时的、多维度的跟踪与监控，便于成员企业间优秀管理经验的复制和推广，可以有效地提高企业与项目整体风险的防范与控制能力。

**集团战略落地必须"纵向到底"。** 满足大型建筑企业多级管理要求，能够按照集团总部、子集团、区域公司/分公司、项目部的四级管理要求设置组织架构，实现企业集中管控、分级授权，横向组织间通过单元隔离能够对权限、功能、数据进行有效隔离，纵向能够通过单元共享实现标准化流程执行与落地、审批流程传递与上下级成员单位协同管理。

**业务紧密协同必须"横向到边"。** 满足成员单位对项目全周期管理的需要，实现在项目投标阶段、策划阶段、实施阶段、竣工阶段的精细化管理。以工程项目为管理对象、进度管理为主线，合同管理为核心，实现对项目的成本、劳务、分包、材料、机械、技术、质量、安全、资料等各方面进行管理，实现各管理单元、业务条线之间的业务互通、信息互联、数据共享，

满足企业对于项目成本管理、风险管控的需要，不断提升企业的项目管理水平与核心竞争力。

**供应链协同更能体现资源协调能力的提升**。支撑建筑企业全产业链协同战略，将建筑企业与产业链上下游的分包企业、材料企业、设备企业等业务联动起来，实现在采购、招标、物流配送、合同结算等环节的业务协作，提高建筑企业对人、材、机等各项资源的统筹和协调配置能力，降低项目成本、提供管理效率。

**柔性化技术平台更能适应管理模式的多样性**。大型建筑企业内部各成员企业在项目业务形态上、管理模式上通常会存在一定差异，对系统的应用需求也会存在差异，因此系统需要支持按照多种方案的柔性化技术平台进行差异化管理，包括业务流程差异化、表单差异化、报表的差异化以及管理界面的差异化等，确保系统灵动、适用，真正能够适用于企业的管理需要。

**项目管理为核心的集成平台更容易实现异构系统的集成**。由于大型建筑企业成员企业众多，应用的信息化系统涉及面广、应用情况差异较大，作为核心管理平台的项目管理平台，必然涉及与其他已有或即将新建的众多系统之间进行集成和融合。因此，具备一个强大、灵活的集成平台，实现应用、数据、服务的融合非常重要。通过集成平台，将项目管理平台与企业门户、财务系统、资金系统以及项目现场管理系统等实现深度融合，打造企业一体化管控平台，也是大型央企国企数字化建设的重点。

**集中统一的数据仓库更方便实现让数据支撑决策**。建立集团集中统一的数据仓库，依托于真实、准确、实时、安全、完整的项目数据大集中管理，有助于企业级智能化大数据分析，服务于企业管理快速决策，提升企业核心竞争能力。

## 五、大型央企国企 ERP 建设成败关键之一在于技术平台

技术支撑平台是数字化应用系统运行所必需的环境或条件，任何大型的应用系统都必须运行在技术支撑平台上，建筑产业的 ERP 系统（项目管理平台）也不例外。

采用自主的技术中台，不仅解决了"卡脖子"问题，而且运用了其中的多维业务建模、互动管理、业务规则引擎、工作流引擎、客户化自定义工具、企业级进度驱控、万向集成平台、敏捷开发等工具，满足了大型建筑企业各种复杂业务场景的应用需要。

采用面向施工现场的智能物联网平台技术，将智能化感知设备与项目管理平台智能连接，提高项目现场管理效率，提高数据采集质量、高可靠性和时效性，才能充分发挥未来 5G 应用场景下广覆盖、小数据包、低成本、低功耗通信作用。

采用国产化的云计算平台，给予大型建筑企业集中项目管理平台的建设最有力的负载均衡能力、瞬间计算能力、资源动态扩展能力的支撑，支持峰值数万用户并发应用。

采用集中式项目管理平台才能运用大数据计算和分析技术，满足大型建筑企业运用人工智能 AI 在毫秒级快速计算智能风险预警与响应需要。

## 六、大型央企国企 ERP 建设应用范例

上海建工集团、云南建投集团作为大型建筑央企国企的佼

佼者，始终专注于提高发展质量、发展能级，在精耕专业与创新突破中打造行业最具科技创新能力和市场感召力的企业，为加速实现"成为国际一流的建筑全生命周期服务商"在不断努力。

自 2020 年以来，上海建工、云南建投先后启动了新一轮的数字化建设工作，项目管理平台作为核心 ERP 系统，两家企业都采用了全集团统一、集中式建设的模式，取得了较好的成效：一是解决了多年来困扰大型建筑企业迫切需要的集中式工程项目管理难题，有利于企业推行管理标准化，辅助企业管理与项目管理创新，促进管理精细化；二是实现"纵向到底、横向到边"，促进项目管理标准化、规范化，提升项目管理水平，降低项目成本，提高项目效益；三是信息化促进项目业务协同管理，有利于企业内部资源共享与协作，提高协同能力，实现信息共享、业务互联、数据互通、消除信息孤岛，提升管理效率；四是打通项目管理平台与互联网电子商务平台，实现了企业与外部供应商之间的业务协同，大大提高了协同效率，提升了资源调配的准确性和及时性；五是有利于风险的统一管理与控制，借助信息化掌握及时、准确的项目过程管理信息，加强资金管控、成本管控，规避项目运营风险，有效规避企业与项目风险。

上海建工集团、云南建投集团在 ERP 系统建设的成功实践，对大型央企国企数字化转型起到了引领作用，有着显著的示范意义，势必对促进行业的高质量发展有着重大意义。

（参与本报告研究的还有新中大科技 彭活亮、李伯鸣、严泳）

## 2. ERP 自主引擎和自主平台问题同样要高度关注

## 韩爱生：关于新中大 ERP 自主引擎和平台的研发情况

### 一、为什么建筑企业管理数字化转型特别难

适合建筑产业的 ERP 系统是建筑企业管理数字化转型的基础，主要表现为以下几个方面：建筑产业数字化转型的目标是建立一种新型的数字化商业模式和经营管控机制，推动建筑产业高质量发展、提高建筑企业核心竞争力；落实建筑产业"碳达峰、碳中和"的目标就是促进"绿色建造"，其主要手段之一就是通过 ERP 的一体化数字平台来优化和合理配置企业资源；推进建筑工业化、装配式建筑的需要，工业化目的就是打造集成化、协同化的业务生态系统，核心技术就是 ERP，从而通过产业链上下游协同提升企业整体运营效率。因此适合建筑产业的 ERP 已经成为推进建筑企业管理数字化转型成功的关键要素和必要条件。

但是，相比其他产业，建筑产业数字化水平落后。以 ERP 为代表的一体化管理平台普及率低的主要原因有两个方面，一方面是由于建筑产业业务的复杂性决定的，另一方面是严重缺乏适合支撑建筑产业管理数字化转型的柔性化技术平台。

**从业务层面分析**，与其他产业相比，影响建筑企业管理数字化成功转型的主要因素有五个方面：一是建筑产品的非标性。建筑产品具有典型的个性化客户需求特点，因此导致生产过程

和业务模式的标准化难度大，这也是工程项目的主要特征；二是生产地点的不固定性。由于建筑产品的异地生产特点，而各地的政策环境、经济环境、社会环境、技术环境的变化较大，导致生产环境和生产要素的多样性，迫切需要支持柔性化生产的智能建造平台支撑；三是从业人员的不固定性。产品是固定的、人员是流动的，从而增加了对人力资源的优化配置、劳务人员的安全监管难度，导致企业急需适合建筑产业的柔性化管理平台；四是经营方式和管控模式的多样性。同一企业的各个项目不仅具有PPP、EPC、BT/BOT、施工总承包、专业承包等多种经营方式，而且还可能涉及法人管项目的直营制、项目股份制、项目承包责任制等多种管控模式；五是供应商的不固定性。由于建筑材料大部分属于大宗采购物资，材料运输成本占比高，就近采购的各地材料供应商的材质差异较大，迫切需要建立基于供应商门户技术的柔性化供应链协同和优化平台。

**从技术层面，**传统的ERP软件无法适应建筑产业管理数字化转型，其主要原因有两个方面：一是传统定制开发建设模式的建筑企业信息化管理系统，存在开发周期长，无法快速部署，导致建设实施严重拖期，信息化建设见效慢；系统集成十分困难，集成成本高，甚至超过开发成本；系统维护和升级困难，同时系统的可扩展性差；缺乏先进管理思想和建筑行业信息化最佳实践的指导等问题。二是在商品化ERP软件的建设模式下，由于行业性、专业性、工程项目管理模式的特殊性，因此无论国外SAP、Oracle还是国内传统商品化ERP软件都无法满足建筑企业的柔性化管理需求，其主要原因是缺乏针对建筑产业的柔性化技术平台，这已成为制约建筑产业信息化普及的主要障碍。

**从国家战略层面**，在中美贸易战科技战的大背景下，使用国外的 ERP 系统，不仅其系统核心技术引擎基本上在国外，云数据库也大多在国外，这对企业的数据信息安全存在潜在风险。而且，如果是采用国外技术平台的 ERP 软件还将面临着高成本的技术依赖性，正如国内某知名民营建筑企业家所说的"采用国外的 ERP 平台就像吸鸦片一样，不但每年要交高昂的技术支持服务费，而且长期受到技术牵制，甩也甩不掉"；由于平台包括数据库管理系统，因此存在信息安全问题；国外技术平台，水土不服，如会计准则、专业术语规则等；国外 ERP 厂商的技术支持平台都是自有的封闭式专用平台，只提供有限的系统集成方面的 API 接口，无法或拒绝为客户定制开发扩展的本地化功能。因此，也不能完全满足我国建筑企业的个性化需求。

## 二、为什么建筑产业更需要基于微服务的柔性化技术平台

如前所述，ERP 是集团企业人财物、产供销一体化管理系统，是建筑产业管理数字化转型的核心和基础。那么我们还需要回答以下问题：一是成功实现建筑企业管理数字化转型的技术保证是什么？或者说什么技术能够解决建筑企业管理难点？二是哪些关键技术的突破，可以解决"卡脖子"的技术平台依赖性问题？

**柔性化技术平台解决了建筑产业管理难点。**

我国大型建筑集团企业具有管理层级多、专业领域多、建设模式多、管控模式多、生产链条长、非标程度高等复杂性特征，这也是导致建筑企业数字化水平落后、信息化普及率低的重要原因之一。面对快速变化的市场环境和"碳达峰、碳中和"

紧迫的形势，需要一套适用的企业管理系统帮助管理者迅速做出准确决策，并及时调整企业经营的各个环节。建立新型ERP系统对建筑企业管理效能的提升具有重要作用，也是实现建筑产业数字化转型的重要抓手。

技术支撑平台（简称"技术平台"）是指数字化应用系统运行所必需的环境或条件。任何大型的应用系统都必须运行在技术支撑平台上，技术支撑平台将包括操作系统、数据库管理系统、数据中台、客户化二次开发平台，以及保证业务流程正常运行和数据安全策略的工作流引擎、业务规则引擎、搜索引擎、预警引擎、消息引擎、数据集成引擎等。因此，自主引擎和自主平台的研发具有十分重要的战略意义。

面向建筑产业数字化转型的柔性化技术平台是一种新型数字化应用系统的技术支撑平台。该平台类似于装配式建筑的建造过程，由软件开发商在研发中心总部开发包括各种可装配的标准化和通用化业务构件的平台软件，然后由IT服务商根据签订的合同和需求，在客户现场进行构件配置和业务流程建模，搭建生产环境下可运行的数字化应用系统。

柔性化技术平台的优点是不仅能够处理建筑行业业务的复杂性，解决严重缺乏适合支撑建筑行业管理数字化转型的平台软件问题；而且还具有系统建设周期短、系统运行速度快、可靠性高、稳定性好、可借鉴行业最佳实践的先进管理技术、系统可维护、可升级、可扩展的方便性，因此总体建设成本低。柔性化平台软件+定制化配置的建设模式将成为未来建筑产业数字化应用系统建设的主流模式。

**基于微服务架构的柔性化技术平台突破了"卡脖子"难题。**

为了应对技术平台中面临的"卡脖子"风险，迫切需要基于微服务柔性化技术平台。基于云原生和微服务架构的柔性化技术平台是近年内正在兴起的一种支持云原生环境、开放式微服务架构、可配置、可重构的新一代柔性化基础应用中间件平台。它跨越了以往ERP等工业软件简单地引进、消化、吸收、模仿的研发模式，是对信息化系统建设开发、部署、运行、维护模式的一种颠覆性的变革（图1）。

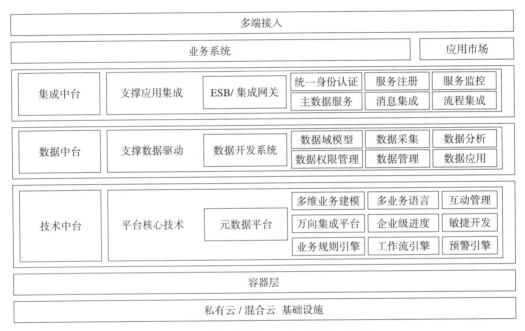

图1 面向建筑行业的微服务技术平台架构图

云原生技术是2013年Pivotal的MattStine首次提出的，其最基本的含意是"一个应用系统借助云计算相关的周边技术进行设计研发，从而使该应用能完美地适配云上环境"，云原生专为云计算模型而开发，用户可快速将应用构建和部署到与硬件解耦的平台上，为企业提供更高效、敏捷、弹性和可移植性的信息化服务。因此，基于云原生与微服务架构的柔性化技术平台是应对"卡脖子"威胁的重要手段。

微服务架构的柔性化技术平台不仅可以将业务进行微服务化（如把企业资源计划 ERP 系统的多项目管控、生产建造、合同管理、成本管理、物资管理、资金管理等业务微服务化），从而满足平台在不同操作系统上的部署，根据客户的业务量动态弹性地扩容，以及根据客户的需要便捷地进行低代码二次开发，满足个性要求。而且还能够通过组织建模、权限建模、业务建模、流程建模、数据建模等工具来满足大型建筑企业多组织、多管理层级、多专业领域、多建设模式、多管控模式、多异构系统对信息化的集中统一管控平台的建设需求。

## 三、面向建筑产业的微服务柔性化技术平台的自主引擎问题

目前基于云原生、微服务的技术平台还处于发展的初期，对国内企业来说最大的机遇是与国际化大公司都处在同一起跑线上。同时，国内外都还面临着诸多挑战和瓶颈，例如，细分产业 ERP 和企业核心业务的微服务构件落地、采纳尚属少数；国内外先进 ERP 厂商在技术引擎为核心的关键技术上虽然已经取得了重大突破，但是面向建筑产业的 ERP 技术引擎，除了极个别软件企业取得了试点研究成果，几乎处于空白状态；基于云原生技术和微服务架构的产品良莠不齐。从本质上来说，面向建筑产业的微服务柔性化技术平台的关键技术是面向建筑产业的自主引擎问题，是建筑产业管理数字化转型成功的技术保证。

**什么是技术引擎？** 引擎是一种嵌入在柔性化技术平台中的

关键核心组件，帮助实现业务流程的自动化。引擎是 ERP 系统中的关键技术，是基础软件中的基础，所以说引擎技术是数字化转型的发动机和大脑。一个 ERP 系统的底层技术平台会有技术引擎和业务引擎两大类作为支撑，其中技术引擎包括工作流引擎、业务规则引擎、搜索引擎、消息引擎、预警引擎、算法引擎、数据库引擎、元数据引擎、表单引擎、数据交换引擎、页面生成引擎等。随着人工智能技术的高速发展，最新的引擎技术不断引入到 ERP 系统中，例如 AI 引擎、图像识别引擎、语音识别引擎、语音合成引擎、推荐引擎、图形引擎、三维地图引擎等。虽然各品牌 ERP 厂商的技术引擎在功能和性能上各异，各企业也还存在较大的提升空间，但是相对业务引擎已经基本实现了技术上的突破。

**什么是面向建筑产业的自主引擎？** 建筑产业数字化转型的技术关键是业务处理自动化，即建筑产业的业务引擎，它是解决面向建筑产业数字化转型的关键技术。主要包括几个方面：

一是解决大集团多组织、多层级管控问题的关键技术，如，权限分级控制及业务数据共享和隔离技术；信息权限访问控制技术；基于管理对象的多维权限控制模型；WBS 驱控的跨组织多层级多项目进度联动协同技术等。

二是解决大集团集中式项目管理数字化问题的关键技术，如，基于网络门户的多参建方工程项目协同管理技术；WBS 与工作流双重驱动和资源驱控的项目进度控件技术；基于深度学习的建筑工程项目进度预测技术；用于工程项目进度与产值联动的数据处理方法等。

三是解决多专业领域问题的关键技术，如，基于元数据的多业务语言运行时自动切换技术；面向工程建设领域的集成开发环境；基于元数据模型的多平台页面生成技术等。

四是解决多建设模式问题的关键技术，如，基于核心业务分类的微服务构件库；基于元数据模型实现一次设计千面展示技术；基于多模式工程项目WBS的物料需求计划计算方法；基于多模式的报表仓库驱动的预警技术等。

五是解决多管控模式问题的关键技术，如，基于管理对象的多维权限控制模型；应用于工程项目的智能费用控制技术；企业级工程项目成本管控技术；基于任务分解模板的报表自动汇总技术；多模式税负风险合规自动识别技术等。

六是解决产业链条长、生产周期长问题的关键技术，如，跨组织分布式流程集成技术；无界面推送的互动管理平台技术；基于网络门户的供应链协同与优化技术等。

七是解决多异构系统集成问题的关键技术，如，基于消息机制的异构系统数据集成平台技术；施工现场设备大数据集成技术；弱网络施工现场云边协同处理技术等。

目前，除了以新中大钱潮技术平台为代表的建筑产业ERP信息技术服务商外，国内面向建筑产业的自主引擎还几乎是空白。而从上海建工集团、云南建投所建立的以项目管理为核心的大集团集中式ERP系统实践证明，采用国内基于云原生的微服务架构技术平台和自主研发的面向建筑产业的自主引擎，是能够适应建筑产业"点多面广、体量和规模大、周期和产业链条长、专业门类多等"特征的数字化转型关键技术，也将成为解决"卡脖子"问题的重要手段。

（参与本报告研究的还有新中大科技 李伯鸣、彭活亮、严泳）

# 主题三：
# 关于产业数字化之企业数字中台

# 建设数字中台赋能企业数字化转型

# 高　峰：中国中铁的企业数字中台实践与创新

## 一、数字化转型是践行"三个转变"，推动企业高质量发展的必然选择

"推动中国制造向中国创造转变、中国速度向中国质量转变、中国产品向中国品牌转变"，2014年5月10日，习近平总书记在河南考察中铁工程装备集团时提出了"三个转变"，为推动我国产业结构转型升级、打造中国品牌指明了方向。**世界经济数字化转型是大势所趋**，新一轮科技革命带动数字技术强势崛起。近年来，国家持续加快数字基础设施建设，加强技术产业支撑，深入推广行业应用，打造现代产业集群，积极引导企业数字化转型，全面深化数字化应用，推进跨界创新和线上线下融合。

当前建筑企业面临着盈利空间收窄、运营效率不高、核心优势不强、创新能力不足、信息化应用深度不够等问题，归根结底是生产力和生产关系变革不快、不协同造成的。**数字经济是新兴技术和先进生产力的代表**，数字化转型就是要创造新流程、新变革管理范式、新结构和新人才体系、新商业模式和收入流、新合作伙伴生态系统，在新兴技术中打造高集成度、高可扩展性和高适应性的新平台，有利于高效引导各类要素协同向先进生产力集聚，推动建立与数字生产力相匹配的新型生产关系，实现传统产业和产业链协同改造、商业模式创新和产业结构升级相互促进，激发新活力、催生新动能、推动新发展、培育新经济。

**新冠肺炎疫情蔓延凸显数字经济独特优势。** 2020 年以来，受新冠肺炎疫情影响，世界经济止步不前，各领域沟通交流活动从线下转移到线上已经成为一种趋势，以数字经济为核心的新经济形式在当下中国经济发展过程中起到了主导性作用，通过数字化组织的构建，创造了新的商业模式，新的商业契机，并在防控疫情蔓延、保障社会供给等方面发挥了重要作用。中国建筑产业借助数字化转型，充分利用 BIM、GIS、云计算、大数据、人工智能、3D 打印、物联网、机器人等新一代信息技术，加快企业转型，赋予新的建造方式和组织方式，从"规划咨询 – 勘察设计 – 工程施工 – 装备制造 – 物资供应 – 运营维管"重塑全产业链，创新数据化协同，"新基建"正成为有效带动经济发展的龙头，助力中国经济走出疫情冲击，迎来更广阔的发展空间，在"一带一路"倡议中发挥顶梁柱作用。

**数字化转型是改造提升传统动能、培育发展新动能的重要手段**，具有向管理赋能、技术赋能和数据赋能的价值再造能力，符合"三个转变"发展内涵；有利于建筑企业提升精细化管理、精益化建造和精致化生产水平，构建"生产服务 + 商业模式 + 金融服务"跨界融合的产业生态，聚合工程项目设计、施工、运维一体化的集成管理优势，提升产业基础能力和产业链现代化水平，助力"内循环"、促进"双循环"，数字化转型必将成为推动建筑企业高质量发展的时代选择。

## 二、数字中台成为赋能企业数字化转型的新动能

**推进数字技术能力建设，夯实企业数字化技术底座**。结合建筑产业特点和发展需求，运用 5G、云计算、区块链、人工智能、

数字孪生、北斗通信等新一代信息技术，通过从数据采集、传输、存储、计算、展示和分析决策等层面，规范所采用的技术方法和技术路线，形成适合产业数字化转型的IT技术架构。

基于中台思维，提升企业自主研发能力。在数字中台建设基础上，建设工程项目综合管理、营销管理、人力资源管理等通用系统，涵盖数据采集、流转控制、平台建设；建立软件研发、硬件设备、信息安全、数据编码、接口展现等技术规范，构建统一技术研发平台。持续评估技术成熟度，淘汰落后架构，采用"微服务"和"总线集成"模式，打造业务互联互通的枢纽，有效提升信息化架构自主研发和管控能力。

推动内外互联互通，提升服务能力。通过数字中台建设，统一管理公司内外部数据，包括资讯、中标信息、企业主体风险等信息，通过数据价值萃取，形成创新数据产品，对外提供数据服务，激活数据要素市场。

**加快推进数据治理，促进企业数据治理体系搭建。**

通过顶层设计，制定数据战略和搭建数据治理组织，明确数据治理归口管理部门和责任，建立数据制度体系和流程规范，激活和规范数据治理工作，加强数据标准化、元数据和主数据管理工作，定期评估数据治理能力成熟度，确保数据治理工作常态化、科学化持续运行。

加强数据采集统一管理。通过统一管控机构、人员、项目等公共数据来源，加强公共数据采集管理，保障各系统基础数据的唯一性、准确性、完整性、规范性和时效性，实现建筑企业公共数据共享共用，有效解决信息联动问题。规范项目现场核心数据就源录入管理，从源头确保数据的正确性及质量，加强自动化数据采集能力，可以有效降低基层数据重复录入压力，有力支持工程项目提质增效。

构建数据连接分析与共享交换机制。通过数据汇聚实现数据连接融合，构建多层级数据分析体系，提升数据决策的科学性、智能化、有效性和前瞻性。加强数据共享机制建设，为企业各层级、各单位、各系统提供数据交换和共享服务，有效提升数据利用率和运用效果。

强化业务场景数据模型，提升数据洞察能力。以业务场景应用为驱动，构建公司级数据模型，建立统一模型规范，提升源头数据统一性，在此基础上深入挖掘数据价值，夯实数据治理体系，从业务、管理和技术等方面有效地支撑数据管理和经营分析决策，提升数据洞察力，实现公司数据驱动发展的战略。

**构建企业核心数据资产管理体系，解决企业非结构化数据管理难题。**

在建筑产业快速增值的数据中，图纸、合同、资料文档等非结构化数据占比超过80%，总量超过10PB，每日吞吐量接近1000GB，预计到2025年非结构化数据容量还将增加一倍。

传统IT架构难以有效管理海量非结构化数据。一是传统的非结构化数据管理方式中的内容对象、元数据与索引是分离存储和独立管理的，难以同时灵活横向扩展，加剧了海量非结构化数据的管理复杂性；二是业务数据孤岛、知识数据孤岛、桌面数据孤岛三大数据孤岛使得文档等非结构化数据分散储存，无法统一管理，难以快速准确地搜索，业务系统数据难以整合；三是难以保障内容安全合规，商业泄密风险始终居高不下，内容审查无从下手。

数字中台支撑非结构化数据多层次管理需求。非结构化数据管理之所以难，不仅因为其数据量大、分散性高，还在于用户对于非结构化数据的需求是多层次的，包含格式、内容、信息和知识等多层次的需求。在数据层面，要保障数据高性能备份恢复和数据全生命周期管理；在内容层面，要实现业务系统内容整合和内容安全流转；在信息层面，要实现高效搜索并进行敏感、非法内容的识别与过滤；在知识层面，要构建企业多模态数据知识图谱，打造企业知识大脑。

**构建生产安全平台，推动企业数字化转型创新。**

通过建设数字中台，为应用开发者提供便捷的数据创新协作平台、数据 API 平台、数据实验室，基于行业生态采用 DevOps 理论，打造数字化生产体系，构建持续化集成部署环境，实现数据应用产品交付的自动化、敏捷化、无感化。采用容器化平台，整合不同虚拟化平台，构建共享"资源池"，实现异构资源的互享、互通，挖掘创新数字化产品，整合业务应用，实现数据产品创新闭环。

推进生产运营智能化。推进 5G、物联网、大数据、人工智能、数字孪生等技术与工程项目建设深度融合，利用数字中台，实现工程作业现场全要素、全过程自动感知、实时分析和自适应优化决策，提升全面感知、实时互联、数据贯通、智能应用能力。

推进产业体系生态化。依托建筑产业多业态优势，通过建设基建、勘察设计、工业制造、金融服务、投资等领域产业链数字化生态协同平台，推动供应链、产业链上下游企业数据贯通、资源共享和业务协同，提升产业链资源优化配置和动态协调水平，提高生产质量、效率和资产运营水平，赋能企业提质增效。通过数字中台建设，与内外部生态合作伙伴共同探索形成融合、共生、互补、互利的合作模式和商业模式，实现产品创新、业务创新和服务创新，构建数字化产业生态。

## 三、中国中铁数字中台建设实践

**构建统一数据湖，汇聚全域数据。**

以"开放的平台能力，助力中国中铁更深入利用数据"为服务理念，基于私有云平台部署大数据服务，支撑中国中铁数据应用场景需求，实现企业数据与应用的生态化建设。通过建设统一数据湖，汇聚全域数据颗粒归仓，实现人力、财务、营销、工程项目管理等160余个系统核心业务数据入湖。

**革新非结构化架构，支撑全面数据贯通。**

通过建设企业非结构化数据中台，赋能统建业务系统非结构化数据贯通，一是底层汇聚对象数据、元数据、索引数据等数据来源；二是中间层由人工智能驱动和数据架构底座支撑，建设智能搜索、流程自动化、内容总线、内容数据湖、内容安全洞察等模块；三是中台赋能上层各行业应用，集成一体化工作平台、项目综合服务系统、主数据系统等统建业务系统，将文本、图像等非结构化数据的管理打通底层数据，从源头保障数据资产的复用能力，实现数据资产统一运营、全面合规、高效利用。

**统一数据标准，形成数据资产目录。**

在数据汇集基础之上，建设数据资产目录，明确数据治理归口，积极推进数据治理。一是共治理各类数据2.1万项，29.5万字段，形成人力、经营、投资、生产、财务等10类资产目录，实现数据"一本账"管理。二是确定机构、人员、合同、工程项目、供应商、物料等8类核心主数据统一管理，明确治理标准和职责。

**规范数据服务，保障数据使用安全。**

通过制定统一数据服务的技术和管理规范，对数据需求接口封装成一系列标准服务,规范数据共享流程,形成常态化的工作机制。同时屏蔽数据来源方,通过各类适配器可以在下游调用方无感知的情况下快速替换下游实际接口提供的业务系统。针对数据服务接口涉及各环节,采用相应的安全保障手段,对服务接口和接口文档集中管控,实现接口资产自主可控,接口不被非法调用,保障数据使用安全。

**动态数据应用,赋能企业协同创新。**

基于数字中台建设,围绕数据共享、经营分析、领导驾驶舱、数字化管控等四大类业务应用场景,为经营、投资、生产、安全、合规、审计六大业务提供支撑,打通项目跟踪、合同评审、项目管理等跨部门关键业务管理流程,实现业务横向贯通、数据共享和管理创新。

## 四、数字中台的产业应用展望

在"互联网+"行动计划和"智能+"的推动下,数字产业化和产业数字化成为数字经济的两大基础,以构建数据资产体系、释放数据资产价值为核心的数据中台,被推到了广阔的舞台中央。数字中台作为信息化的下一站,未来将持续赋能新经济新业态。

**解决方案日趋成熟**。一是支持全量数据的集中存储、建模、计算;二是支持高效的数据开发工具,极大程度上实现数据开发的自动化;三是支持体系化的数据资产、数据血缘、数据安全管理工具;四是支持一站式的数据服务发布能力,缩短数据到应用的路径;五是支持敏捷的多维分析 BI,支持不同颗粒度的分析。

**应用仍然将长期面临挑战**。一是企业对数据治理的认知跟不上，盲目追求大而全，存在应用失败的风险；二是数字中台比较偏定制化的解决方案，很难形成一套适应全行业、全领域的通用产品；三是打通多系统多源异构数据费时费力，对技术要求高，业务部门数据共享意愿低，实施成本不好控制。

**产业应用未来发展趋势向好**。一是深入下沉市场，产品更加标准化。数字中台的核心在于共享和沉淀能力，随着数字中台在行业头部及领先企业逐渐落地，中台供应商经历了各类业务场景能力沉淀的过程，可以更好地提炼和整合数据中台的服务，为客户提供标准化的整体解决方案；二是细分领域，场景愈加精细化。激烈的市场竞争会使差异化成为供应商采取的产品战略，形成以阿里、腾讯等技术雄厚的头部企业侧重提供底层架构技术、其他中小供应商侧重提供行业化服务和产品的竞争格局；三是产业应用规模进一步扩大，产业贡献度持续增强。通过降低数字中台建设成本，提高数据治理效率，激活数据商业价值，为有大数据基础、多元化经营的建筑行业赋能。

中国中铁作为全球最大的建筑工程承包商之一，统筹发挥公司"十四五"战略引领作用，坚持顶层设计，按照"总规、总集、总控"的建设原则，构建数据资产管理体系，聚焦企业持续发展的价值效益，打造中国中铁统一的数字中台，围绕工程量、成本、物资、机械设备、劳务等项目管理要素，沉淀全域数据资产，建设数据开放服务能力，实现数据驱动业务的效率提升和创新变革，赋能中国中铁数字化转型升级。

（参与本报告研究的还有中铁云网信息科技有限公司 张海明、朱付胜等）

# 吴海涛：数字中台建设助力中天数字化转型

建筑产业作为充分竞争性产业，市场开工量减少、资金面趋紧、环境保护日趋严格已然是行业新常态，加之疫情反复这一不确定因素，企业必须重视数据价值，提升管理效益，打造核心竞争力以实现破局。

数字化转型以数字化为手段积累基础数据、提升资源配置效率、优化企业运营，从而实现企业核心竞争力的增强：数字化赋能企业项目管理，实现项目数字化建造；数字化赋能企业运营管理，实现精益运作、资源配置最优化；数字化赋能产业生态链，实现生态链协同、价值创造最大化。

中天控股（以下简称"中天"）正以数字化变革为主线推动企业转型发展，统一标准、数据互通，集成数据、业务、技术、要素，对体系、制度动手术，使生产关系得以匹配先进生产力的发展，增强企业内生动力。

中天数字中台是数字化转型变革的支撑载体，其建设以数字建造体系为核心，在短期内深入一线，围绕业务痛点难点，在产品、服务、运营、管理等方面找准发力点，助力业务效率和效益提升；在长期将助力中天成为具有核心竞争力和可持续发展能力的大型企业集团，实现全产业链价值赋能。

## 一、数字化建造体系及数字中台架构

中天从业务和数据两条主线出发，以建筑工程全生命周期业务协同和建筑工程全生命周期大数据模型为基础，梳理业务流程、提炼功能特征、整合现有标准、分解指标数据,构建出数据链驱动设计、建造、运维一体化的全过程数字化建造体系。

该体系包括:3 大业务阶段,即数字化设计、数字化建造、数字化运维;4 个时间点,即中标、开工、交付、持续运营;5 类数据,即设计源数据、深化数据、要素数据、过程数据、产品数据;6 项标准,即拆分标准、物联标准、编码标准、物资标准、工序标准、运维标准;7 大场景,即深化设计、智慧工地、数字化劳务、数字化物资、数字化施工、数字化交付、数字化营运;8 项应用,即企业战略、市场营销、工程报价、成本管理、进度管理、质量管理、安全管理、绿色施工。

为了支撑庞大的全过程、全要素数字化建造体系,高效驱动多源异构数据,快速形成数据服务能力,中天针对数字化建造体系的业务需求及功能特征构建数字中台。

数字中台整体架构分为 5 个层级:前端赋能层、数据传输层、业务应用层、业务智能层和数据中台。

**前端赋能层。**

该层由千人千岗 APP 和物联网接入协议(通用型 + 定制型)组成:千人千岗 APP 根据各岗位职责、权利、工作范围呈现不同的界面和功能,各岗位人员基于该 APP 开展工作,过程数据经网络传输至数据中台进行处理与计算,并存储至文件系统和数据库中;物联网接入协议服务于智慧工地的智能化硬件,主要包括支持传感器技术、机器视觉技术、扫描建模技术和智能检测技术的一系列设备。

**数据传输层。**

数据采集方面,物联网数据由前端赋能层的数据自动感知(物联网接入协议)获得,业务数据通过各岗位人员在千人千岗APP上开展相应工作半自动获取，日志数据记录本系统运行所产生的过程性事件记录。数字化系统具备对外数据接口，经对接后可获取由第三方公司、网站、机构提供的三方数据；也可以在网站或APP当中设置数据埋点，采集埋点数据分析用户行为习惯，建立用户画像、用户行为路径等属性；数字化系统也可以主动通过网络爬虫或网站公开API等方式从网站获取数据信息。

**业务应用层。**

深化设计平台、智慧工地平台、劳务管理平台、物资管理平台、施工协同平台、运维管理平台分别支撑深化设计、智慧工地、数字化劳务、数字化物资、数字化施工、数字化运维6大场景。

公共模块是高频次、常用、各平台共用的公共组件：包括提供全面的建筑标准规范、工程资源的规范标准库，用于知识管理（基本事实、规则和其他有关信息）的知识库，整合企业人才资源的专家库，标准化管理信息的基础信息配置组件，用于规范数据格式、信息共享的编码管理组件，集成风险策略的管理组件，组织权限控制组件，岗位职能组件，流程审批组件，资料文档管理组件，日志记录组件，服务于信息共享传递的映射组件。

**业务智能层。**

业务智能层分为数字应用和应用服务引擎两部分。

应用服务引擎为业务应用提供基础智能服务：流程表单引擎可用于自定义流程、自定义表单；模型轻量化引擎能对BIM模型进行轻量化压缩、结构信息提取并提供可移动的模型展示服务；AI引擎专为线性代数优化，可满足高计算密度的需求，同时既支持控制台主动的反馈学习，也支持后台被动的自主学习;数据共享服务引擎,基于大数据架构提供统一的数据服务能力,提供实时接口、批量作业、文件传输等服务;数据可视化引擎,为数据可视化的实现提供了图形的展示与交互功能;标签引擎,按规则赋予、提取标签并提供解析服务。

数字应用以数据为基础,通过大数据分析、AI 分析提供数据门户、移动 APP 等端口媒介并提供如全景仪表盘、数据看板、关键指标数据监测、实时监测、实时预警等智能服务。

**数据中台。**

数据中台具备数据资产管理、数据治理、数据处理与计算、数据存储等架构及功能,依据企业特有的业务模式和组织架构,通过有形的产品和实施方法论支撑,不断把数据变成资产并服务于业务,其核心能力是数据汇聚整合、数据提纯加工、数据服务可视化、数据价值变现。

中天的企业数字中台搭建,通过数据流驱动业务流,从业务流反哺数据流,以数据流、业务流循环闭环及升级迭代实现企业数字化建造能力的螺旋提升。

## 二、数字中台的应用价值

本文从数字化物资管理平台为切入口来说明数字中台的应用价值(图1)。

建筑产业项目的物资成本占比高,物资管理是项目管理的重要一环。管好物资,就是要管好成本、风险与效率,管好资源、量、价与支付。传统的物资管理存在诸多痛点,形成困局:资源不共享,供方选择难;过程不透明、量价监管难;规模不经济,采购议价难。

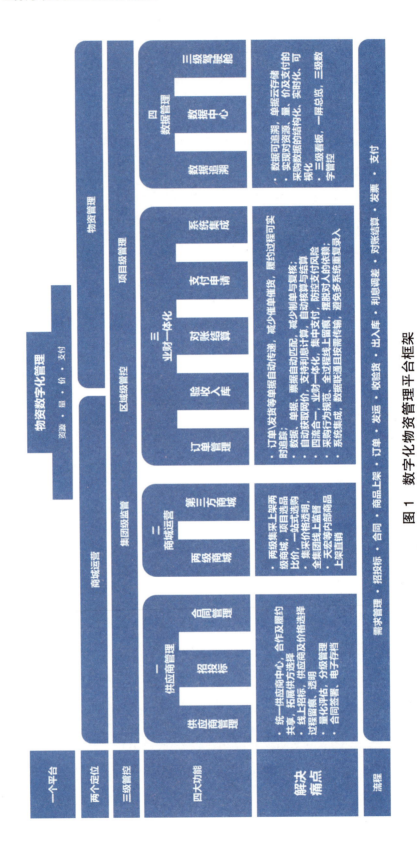

图 1 数字化物资管理平台框架

中天数字化物资管理平台从4个方面开展建设，破解物资管理困局：实现物资线上化，通过线上化，帮助项目实现对资源、量、价与支付的管控；实现采购商城化，通过商城化，实现集采供应商、商品与价格的共享服务机制；实现业财一体化，以支付为抓手，实现对量与支付的管控，推动线上化与商城化；实现数字可视化，通过三级驾驶舱，推行三级管控。

该平台基于中天业务场景定制开发，于2021年元旦首发上线，在全控股集团范围内实现了统一，以两个定位（商城运营、物资管理）、三级管控（集团级、区域级、项目级）实现四大功能（供应商管理、商城运营、业财一体化、数据管理），对内开展业务协同、对外开展供需对接。

截至目前，通过"集采进平台、直营进平台、供应链金融产品进平台"等强力推进，平台累计入驻供方12393家（合作供方6043家），进平台交易的项目数为1848个（发生交易项目数为1081个），平台累计采购订单50803单，累计入库金额457.32亿元（入库发生额521.48亿元，退货额64.16亿元）。

中天建设西南公司于2021年9月起，已推进79个项目（直营、承包及有外欠款未结清的老项目）的采购数据进平台，覆盖材料、设备及租赁等，财务按采购平台的采购结算数据，进行线上请款与财务支付。目前，中天建设西南公司入驻的供应商1754家，累计已结算15.07亿元，累计支付6.97亿元。该平台成为其梳理外欠款、风险处置的管理工具。

## 三、结语

**数字中台是企业数字化转型的战略选择和必然产物。**传统模式下，企业的业务数据流均是相互独立的，导致企业内部形成多个数据孤岛，业务协同效率低下。在数字化转型浪潮下，亟需通过一套机制，整合孤岛数据，沉淀数据资产，快速形成数据服务能力，为企业经营决策、精细化运营提供数据支撑。

**数字中台的搭建需要结合企业自身的业务特点**。中天作为综合型现代工程服务商，将数字化建造作为企业数字化转型的重要环节，数字中台的搭建是围绕建造业务展开，通过7大场景应用，不断沉淀设计数据、深化数据、要素数据、过程数据以及产品数据，形成数据资产，持续服务于企业8项应用，打造企业核心建造能力。

**数字中台建设要着眼于数据价值**。数字中台作为整个企业各个业务所需数据服务的提供方，要形成业务数据化、数据资产化、资产服务化、服务业务化的价值大循环，只有站在数据价值观和方法论的高度，才能系统性解决企业经营发展中关于数据的诸多问题，实现数据增值。

数字化的舞台已经搭设完毕，数字化的精彩世界需要政府、产业、行业、企业共同激荡演绎，让我们共同走进数字新纪元。

（参与本报告研究的还有中天控股集团 王卫青、龚旭峰、赵斌）

## 宋 岩：碧桂园构建地产企业数字中台

碧桂园的数字中台建设主要提供覆盖主体结构、二次结构、装修、机电安装等施工环节的建筑机器人与智能设备的租售与技术服务；提供 BIM 全过程咨询服务、BIM 软件产品及基础平台的研发与销售；提供成套模块化别墅产品、集成卫浴等新型建筑工业化产品的研发与销售。

围绕上述要求，已搭建系统化的研发、制造、应用体系；针对建筑机器人八大核心模块实现了全覆盖自主研发，其中导航、视觉、多机调度等技术填补了建筑机器人领域的空白。公司贯彻人工智能与地产行业深度融合的国家政策，在施工质量智能化评判、建筑大数据治理、智慧工地监管等细分领域实现了从 0 到 1 的突破。

**全产业链集成设计**。传统的设计模式是先进行建筑设计，再在施工的过程中陆续进行各项深化设计（门窗、幕墙、装配式、施工工艺等），会带来施工过程中发现深化设计的问题也无法进行优化。因此，碧桂园利用 BIM 技术把工程项目的所有设计内容（建筑、结构、机电、精装、门窗、幕墙、景观、铝模、爬架等）前置进行集成优化，极大地保证了全产业链的功能最优、成本最优、可施工性最优。

**全参与方协同设计**。建立全产业链各参与公司的协同设计模式，统筹各参与方的 BIM 设计标准化，做好产业链各参与方之间的接口，搭建协同设计管理平台，各方联动调整，协调同步。

**全要素仿真设计**。建立虚拟建造平台，集成全周期全产业链的所有要素（设计、工程量、工序、质量、安全等）进行全过程虚拟仿真，提前进行动态综合性集成优化。

**打造施工现场流水线**。打造计划排程平台，把每一道工序进行标准化，形成现场施工的流水线，并把整个工程全过程工作全部形成结构化工单，并集成所有人、机、料、法、环的全要素信息，以数据驱动的方式指挥现场人、材、机的调度与施工。

**部品部件规模化生产**。通过全产业链的标准化，并在全国项目中执行，实现部品部件的批量化选用（混凝土构件、集成卫浴、铝合金门窗、装修材料、家具等），从而达到规模化工厂生产的效果，并通过BIM系统与智能制造设备系统的数据打通，实现了智能建造与智能制造的融合，极大地促进了生产单位的产线智能化升级改造，提高产能，大幅降低生产成本。

**现场施工作业逐渐自动化**。通过自主研发的40余款建筑机器人、无人机、智能地磅、AI监控等一系列智能化设备大量取代人工作业，从模型、数据、系统三个方面打通机器人路径规划和机器人作业调度系统，实现数据驱动建筑机器人现场流水作业和智能调度，并通过计划排程和智慧工地等管理平台实现人机协同管理模式，使施工"现场"变"工厂"，打造新型工业化创新管理模式。

**建立全产业链BIM协同管理体系**。使全周期全产业链各参与方能够协调同步，资源平衡，效益最优。利用碧桂园集团内部产业链较全的优势，统筹产业链各参与方设计标准，建立全碧桂园集团的BIM标准库（建筑、结构、机电、精装、景观、集成卫浴、铝合金门窗、装修材料、家具、铝模、爬架等），拉通各企业间的接口标准，实现各方在一个标准体系下同步调整，高效决策，协同管理。

**建立全集团统一BIM分类编码体系**。与集团、区域、项目及各分子公司的主数据融合，打通勘察、设计、成本、采购、制造加工、施工、运维等全周期全产业链的所有数字化系统，打破信息孤岛，使各方数据畅通流动，实现统一的数据采集、数据共享、数据应用，提高数据的复用率，使数据的价值发挥到最大。

**做好整个管理系统的顶层规划**。搭建底层——BIM基础平台（数据引擎、图形引擎、流程引擎、任务引擎、知识图谱、算法引擎等）为所有系统赋能；再到中层——业务集成平台（业务基础资源、业务信息集成、业务数据集成、业务知识集成等）拉通所有业务数据，实现各系统间业务数据无缝连接；最后到顶层——业务应用系统（数字勘察系统、集成设计系统、协同管理系统、成本算量系统、材料算量系统、计划排程系统、智慧工地系统、智慧运维系统、装配式生产系统、机器人调度系统等）实现全产业链终端业务的数字化管理，通过统一的管理平台使各业务系统之间的数据创建、采集、传递、复用和反馈实现闭环，使全周期全产业链的管理动作协调同步，步调一致。

碧桂园的数字中台体系首先在佛山市顺德区北滘镇凤桐花园项目（住房和城乡建设部第一批智能建造试点项目）中进行试点应用，截至目前已在近120个项目，施工面积超过450万$m^2$进行推广。已总结出一套可复制、可推广的智能建造管理模式，可以作为其他企业参考的样本，实现产品化、工业化和平台化，贯通供应链、产业链、价值链，建立了一套企业级智能建造体系虽然有自有的企业管理特色,但可以与政府以及众多建筑产业先进企业共同建立一套适用于整个产业的产品标准、数据标准以及平台标准,为建立全产业互联互通的大数据平台提供坚实基础,助力建筑产业的数字化转型升级。

(参与本报告研究的还有广东博智林机器人有限公司智慧建筑研究院 于彦凯、王大川、李智)

# 主题四：
## 关于数字产业化之
## +CIM

# 王广斌：自上而下推动 BIM+CIM 在雄安新区重大工程的试点示范

随着建筑产业的数字化转型，城市信息化发展正在向更高阶段的数字化和智能化攀升。世界上一些国家和城市已经开始了数字城市和智慧城市的规划建设与实践应用，通过数字化平台建设实现数据集成，支撑丰富应用场景开发。目前大部分国家的数字城市建设是在旧有城市的更新改造基础上进行，其建设规模、实施范围及应用深度处于初步探索阶段。我国雄安新区的数字城市建设从零开始"平原建城"，创新实践 BIM+CIM 技术，在数字城市建设领域做出了创新探索。

设立河北雄安新区，是以习近平同志为核心的党中央深入推进京津冀协同发展做出的一项重大决策部署，是继深圳经济特区和上海浦东新区之后又一具有全国意义的新区，是国家大事、千年大计！在党中央、国务院关于高起点规划、高标准建设雄安新区的总体要求下，雄安新区作为贯彻落实新发展理念的创新发展示范区，以"数字城市与现实城市同步规划、同步建设"作为目标指引，开展了全周期智能城市规划建设平台的建设工作。历经两年，雄安新区形成了"一套制度、一套标准、一个平台"的成果体系。平台建设过程中，在理念创新、流程优化、制度建设、标准制定和能力培养方面做出了重要探索，为 BIM+CIM 技术的创新实践提供了试点示范。

## 一、平台理念和体制创新

雄安新区从零开始"平原建城"，具有实践创新理念得天独厚的条件。新区建设遵循城市生长规律,在数字孪生的基础上创新性地提出全周期生长记录、全时空数据融合、全要素规则贯通和全过程治理开放的创新理念。其中全周期生长记录以BIM0～BIM5数字雄安六阶段理念为基础,提出城市空间信息模型的循环迭代体系。该套体系以建设项目审批作为切入点,按照城市发展六阶段,开展新区全生命周期发展和项目审批全流程的数字化管理,以六个BIM构建闭合流程,记录雄安的过去、现在与未来,实现实体和数字城市孪生同步建设、自我生长。"现状评估(BIM0)—总体规划(BIM1)—控详规划(BIM2)—方案设计(BIM3)—施工监管(BIM4)—竣工验收(BIM5)"对应划分六大类城市信息数据,与现实城市孪生发展,全面梳理雄安新区建设发展过程中所有空间数据资源,伴随建设项目和城市的发展完成迭代,并依照新区的规划和建设成果保持数据资源目录体系的动态更新。数字雄安全生命周期如图1所示。

图1 数字雄安全生命周期

## 二、平台系统和功能架构

为配套实现新区 BIM0～BIM5 城市发展六阶段理念，实现规划、建设、管理全流程数据资源管理和利用，新区建设了作为数字孪生城市载体的全周期智能城市规划建设平台，通过完整的平台系统架构设计和集成功能应用，让数据发挥价值、让城市更加智慧。

平台建设了"五横两纵"的系统架构，"五横"为建设平台基础层、数据支撑层、空间数据资源管理层、业务应用层和门户层，其中基础层，对照国家保密法、数据安全分类分级实施指南等法律法规文件，梳理工程建设项目中所涉及的国家秘密、密级范围的有关规定，确定 BIM0～BIM5 数据的安全等级保护定级方法；数据支撑层存储雄安新区数字城市 BIM0～BIM5 各阶段的空间数据，是数据资源管理层的最主要数据来源；空间数据资源管理层分为政务外网的空间数据资源管理系统、涉密网的涉密区数据资源管理系统。通过空间编码标识体系、存储服务引擎、核心数据仓库搭建数据资源底座，以空间编码服务、数据读写服务、元数据服务、数据共享服务及数据目录服务等实现空间数据的统一建模、统一搜索；业务应用层分为三个应用群：互联网+政务服务应用群、业务管理应用群、创新应用群。五层次自下向上提供城市生长全生命周期的综合服务。"两纵"分别为标准规范及政策体系、信息安全及运维体系，标准规范及政策体系包括 XDB 数据格式标准，地质、规划、市政和建筑等专业的成果入库技术标准以及信息挂载手册；信息安全及运维体系实现对系统日常运行的维护和监控，贯穿系统整体结构中的各个层次，"两纵"用以保障标

主题四：关于数字产业化之 +CIM

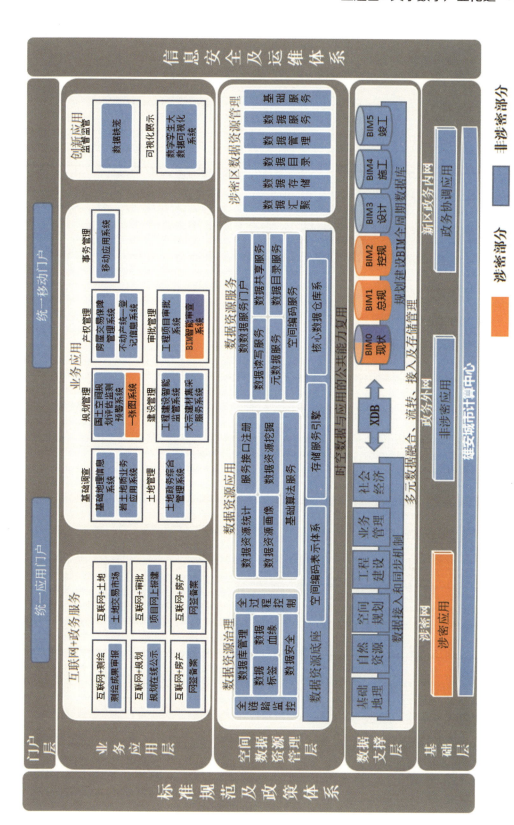

图 2 平台总架构构图

准规范、安全管理、运维管理等阶段全过程的质量。平台总体架构如图 2 所示。

在"五横两纵"的系统架构框架内，平台建设了各专业应用模块，将各数据应用进行整合，在多专业、多技术领域的复杂情况下，通过标准体系制订的统一数据格式及城市级别三维模型技术，实现城市全局信息的可视化展示、计算、分析、预警、体检以及辅助决策等集成功能，确保平台能支撑多线程并发的部门协同、专家评审以及公众参与的规划、建设、审批和管理等活动。

## 三、平台标准与制度建设

完善健全的标准体系和制度体系是平台管控落实的重要保障。新区以政府管理导向为需求，进行了标准体系和制度体系建设。以上位指标层层传递和下位指标有效反馈为原则，在规建管指标体系的基础上，形成了成果交付标准、信息挂载手册、XDB 插件、自检工具等标准和工具；为加强 BIM 数据管理的规范性及使用的安全性，支撑新区工程建设项目审批制度改革落地实施与深化，建立起一套包括 BIM 数据管理制度、数据安全保障制度、"一会三函"项目审批制度等的制度体系。平台标准与制度建设环境如图 3 所示。

XDB 数据标准作为平台全生命周期数据的统一格式标准，基于 XDB 数据库进行数据格式转换，对接各专业内容和不同业务应用场景，并提供配套的公共数据融合流转体系，承上启下地促进了各专业建模数据的统一性、挂载手册信息的规范性，统一平台接收上报模型数据的数据格式、数据结构和数据服务，有效降低平台处理数据的复杂程度,实现平台 BIM0 ~ BIM5 各阶段数据的全流程打通;成果入库标准以及信息挂载手册的制定能够切实指导设计人员提高建模效率和模型质量,确保全要素规则从规划到建设的贯通;智能基础设施体系标准对智能基础设施的建设和感知数据汇集进行了统筹规划。指标体系的研发和一系列标准的编制为实现各类数据建设的系统性、规范性和标准性,以及 BIM0 ~ BIM5 各环节的无缝衔接提供了关键支撑。

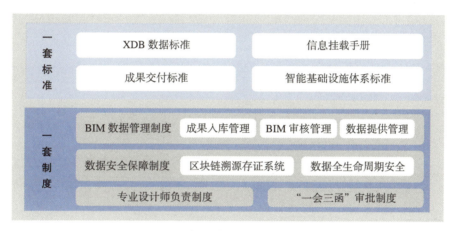

图 3　平台制度与标准建设框架

BIM 数据管理制度方面,雄安新区制定了统一的交付标准,提出规划、建筑、地址、市政和园林等各专业成果的交付数据要求,并形成指导手册,指导设计建模的模型信息挂载。数据安全保障制度针对规建局 SM 网和政务外网 BIM 平台数据跨网交换场景下的数据可信溯源、审批过程存证和报件存证需求,研究筹划、加速推进区块链溯源存证系统的建设,基于区块链不可篡改、分布式存储、一致性总账等特点,实现数据跨网交换过程中的审批过程和报件可信存证、数据可信跨网溯源、身份标识可信同步等。

## 四、人员能力培养与平台持续改进机制

与平台建设同步进行的是平台用户群体能力的评估和持续的教育培训，新区正在探索建立长效的培训与轮训考核机制，促进形成平台相关资质认证体系，实现报建人员持证报建、建模人员持证建模、审图人员持证审图的技术人员和管理人员资质认证。通过训考平台的培训、考核和认证的能力培养体系，可以促进平台建模人员、报建人员、审图人员和管理人员业务能力和BIM技术能力的提升，训考支撑体系总体框架如图4所示。

**图4 训考支撑体系总体框架**

为进一步推进BIM平台应用，优化平台全生命周期管理流程，新区深入分析BIM管理平台的创新、完善需求，细化BIM管理平台的发展路径和阶段性任务。雄安新区和同济大学进行了基于BIM+CIM技术的数字城市研发和实施的系列研究，主要包括以下内容：（1）通过国际14个审批平台对标比较，分析研究雄安新区BIM审批平台发展策略，指出平台在数据赋能、政策制度、能力培养等方面的建设路径；（2）通过构建一套涵盖平台建设、技术应用、宏观环境的评价体系，对新区

建设单位、设计单位、施工单位的 BIM 应用能力进行定期评价分析，提出提升改进方向和对策，推动新区 BIM 应用水平的提升。雄安新区 BIM 应用评价体系以数字孪生目标为指引，基于国际上经验和未来发展要求，创新提出战略（Strategy）、应用（Implementation）、技术（Technology）、人员（Talent）和绩效（Performance）五个领域的 BIM 成熟度评估指标，构建 SITTP 评价模型。区域层面 BIM 应用评价也是 BIM 应用评价走向 CIM 应用评价的重要路径，随着 GIS、BIM、IOT 的深度融合和 CIM 应用的进一步发展，进一步探索研发雄安新区 BIM+CIM 应用发展的新思路和新模式；（3）基于雄安新区 BIM 应用评价结果反馈，分析和研发新区 BIM+CIM 在政策环境和能力培养方面提升空间及改进路径。研究与开发工程建设管理数字化相适应的从业人员知识能力模型，逐步提高从业人员的数字化能力水平。形成平台提质增效发展策略及实施路径，为平台高效运行营造良好环境。

雄安新区作为全国首批五个 CIM 试点城市之一，创新提出了 BIM0～BIM5 城市发展六阶段理念，在理念创新的基础上建设了完整的平台系统架构及配套的制度标准环境，持续完善现有的人员能力培养和评价机制，以人才能力和 BIM 应用环境的不断提升作为驱动力，推动形成更加一体化、专业化的平台运维。未来通过各参与方的不断创新实践，完善建设，最终形成以数字化城市规划、建设、管理一体化新模式为准则，拥有自主知识产权的数字城市全周期智能城市规划建设平台。

（参与本报告研究的还有同济大学经济与管理学院 王孜、李笑丛、张煜斐）

# 宫长义：自上而下与自下而上双向推动 BIM + CIM 在苏州的实践

苏州地处长三角的交通枢纽和沪宁杭都市圈中心位置，经过改革开放以来的接续奋斗和拼搏实干，苏州已成为全国综合实力走在前列的特大城市，2021 年度国民生产总值达到 2.2 万亿，位居全国百强城市排行榜中第 7。近年来，苏州确立以"数字经济"为主要抓手，推进"智改数转"实现产业和城市全面高质量发展。《江苏省国民经济和社会发展第十四个五年规划和二〇三五年远景目标纲要》中提出要推动苏州建设全国新型城市基础设施建设试点城市；2021 年 11 月住房和城乡建设部办公厅发布《关于开展第一批城市更新试点工作的通知》，将苏州列为首批城市更新试点城市。基于省委省政府将苏州打造成向世界展示社会主义现代化"最美窗口"的要求和苏州"十四五"发展规划，苏州市政府确立了大力发展数字经济，推动建筑产业和城市数字化转型的发展战略。

BIM 是建筑产业数字化革命性技术，正有效带动全产业数字化转型，而建筑领域的数字化转型将助力 CIM 的推广与落地。区别于针对小尺度建筑项目的 BIM 技术，CIM 技术是面向城市片区级别大尺度项目的数字孪生整体解决方案，是城市数字化领域革命性新技术，将有效带动城市管理数字化转型，为智慧城市治理提供数字底座。2020～2021 年，苏州发布了一系列新城建和 BIM 推广政策，全面运用 BIM 技术实现智能建造和智慧运维管理，积极探索 CIM 技术在智慧城市和数字化治理方面的落地路径。

## 一、数智化助力建筑产业转型发展

党的十九届五中全会通过的《中共中央关于制定国民经济和社会发展第十四个五年规划和二〇三五年远景目标的建议》中提出,要"发展数字经济,推进数字产业化和产业数字化,推动数字经济和实体经济深度融合,打造具有国际竞争力的数字产业集群"。2021年8月10日,江苏省印发《江苏省"十四五"数字经济发展规划》,提出"'江苏制造'进一步向'江苏智造'转变,数字技术在第一、二、三产业中实现深度融合应用,数字化转型推进绿色化发展,助力实现碳达峰碳中和目标",深入推进基于城市信息模型(CIM)基础平台技术的新型智慧城市建设。发展数字经济成为激发创新活力、引领经济社会高质量发展的重要动力,成为驱动数字化转型畅通国内国际双循环的必由之路。

建筑产业是我国国民经济的重要支柱产业,但其数字化进程却相对滞后。在新型冠状病毒肺炎疫情的背景下,原有粗放的发展模式已举步维艰,发展智能建造、推动建筑产业数字化转型已成为行业共识。江苏省占全国建筑业总产值的14%,位居第一,江苏省一直把推进智能建造与新型工业化协同发展作为推动建筑产业数字化转型的重要举措。

建筑产业诸多上下游产业链,因此推动这一庞然大物的数字化转型一定不是一蹴而就、一击就中的,一定是需要全要素、全流程统筹考虑、协同推进的。建筑产业的数字化转型需要兼顾以下六个方面:一是技术转型,从应用CAD转变为全面应用BIM技术;二是模式转型,从传统资源管理向产业互联网转型;三是工具转型,智能机器人逐渐代替人工与传统机械;四是生产转型，工厂制作替代现场施工；五是安全转型，从人的监管转向应用设备和算法的系统监管；六是绿色转型，全面应用建筑智能化运维系统。可以说，BIM 是促进产业转型的数字化技术支撑。

## 二、政企协同，推动 BIM–CIM 技术落地应用

苏州市强调以企业为主体、市场为导向，通过政策引导，加强标准建设，通过政府投资工程应用带动全面提升工程建设领域 BIM 应用能力，提高项目建设全过程各方参与的工作质量和效率，推动 BIM 技术与信息化、工业化、智能化深度融合，为基于城市信息模型（CIM）的新城建全面推进提供强有力支撑。

第一，采用创新协同模式。为了更好地推动技术研究和产业化落地，苏州政府和当地建筑企业尝试探索一条新的产业化路径。2020 年 9 月，隶属于市政府的苏州市产业技术研究院联合相城经济技术开发区与苏州建筑业龙头企业中亿丰建设集团股份有限公司共同设立苏州市融合基建技术研究所，该所是第一个围绕传统产业、第一个切入融合基建产业的技术研究所。研究所以 BIM–CIM 为技术抓手、以"新基建""新城建"为应用场景、拟打造政产学研用一体化的模式。研究所下设 BIM–CIM、数字绿建、智能物联等研发中心，聚集了华中科技大学、东南大学、同济大学等智能建造领域院士及顶级顾问专家资源，由近 10 名中青年专家领衔、汇集了 30 多名中高端人才、150 名数字化和智能化研发人员，提供 BIM–CIM 新城建相关政策咨询、技术和产品服务。该研究所为苏州市政府及

多个市区提供政策和标准支持，已发展成为苏州新城建领域的技术研发中心、人才聚集平台和产业孵化基地，将持续在BIM和CIM技术的研发和应用领域打造产业链自主研发能力。

第二，加强政策持续引导。2020年12月，苏州市政府办公室印发《关于加快推进建筑信息模型（BIM）应用的指导意见的通知》，要求加快推进苏州市建筑信息模型（BIM）技术全过程应用，提升工程决策、规划、设计、施工和运营管理水平，促进苏州市建筑业提质增效、转型升级。2021年6月10日，苏州市住房和城乡建设局公开发布《关于进一步加强苏州市建筑信息模型（BIM）技术应用的通知》，要求拓展应用范围、发挥示范作用。全市新立项的、建筑面积超过20000$m^2$（含）或投资额超过1亿元（含）、以政府和国有资金投资为主的保障性住房、市政基础设施、城市轨道交通和建筑产业现代化示范项目，建筑面积超过30000$m^2$（含）的住宅小区项目，建筑面积超过5000$m^2$（含）的公共建筑，申报二星及以上绿色建筑的建设项目全面开展BIM技术应用。建筑、市政甲级设计单位承担的工程设计项目，一级以上施工企业承担的总承包项目和甲级监理、造价咨询单位承担的管理项目要全面开展BIM技术应用。

第三，加强专业人才队伍建设。苏州市住建局组织成立了苏州市建筑信息模型专家库，由专家库成员参与BIM政策标准的制定和示范项目的评选。2021年12月评选了首批苏州市建筑信息模型（BIM）技术应用示范项目，共有79个项目被评为技术应用示范项目，其中房建项目61个，市政工程18个，示范项目涵盖了民用住宅、公共建筑、桥梁、隧道和轨道等专业。首批示范项目整体应用点丰富，实施模式多样化，应用阶段聚焦在施工或造价咨询的 BIM 应用，以及设计、施工两阶段的联合运用，展现了苏州市多类型、多方位的 BIM 技术应用成效。其中，设计单位侧重前期方案优化、设计校核和性能优化，逐步探索正向设计；施工单位在项目管理、精细化建造等环节中熟练应用 BIM 技术；造价咨询单位以算量复核、成本控制为主线，对设计校核、管线综合、变更分析等具有较强应用能力。示范项目的公示为苏州下一步 BIM 技术的推广应用指明了方向、提供了范例。

第四，聚焦"新城建"顶层规划与落地。为了统筹谋划苏州新型城市基础设施高效发展，推动苏州新城建建设全面落地，苏州市住建局开展"新城建"课题研究。"新城建"课题研究立足苏州已有基础和城市特色，以"扩内需、惠民生、促转型"为总体目标，以住建信息化为切入点，开展顶层业务规划和运行管理体系总体设计，打造"云上苏州"。构建数字孪生城市，以 CIM 基础平台实现对数字城市与实体城市的虚实映射；构建生长城市，打造覆盖城市多领域、多维度、全生命周期的数字底座。为政府、企业、市民等多方主体共同参与城市共建共治共享提供了新的手段，总体上形成了"现状全要素、建设全周期、运管一体化、服务惠民生"的业务体系和"三级平台五级应用"的运作体系，为 BIM、CIM 技术的综合应用探索了可行路径，提供了良好示范。

## 三、代表性项目案例

**中亿丰未来建筑研发中心项目**是苏州市首个以数字建筑技术和产业示范为核心的未来建筑科技产业园，集数字建筑领域的研发中心、科技成果孵化、科技创业创新服务、投融资服务、新型研发机构等创新要素为一体，打造的研发创新基地和产业聚集基地。此项目以"数字化、绿色化和工业化"集成应用为宗旨，力争打造综合应用多项新技术、彰显苏州城市特色的新地标。项目总用地面积为 2.23 万 $m^2$，总建筑面积为 11.4 万 $m^2$，占地 35 亩，由三个单体组成，分别是 23 层的总部办公楼，14 层的研发楼和 6 层的联合办公楼。此项目充分体现了中亿丰作为苏州建筑业龙头企业的技术积累和技术沉淀，企业推广 BIM 应用超过 10 年，相关技术和团队处于行业领先地位，参与了苏州市 BIM 政策及标准的制定，获得国内外 BIM 大赛奖项 50 多项。

此项目采用 BIM 技术，打造"BIM+"数字建造模式，基于 IFC 公开数据格式，协同 Revit/AutoCAD/EnergyPlus/Tekla/DTCloud 等数字建造软件，贯穿设计、施工、运维全生命启动信息共享和多方协作。BIM 应用包括设计阶段的模型搭建、进度优化、方案设计验证以及施工阶段的模型深化、三维交底、工程量复核、AR 技术应用、协同平台的运用等。本项目中全专业综合运用 BIM 设计与数字建造，碰撞检查 7735 处，优化图纸 371 处，确保工程施工精度。同时，本项目也应用了智慧工地监管系统，实现对项目现场人、机、料、法、环多要素的实施监管，达到监管可视化、精细化，业务协同化等目的。

此项目采用 BIM+AIOT（智能物联网）技术，打造数字孪生建筑交付运维，实现数据化的建筑能源和碳排放管理。建筑碳排放占全社会碳排放的 40%，是建筑物在与其有关的建材生产及运输、建造及拆除、运行阶段产生的温室气体排放的总和，通过 BIM 技术和能源计量技术来获得建筑材料、建造过程以及运行阶段的精确碳足迹，形成智慧建筑碳表，为企业及各地区建筑实现碳达峰碳中和目标奠定技术基础。

图1　中亿丰未来建筑研发中心项目

## 四、展望

根据《中华人民共和国国民经济和社会发展第十四个五年规划和2035年远景目标纲要》中提出的"完善城市信息模型平台和运行管理服务平台，构建城市数据资源体系，推进城市数据大脑建设，探索建设数字孪生城市"的要求，加大对BIM、CIM技术的推广应用势在必行。

推进建筑工业化、数字化、智能化升级，加快建造方式转变，推动建筑产业高质量发展，探索建设数字孪生城市，必然要求能够对城市环境中各种三维信息进行精准表达和准确处理。BIM技术作为建筑行业和城市基础设施数字化建设不可或缺的支撑技术，其基于模型集成底层数据信息，结合GIS、物联网、大数据等数字技术构建城市和区域专属的CIM模型是数字孪生城市的重要基础。

站在"十四五"规划和长三角一体化战略的重大历史机遇面前，我们需要清醒地意识到，推动建筑产业数字化转型、推动BIM–CIM技术落地应用虽然道阻且长，但却是我们义不容辞的使命。需要进一步加强顶层设计，综合多主体、全要素，通盘考虑，不断优化政策环境，激活各创新主体，完善人才机制，激发企业主动应用BIM–CIM技术内在活力，才能切实推动建筑产业数字化转型升级。

（参与本报告研究的还有中亿丰数字科技有限公司 邹胜、汪丛军）

# 袁正刚：关于 CIM 的应用与发展

## 一、数字化转型是城市高质量发展的必然方向

城镇化是人类社会走向现代化的必然进程，也是全球经济增长和社会变革的重要驱动力。发达国家城镇化率基本稳定在80%左右。我国城镇化虽然起步晚，但是发展迅速，城镇化建设和城市发展取得了举世瞩目的成就。与此同时，城市的发展也给人类带来了从未有过的问题和挑战，特别是"城市化"带来的"城市病"，成为几乎所有国家曾经或正在面临的问题。如何避免"城市病"的频繁出现，实现从"规模与速度"向"质量与品质"转变，成为全社会关注的焦点。习近平总书记在浦东新区考察时就提出：城市管理要像绣花一样精细，要注重在科学化、精细化、智能化上下功夫。高起点规划、高标准建设、精细化治理正在成为未来城市建设发展的新方向。

另一方面，数字化正席卷全球，全球城市都面临数字化浪潮的冲击。当前，全球范围新型冠状病毒肺炎疫情肆虐，传统生产生活方式面临挑战，信息化、数字化需求激增，城市数字化转型已经成为世界大势所趋、城市治理所需，城市全面向数字化转型已是众心所向。

## 二、数字孪生城市是城市数字化转型的新形态

数字孪生城市是利用数字孪生技术，以数字化方式创建城市物理实体的虚拟映射，借助历史数据、实时数据、空间数据

以及算法模型等，仿真、预测、交互、控制城市物理实体全生命周期过程的技术手段，可以实现城市物理空间和社会空间中物理实体对象以及关系、活动等在数字空间的多维映射和连接。

数字孪生城市的本质是实体城市在虚拟空间的映射。新加坡、英国、法国等国家已相继启动建设。英国明确提出了数据基础设施，将数字孪生城市作为其核心部分之一。新加坡率先搭建"虚拟新加坡"平台，用于城市规划、维护和灾害预警项目；法国推进数字孪生巴黎建设，打造数字孪生城市样板。在我国，随着数字孪生城市在雄安新区先行先试，数字孪生建设理念深入到各地新型智慧城市及新基建规划中。北京城市副中心、武汉、重庆、江苏、广西、黑龙江等地也纷纷将数字孪生城市纳入"十四五"规划。

## 三、CIM 的本质是构建城市数字孪生

### （一）CIM 的概念与内涵

CIM 是指以建筑信息模型（BIM）、地理信息系统（GIS）、物联网（IoT）等数字化技术为基础，融合城市地上地下、室内室外、历史现状未来等多源异构数据，形成城市信息模型，实现城市"三全"，即全要素、全参与方、全过程的"三化"，即数字化、在线化、智能化，构建城市的数字孪生体，推动"四新"即城市新治理、民生新服务、产业新发展和智慧新生态的城市数字化转型，实现城市的高质量发展，让城市更美好。

"三全"：全要素（包括产、城、人、环等城市核心要素）、全参与方（包括政府、企业和公众）、全过程（包括城市的规划、建设、管理、运营；城市的过去、现在和未来）。

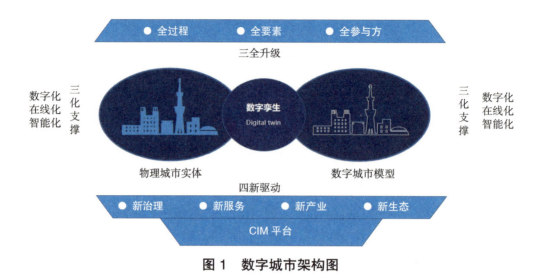

图1 数字城市架构图

"三化":数字化是基础,围绕城市本体实现全过程、全要素、全参与方的数字化解构的过程。在线化是关键,通过泛在连接、实时在线、数据驱动,实现虚实有效融合的数字孪生的链接与交互。智能化是核心,通过全面感知、深度认知、智能交互、自我进化,基于数据和算法逻辑无限扩展,实现城市以虚控实,虚实结合进行决策与执行的智能化革命。

"四新":新治理是面向城市治理领域,通过构建"一网统管"等智慧应用,实现"细胞级"城市精细化治理;新服务是面向民生服务领域,通过"一网通办"等智慧应用,为公众提供高效的政务服务、社区服务等;新产业是面向产业发展领域,通过智慧园区、智慧经济等应用,促进产业高质量发展;新生态是面向生态治理领域,通过水生态、大气生态等智慧应用,实现城市生态环境"双碳"目标。

### (二)CIM发展的三个关键

**CIM是多种技术的深度融合。**城市综合治理是一项复杂的系统工程，单个技术不足以解决城市综合管理的问题。通过CIM平台可以融合BIM、三维GIS、物联网（IOT）、云计算、大数据、模拟仿真等先进数字技术，同步形成与实体城市"孪生"的数字城市。其中BIM技术构建小场景精细化建筑信息模型，GIS技术提供大场景时空数据，物联网（IOT）实时感知城市运行状态，云计算提供计算环境支撑，大数据技术提供数据融合及分析能力，模拟仿真提供基于融合数据的时空推演能力。CIM平台通过融合多种数字化技术，打造城市数字孪生体的时空载体，包含了地上、地面、地下，过去、现在、将来全时空信息，为政府治理、社会民生和产业发展等提供数据决策依据，支撑城市规建管服等垂直应用，全方位构筑城市治理综合体，服务智慧社会创新发展，使城市生命体更加智能。

**CIM是技术与城市治理的不断融合。**CIM是以城市信息数据为基础，建立起三维城市空间模型和城市信息的有机综合体。CIM是由大场景的GIS数据+小场景的BIM数据+物联网数据的有机结合，属于智慧城市建设的基础数据。城市的管理是个系统工程，CIM技术是不断发展的，CIM技术发展和城市发展需要相互促进，相生共融，彼此依赖，共同发展。

**CIM深度应用需优化城市管理原有生产关系，推进业务融合。**CIM平台赋能包含城市规划、建设、管理、运营在内的城市发展全领域。实施路径上需跨界联合各相关领域，发挥各领域优势赋能业务融合，搭建城市智能中枢，实现"部门通""系统通""数据通"，优化城市管理原有生产关系，最终构成城市发展的反馈、决策、治理的新型智慧城市建设完整闭环，为公众创造更美好的生活，促进城市的和谐可持续发展。

## 四、CIM 平台赋能城市数字化转型新场景

基于统一的 CIM，打通规划、建设、管理和运营之间的数据壁垒，改变传统模式下规划、建设、城市管理脱节的状况。通过建立 CIM+ 城市治理，CIM+ 民生服务，CIM+ 产业发展，CIM+ 生态优化等一系列应用场景，真正实现城市的全方位监测，全要素融合，全场景链接和全过程管理。

### （一）CIM+ 城市治理

基于 CIM 的城市治理应用融合"端、边、云、网"等数字基础设施，汇聚城市多源异构数据，对人、物、地、事、情、组织等城市管理要素进行精准管理。通过城市规划一张图、项目规划辅助审查、城市建设工程项目监管、智慧工地、城市网格化管理、城市智慧交通、综合应急管理、城市生命线管理、城市内涝防控、海绵城市等诸多应用场景，实现城市管理要素的全息全景呈现和城市精细化管理，支撑城市常态运行管理和平急融合的应急指挥，形成系统融合、数据融通、多方参与的城市治理模式。

福州滨海新城结合自身新区新城的实际情况，在国内最早落地实施"规建管一体化"的建设理念，综合利用 BIM＋3DGIS +IoT 技术构建城市信息模型（CIM），打造规建管一体化平台。改变传统模式下规划、建设、城市管理脱节的状况，将规划设计、建设管理、竣工移交、市政管理进行有机融合，实现城市规划一张图、建设监管一张网、城市治理一盘棋，初步为"数字孪生滨海新城"及智慧城市领域更为广阔的应用奠定基础。

## (二) CIM+ 民生服务

通过建立 CIM+ 政务服务系统，从服务对象、服务渠道、服务事项、业务办理等维度，以一张图的形式将政务服务运行情况和工作举措进行总结提炼，让使用者直观明了、快速掌握政务服务的运行态势。"一张图"呈现政府权责清单、政务服务能力、渠道建设、网上办事效能等情况。从空间维度展示政务服务机构分布图，展现政务服务重点指标态势。CIM+ 社区服务，基于大规模信息智能处理的一种新的管理形态社区，旨在为社区居民提供安全、高效、舒适、便利的居住环境，在信息化和智能化的基础上，形成一种新的社会管理和公共服务形式，实现社区基本公共服务均等化和社区治理现代化。

广州市 CIM+ 智慧社区服务平台，结合社区智能化设施建设，支撑智慧社区建设，盘活社区存量资源，为居民提供智慧社区、物业管理、养老、托育、家政保洁、快递等"一站式"优质服务供给，整合社区数据资源、补齐社区数字化短板，推进智慧物业平台与智慧城市管理平台的对接，构建起智慧社区建设和运营体系。

## (三) CIM+ 产业发展

围绕城市产业发展最小治理单元——园区的 CIM+ 智慧园区应用也纷纷出现。CIM+ 园区管理系统，打造高效、安全、智能的数字园区，实现园区设备设施一体化管理，综合安防一体化管理，园区应急一体化管理等。CIM+ 能源管理系统实现对园区供能系统和用能系统的监视控制、流程化管理、优化调度、用供一体化、能源协同等统一能源管理功能，实现能源系统的自动化、高效经济运行。CIM+产业经济展示系统，基于园区CIM模型，展示园区内集聚的产业链及对应产业链企业的主营领域及发展现状，监测园区营收额度、年复合增长率、毛利率等经济指标，分析园区产业与经济运行情况，有针对性制定相关产业扶持和经济政策。CIM+园区产业招商系统，为管委会、园区运营方联合各合作商户、供应商、社会组织建立统一运营服务门户与APP，为园区入驻企业、产业人、原住民提供工作、生活等各类服务，实现园区招商服务一站式。

基于CIM的泉州市南安芯谷智慧园区基于"数字孪生"理念，以园区开发运营全生命周期的"规建管服"一体化业务为主线，利用BIM+3DGIS和云计算、大数据、物联网、移动互联网、人工智能等信息技术，实现物理园区全过程、全要素、全方位的数字化、在线化、智能化，构建起物理维度上的实体园区和信息维度上的数字孪生园区的共生模式，形成线上线下协同运作、互联互通、全面感知、智能处理、虚实融合的园区发展新形态。

### （四）CIM+生态优化

基于CIM底座，构建水生态、大气生态和森林生态方面的智慧治理应用。在水生态方面，主要提供水生态模拟仿真、水生态辅助决策、水生态事件处置调度等功能。水生态模拟仿真运用流域监测、数据分析、模型演算以及成果展示等功能模块，构建分析、预测、方案决策、信息发布、事件处置于一体的模拟仿真系统。在大气生态方面，主要提供数据查询展示、污染预警、污染告警、分析研判和快速反应处置等功能。

重庆广阳岛智慧生态平台即将山、水、林、田、草、土、空气、阳光、动物、微生物、人等各种构成要素作为管理对象，坚持生态惠民、生态利民、生态为民，走生产、生活、生态"三生融合"的绿色发展模式。构建生态指标体系，以 CIM 为底座，以打造"长江智慧风景眼，重庆数字生态岛"为目标，构建四大应用体系——生态智治的广阳岛、绿色发展的广阳岛、智慧体验的广阳岛和韧性安全的广阳岛。

## 五、总结与展望

在"新城建"与"新基建"的双重浪潮下，CIM 可以实现城市全维度数据的接入、展示、管理、融合和计算，并能通过城市物联网全面感知、可控，结合城市运行、经济发展、公共安全、环境保护等领域的业务模型，为城市精细化治理体系、智能化决策体系和高效率公共服务体系的建设，提供全维度、一站式、模组化的数据中、前台支撑，真正实现万物互联，全面感知，让实体空间生动复刻，将物理城市映射到数字空间，构建数字孪生城市。

展望未来，随着 CIM 相关技术的创新发展，CIM 将在促进城市智慧化发展转型以及服务城市精准化应用方面发挥越来越重要的作用，将会全面推进新型智慧城市的发展，赋能更多城市在数据智能时代走上新的阶梯，创造更大的社会价值和商业价值。

（参与本报告研究的还有广联达科技股份有限公司 刘刚、齐安文、谭啸）

## 宋 岩：CIM 应用的区域级示范
—— 博智林基于 BIM 的 CIM 体系在深圳前海的应用案例

### 一、博智林基于 BIM 的 CIM 体系思路

结合碧桂园全产业链的特点，博智林智能建造体系以学习制造业先进的科学管理方式，来改变传统建筑行业中低效的粗放管理现状。通过借鉴智慧制造过程中 BOM 贯穿全流程的逻辑，构建在智慧建造过程中 BIM 贯穿全流程的方式，从构造到组合再到需求来拆解数据结构和业务逻辑。通过启动拆解一栋楼项目，按数字化系统的特征和要求，按"一块砖"的精细程度，匹配一套流程，搭建一套环境，探索一种新的模式，来重新构造建造体系。

设计作为整个数据链的源头，设计资源和设计要求的标准化是后续应用深度广度的必要条件，通过数据统一、数据标准、数据合规以及数据关联，最终实现业务贯通。将数据按各专业维度进行组合，并借助图数据对多维数据进行管理。通过搭建数据逻辑框架，将底层业务编码体系通过基础物理数据与业务数据的挂接与组合，打通各职能管理数据，形成数据 BOM 化。将业务与数据模型关联，对元素、空间、材设、构造多维度检索进行逻辑运算，使工序与 BIM 模型精确关联，以"构件"为最小单位，通过基础编码体系，集成业务所需各项信息，以获取更多有效结构化数据服务。在此基础上，通过虚拟建造仿真技术对建造过程进行可视化模拟，以验证通过表单进行生产

组织方式的合理性，以期实现对时间、空间、人、材、机全要素的集成优化，辅助科学决策。除此之外，结合博智林机器人的特点，对原始工单进行细化，以施工计划为主线，多级计划关联调整，可实现小时级工单派发的闭环管理，指引现场有序施工。通过数据驱动采购供货，可实现自动计算材料用量，提前带量采购，按单进场。通过数据驱动材料统筹，可实现前置打包、高效领用、减少审批、准确盘点。基于数据的采集、传递、复用和反馈形成表单的创建、执行和注销，对数据的全周期交互维护进行管理，构建满足数字化 EPC 实施要求，同时整合 BIM 设计成果、虚拟建造、FMS 机器人协同系统作业层，进行业务与数据集成，实施全过程集成管控的 EIM 平台。

基于数字技术的智能建造体系实践，建立全周期信息交互协同平台，全产业链业务协同的一体化平台，从建造到运维运营再到更新的全周期维度，从建筑 BIM 到园区 BIM 再到城市 CIM 的全时空维度，以 BIM 为载体，融合 AIoT 实时数据，创造基于 BIM 的数字大脑，实现建筑状态全感知、数据全可视、业务全可管、运营全可控。

随着建筑 BIM 应用的逐步完善，以 CIM 为核心的智慧园区建设作为推动园区发展模式，刺激相关产业创新发展，增强园区竞争力，已经成为园区转型升级的必然选择。为探索智慧园区的高质量建设与可持续发展的有效途径，博智林构建了以 CIM 为核心的智慧园区，融合新一代信息与通信技术，使园区具备"透彻感知、全面互联、深入智慧"的能力，从而实现全方位、全动态的精细化管理，进而提高园区产业集聚能力、企业经济竞争和可持续发展能力。智慧园区依托于 CIM，通过智慧园区综合信息服务系统，搭建整合业务发生时间、进度、人员等信息，串联业务处理全人员、全物资、全过程，更加清晰、直观地展示业务处理进展，提升对管理对象和事件的智能感知和自动识别能力，提高园区综合管理能力和水平。通过智慧园区综合信息服务系统，搭建园区运营应用体系，加强对园区应急管理、设施设备智能运维、环境监测、管网监测、能耗监测，利用智能化硬件设备和应用软件，对信息资源全面汇聚、整合、分析、共享，增强园区监测运维能力，提升园区智能运营水平。通过智慧园区综合信息服务系统，搭建园区服务应用体系，包括公共服务、政府服务、培训服务、园区企业发展服务等，形成多元化、多层次、智能化的园区智慧服务体系，提升园区便民利民服务能力，园区企业和居民能够方便快捷地享受园区各类服务，提升园区企业的满意度和归属感。通过利用园区智能化技术提高能源利用率、资源利用率、人力资源利用率、办公效率、服务效率，从而实现投资效益的最大化。

博智林智慧园区运营管理整体方案对外提供统一的园区展示窗口，提升品牌效应；对内整合应用、融合数据、协同业务和流程，提供统一的管理服务能力和决策驾驶舱，推进园区管理和服务质量全面提升。博智林智慧园区主要依托大数据平台数据处理能力，融合各类数据，以指标方式可视化展现园区运行各个业务专题的状态；融合 IOT 平台、视频云平台、集成通信平台、GIS 平台等技术，打造"运行监测发现问题，决策支持分析问题，事件管理解决常态问题，联动指挥解决应急问题"的全链路闭环系统；以 BIM+3DGIS 为依托构筑基于 CIM 的园区数字化基础设施。通过物联网、智能化、移动等技术实现管理业务纵向打通，数据实时互联。探索建设全生命周期智慧 AI 园区，突破传统园区局限，从单点感知到全局统筹、从系统集成到全面联动、从粗放管理到精细管控、从依赖人力到自主处置、从事后分析到事前预判、从普适服务到精准服务、从产业载体到产园融合，使园区演变成具有全面感知、人工智能的自适应、可拓展、可进化的智慧 AI 园区，形成整体解决方案并复制输出，通过计算机视觉、人机交互、机器学习等人工智能技术，创新 AI+ 园区应用场景，如 AI+ 能源、AI+ 一脸通、AI+ 会议室、AI+ 资产管理、AI+ 安全管理等，实现园区的精细化管理，提升用户的感知体验，整体加强园区的科技感和现代化。

博智林基于城市信息模型（CIM）智慧园区建设运营能够为行业内园区运营发展提供有效指引，对于构建多元参与、专业化智慧园区发展良性生态具有重要参考价值，对于智慧园区高质量发展提供理论和技术基础。基于城市信息模型（CIM）的智慧园区是智慧城市的重要表现形态，其体系结构与发展模式是智慧城市在一个小区域范围内的缩影，未来城市发展和管理可以以智慧园区的建设为牵引，拉动智慧城市建设，并将智慧园区的管理职能融入智慧城市的管理体系建设中去，实现智慧园区管理与城市管理的高度融合。

## 二、基于 BIM 的 CIM 体系应用对深圳市区域级 CIM 建设的价值

CIM 平台建设相关内容主要围绕"数字政府发展、数字经济发展、建筑产业发展、新型基础设施建设、城乡建设发展、消费促进、应急管理、制造业高质量发展等"等核心要素展开，以城乡建设发展的应用最为普遍，主要集中在城市管理的精细

化、城乡基础设施建设、城市规划建设、城乡人居环境建设、住房发展规划等方面。深圳市作为住房和城乡建设部第一批城市设计试点城市之一，近年来一直依据《关于将北京等20个城市列为第一批城市设计试点城市的通知》"鼓励使用新技术和信息化手段，保证城市设计科学合理、好用、适用"。除了在装配式建筑项目实施、棚户区改造工作中强力应用BIM外，也积极融合了以BIM为依托的智慧建设，以CIM为外显的智慧城市。通过运用CIM技术搭建的保障房规划建设决策指挥平台、项目建设全过程监管与信息共享平台等，深圳市保障房建设的速度大大提升。深圳要求在全市工程建设项目审批中应用CIM技术，将构建BIM与CIM交融互通的建筑工程大数据系统，持续深化工程建设项目审批制度改革，不断推动城市发展和城市更新。

BIM和CIM作为深圳市工程建设项目全生命周期智慧审批平台的技术依托，将为深圳市建设带来智慧力量，深圳市提出"建立基于BIM的'规建管用服'、工程建设项目全生命周期智慧审批平台"，以审批革新推动技术应用，着手建立基于BIM的工程建设项目全生命周期智慧审批平台，致力于应用BIM技术提高工程报建报批效率，报建审批工作从二维向BIM的转变正式开启，CIM也将在审批应用中得到深入发展。借助BIM技术"业务全覆盖、过程全记录、结果可追溯"的优点实现工程项目投资、建设、运营信息的全记录和全透明，确保监督工作的实时、高效、全覆盖。以及"融合基于CIM的规划设计数字化系统"，既扩展BIM应用至整个工程建设领域的全生命周期，又引入CIM丰富BIM的发展布局。

CIM建设利用数字化技术驱动城市规划、建设和管理全过程升级，构筑时空信息模型成为数字城市/园区/工程的基础，将城市/大型工程建设、管理、运营及服务提升至"细胞级"精细化治理水平。CIM 平台将是未来智慧城市的大脑，体现一个城市全生命周期的发展变化，也将会是城市更新迭代后留存的主要数字资产。CIM 平台中的空间信息与非空间性信息数据融合，使智慧城市建设中各个行业、各个部门、各个机构形成协同，在 CIM 平台中构成更精确、更系统、更动态的城市数字孪生体，为城市管理提供精细化的空间信息操作系统，从而使城市数据具有运营意义，激发信息的最大效用。

## 三、前海的应用情况

区域信息模型建设"孪生前海"。将数字化模型的建立与应用贯穿前海的全区域，涵盖建筑、设施、设备的全层次，以及"规、建、管、服"的全过程。基于 BIM 技术对各种工程对象进行仿真、优化、管理，实现建设方案优化、建设问题与风险的前置化解。将物理世界的动态信息实时地反馈到数字模型中，对城市资源与状态进行实时分析、智能调度、优化运行。实现城市要素数字化、城市建设科学化、城市状态可视化、城市运行最优化、城市管理智能化，形成实体城市和数字城市同生共存、虚实互动的城市发展新格局，有效提升合作区科学治理水平。

数字化标准体系助力"知识前海"。前海的各类建设项目，独创性地用计算机可处理的"知识库""规则集"替代传统上由人员阅读和判断的"手册""图则"作为工程建设标准。基于自然语言处理技术、形式逻辑技术在前海合作区建立统一的数据字典、数据交付、规则语言、审批报告等标准体系，解决传统文字性标准在准确性、自动化能力、可计算性、可验证性上的局限，实现完整的建设信息共享、计算、验证、协同环境。在全国范围率先实现建设项目"甩手册"，并随着前海的建设过程，不断完善前海建设"知识库""规则集"。

建设信息化技术打造"智慧前海"。以CIM作为核心信息载体，分阶段引入点云、区块链、物联网、人工智能、大数据、5G、数字水印等前沿信息技术对建筑信息在规模、处理效率、感知手段、安全性、智能程度等方面进行延伸与扩展，打造前海的"建设信息神经网络"。结合BIM技术及相关信息技术的发展状况及前海的改革发展需求，从近期、中期、远期对"BIM+"技术的落地应用、工作准备、配套政策与措施进行规划，逐步拓展CIM及相关信息技术在城市建设、管理、运营方面的应用价值。分步打造全球独一无二的具备全面模拟、高度集中、智能监测、主动发现、实时处理、自动优化、自主学习能力的城市建设与治理体系，开创我国乃至世界城市建设管理一体化的一条新路。

（参与本报告研究的还有广东博智林机器人有限公司智慧建筑研究院 李智、于彦凯、林湧涛）

## 主题五：
### 关于数字产业化之
### ╋供应链平台

# 须 峰、朱 岩：筑集采引领建筑产业公共集采平台的发展作用

随着大数据、人工智能、云计算、区块链、移动互联网等数字科技及应用日趋成熟，当前全行业已经进入数字化发展的新时期[1]。总体来看，建筑产业已越来越注重对信息化、数字化的投入，许多建筑企业都已经配备了项目管理系统、财务管理系统和集采管理系统等多样化应用，不过这些应用大多是彼此孤立的信息化系统，有待进一步向集成的数字化系统进行深度融合。黄奇帆同志在2021年10月30日提出[2]，目前在建筑产业中还存在分不清"信息化"和"数字化"的差异，将两者混用的情况。简单来说，信息化是向企业内部和供应链上的流程要效益，而数字化则是向建筑产业生态要效益，要激活整个建筑行业的数据要素，从而变革建筑产业的业务模式、甚至是基本建造方式。通过产业互联网的逻辑与模式，使产业得到数字科技的进一步改造，让建筑施工全生命周期关键环节由传统的人治逐步转变为"统一标准+精准数据"的治理体系，由此实现降成本、控风险、提管理，为建筑企业创造实实在在的效益。

筑客网络技术（上海）有限公司（下称"筑集采"）于2014年9月创立，是最早从事现代建筑产业互联网的探索者之一，筑集采定位于"赋能传统建筑产业的数字科技企业"，率先在行业内进行大量试验，现在已成为建筑产业领先的B2B电商平台之一。基于筑集采7年多来的探索实践，以下就建筑产业供应链平台的发展方向、思路和路径进行总结、分析与展望。

# 一、建筑产业供应链平台的发展方向——第三方平台

近年来,越来越多的建筑企业开始积极试水建筑产业互联网的布局。根据对现阶段业内产业互联网平台发展现状的调研,大致可以分为第一方平台、第二方平台和第三方平台三个类别:

第一方平台是依托于大型央企(国企)集团的平台。这类平台的特点是业务规模大,并且在集团内部能够得到充分使用,但是面临的问题是难以跨集团发展,应用的范围相对有限。

第二方平台是依托于几家核心企业组合而成的联合经营型区域性平台。这类平台的特点是参与者更多、覆盖范围更广,并且只要股东支持,便可以在一定范围内得到充分使用,但是面临的问题是股东之间往往存在利益矛盾,很难高效地运转起来。

第三方平台则是依托于第三方企业打造的供应链平台。其特点是打通供应链上下游企业,推动建筑产业内各个参与者的互联互通,实现信息协同和产业效率的升级。进而改变产业价值链,提升每个参与者的价值。

在上述三方平台中,只有足够大、不可能被几家地产商或总包单位影响的第三方平台,才能最大限度保证数据客观、多维、真实、不可篡改,把整个供应链控制在更低风险的状态。通过在整个供应链上进行规划,覆盖招投标、采购、运输、收料入库等各个环节并进行细致地拆解,利用其中沉淀的大数据进行归纳与演绎,才能驱动企业生产经营的效率提升,进一步在产业中有效匹配供需关系,以全要素生产的高效协同,带动产业效率的最大化,实现内部价值与外部价值。

也就是说,第三方建筑行业供应链平台,是市场真正需要

打造的现代建筑产业互联网平台。

## 二、建筑产业供应链平台的发展思路——"三步走"

需要指出的是,不同的建筑企业,往往有着几十年的管理习惯和自成一套的经营体系,涉及全流程、多维度的经营管理,需要进行有针对性的试错、匹配与磨合。想要真正推动建筑行业供应链平台的建设,必然需要一个循序渐进的过程。具体而言,这至少需要分三个阶段逐步开展。

第一步,借助多元数字科技,搭建集采平台,直接实现降成本、控风险、提管理的效果。材料采购及劳务分包占据工程项目总成本的70%~80%,是最重要的基础性环节,但由于采供双方的信息不对称,采购交易过程中"跑冒滴漏"较为严重,无形中极大地增加了建筑企业的负担。为此,首先要搭建轻量、实时、移动、智能的公共集采平台,打破传统线下采购交易信息不对称的困境,让工程项目想要资源时有物美价廉的资源库可以选择,想要服务时有专业对口的人员可以响应,通过将"场景—业务—人员"互相绑定,帮助每一个工程项目直接降成本、控风险、提管理,由粗放型增长向精细化管理转变,实现投入产出比的最大化。由此充分调动数字化转型的主动性、积极性,让平台经营的理念与实践快速完成推广与渗透。

第二步,通过积累的数据,搭建供应链管理平台,进一步实现业务效率的提升。每个工程项目都涉及产业上下游众多参建方,建筑企业只有突破一般战略规划(仅关注本身的局限),通过在整个供应链上进行规划,才能为企业获取竞争优势。为此,要将公共集采平台进一步拓扑为供应链管理平台,提升信息的透明度、展示交易的真实性，由此把企业内外部的资源和能力更高效地连通，帮助更多优质的工程项目、更多可垫资的供应商、更多样且更灵活的金融机构互相匹配、紧密捆绑、强强联合。真正激活整个建筑产业的数据要素，推动建筑产业链各个参与者的互联互通，改变产业内数据采集和流通的方式并保障数据交易的可信性，进而改变产业的价值链，提升每个参与者的价值。

第三步，联合业内外各方平台，共同打造建筑产业"新基建"生态平台，帮助产业链上下游主体实现综合效益的飞跃。除了公共集采平台与供应链管理平台，还可以打通与特定客群专属的SaaS平台（基于相同技术范式定制），以及涉及建筑施工作业各个方面、各个领域、各个行业的专业平台。以一个主平台＋多个子平台，形成"主星连通卫星、卫星拓展主星"的生态平台布局，打造现代建筑产业数字科技的"新基建"，将链式的供应体系升级为网状的生态圈，以"精准供应链＋生态圈"实现管理模式的根本转变，无限缩短从产业生产者到产业消费者的距离、服务的距离、物流的距离、金融的距离等，最终实现建筑产业在数字经济新时代的全新帕累托最优，完成高质量转型升级。

综上所述，通过以上三步，当建筑行业供应链平台改造完成之后，会产生五个核心生产能力——数据的采集、数据的传输、实时的决策、资源的调配和供需的匹配。当这五个核心要素综合产生互动的时候，那么就开始创造价值了。

## 三、建筑行业供应链平台的发展路径——"三二二"

明确了建设思路以后，接下来就要落实建筑行业供应链平台的具体搭建工作。对此，筑集采总结出"三二二"的建设路径，即：三个关键要素、两项核心要求以及两个拓展链接。

结合黄奇帆同志的研判[2]，"三个关键要素"是指，在建筑产业供应链平台推广普及的进程中，应当关注"差异化、数智化、上下游"三个关键点。

第一，要注重差异化。以客户个性化需求为出发点和落脚点，科技既可以作为工具，也可以作为媒介，帮助企业为这种转型进行设计。这提示我们：建筑行业供应链平台不是复制一套通用标准，而是应该适配客户的差异化需求，提供定制化服务，真正实现"千人千面"。

第二，要强调数智化。要以技术变革推动生产过程的数字化、智能化。具体来说，要把大数据、云计算、人工智能等工具嵌入每一个项目工地，让不同的功能对接、核心的流程链接、通用的数据交接，最终实现数字化协同和智能决策。这提示我们：要把建企业务实际和供应链思想有机结合，分门别类地打造出多样化的标准功能模块，以低代码、一站式、轻部署的数字模型赋能建企业务的全流程协同。

第三，要打通上下游。建筑产业互联网的发展不是孤立的，它需要大量供应链上下游企业提供关键支持。为此我们还要通过数字科技使得供应体系之间的联动得到整体升级，并由此形成更加高效、稳定的沟通。这些提示我们：要聚焦轻量、实时、移动、互联互通的数字科技工具，从资源配置的角度，对建筑产业上下游的众多参与主体进行一体化调配、管理。实现对"五硬三软"（五硬：人、机、料、法、环；三软：数据、网络、智能）的集成，输出一整套更精细的供应链优化数字科技整体解决方案。帮助产业链上的各方主体获得更多的资源与能力加持。

"两项核心要求"是指,随着平台不断完善,顶层设计统领全局的作用也将变得越来越重要。我们必须格外重视以下两项核心要求:

第一,坚持政府监管。《国务院办公厅关于促进建筑业持续健康发展的意见》的第七条[3]"全面提高监管水平"中指出,"强化政府对工程质量的监管……政府可采取购买服务的方式,委托具备条件的社会力量进行工程质量监督检查。"建筑产业作为中国经济的支柱性产业之一,加强监管和服务,推动建筑业健康发展始终是行业主管部门不变的重点工作之一。相比其他产业,建筑产业具有"规模大、范围广、周期长、牵涉企业多、资金往来密切频繁"等更为复杂的特点。因此,在工程项目正式动工前,做好前期准备工作的监管极其关键,尤其是在原材料的采购这一方面,必须进行严格把关,才能在根源上确保工程质量的可靠。同时,在建筑工程进行的过程中,还要持续对每一个环节加强数据记录,形成贯穿建筑施工全生命周期的完整链条,确保施工信息的准确。

对此,可以搭建一个串联"企业—项目—采购交易"并进行实时监管的第三方平台,对供应链、产业链进行穿透、关联、记录,从而帮助政府主管部门强化对工程质量的监管。这就需要足够专业的建筑产业数字科技整体解决方案提供商,将现代建筑产业的底层逻辑与主管部门的办事流程、管理习惯进行有机融合,打造出真正贴合行业监管服务需要的平台。

第二,实现标准化。标准化是整个建筑产业信息化、数字化建设的统一、规范和科学的大前提,想要实现全国建筑市场数据高效、准确地传输以及应用。必须重视和加强标准化工作,这就需要在国家层面由上至下地形成统一的一系列管理和技术规定，建立健全建筑行业主数据库系统以及对应的应用标准规范。把服务于同一工程项目的众多企业组织起来、统一赋能、找到其中最优的链接路径，释放产业上下游路由的乘数效应。

为此，这就需要长期深耕建筑产业互联网领域，积累大量成功案例与丰富经验的 To B 型企业共同参与并提供来自一线的视角与建议，为制定行业通用规则起到辅助决策的作用。

最后，"两个链接"是指，正如住房和城乡建设部原总工程师王铁宏所指出的[4]，当前业内"产业数字化"最突出的两项工作就是项目级 BIM 与企业级 ERP。所以，产业互联网平台还要进一步与 BIM、ERP 进行链接。

第一，平台 +BIM。工程项目应用 BIM，相当于基于数据进行全过程、一体化建造，是"不做建筑的数字建筑"的数字孪生，将建筑施工过程中各生产要素全部量化，实现更细"颗粒度"的数字化转型。以广联达 BIM 为例：通过将 5D 大数据与建筑行业供应链平台的业务流程有机结合，有助于让工程项目进行更明确的规划设计、更精准的采购交易、更有序的入场施工、更高效的全程管理，以数字科技充分为项目的全体参建方创造更多的价值。

第二，平台 +ERP。目前，大部分企业的资源管理计划主要还是从自身需求的角度，停留在独立的采供阶段，但这对于建筑产业而言太过机械、被动，我们应该打通 ERP 管理 + 供应链管理的树状结构系统。以新中大 i8 为例：通过一站式管理应用平台与建筑行业供应链平台有机结合，可以形成企业的"数据大脑"，对不同的"神经元"统一管控。即：全线打通集团公司、番号公司、区域公司、项目工地（以及产业链上下游参与者）；全线打通业务、财务、税务、管理系统，实现数据共享，实现企业内外部多角色实时互动的协同作业[4]。在外部不确定性日益活跃的新常态下，这是强化企业资源调配与供应链管理能力的必然需求，也是企业在未来参与全国乃至全球市场竞争的关键竞争力！

## 四、结语

数字科技能够创造更好的经营环境，让建筑产业上下游的参与主体能够触达之前未曾覆盖的合作伙伴。筑集采将致力推动中国现代建筑产业数字科技新型基础设施建设，形成一个涵盖建筑企业、分公司、项目工地、供应商、金融机构、第三方服务商、战略合作伙伴及其他企业的生态系统，用安全、可信的数字科技促进各参与方之间的互信（尤其是基于区块链技术的链上数据安全共享体系，实现数据价值的可用而不可见[5]），推动生态系统的开放、透明以及持续建设，让参与各方从中受益。筑集采相信，这将是继信息化、数字化以后，建筑产业进一步迈入"数智化"阶段的必然过程，这也必将推动中国现代建筑产业，完成由"建筑"到"建造"再到"智造"的跨越式发展！

## 参考文献

[1] 红杉资本中国基金.红杉中国 2021 企业数字化年度指南 [R/OL].（2021-10-12）[2021-12-30].https://mp.weixin.qq.com/s/cM3IFlty31e-G1lH_tplNA.

[2] 黄奇帆.双循环下建筑产业数字化发展的思考 [EB/OL].（2021-10-30）[2021-12-30]. https://mp.weixin.qq.com/s/FJSfh1yZO83bJ5DRnYa4KQ.

[3] 中华人民共和国国务院办公厅.国务院办公厅关于促进建筑业持续健康发展的意见：国办发〔2017〕19号[A/OL].（2017-02-24）[2021-12-30]. http://www.gov.cn/zhengce/content/2017-02-24/content_5170625.htm.

[4] 王铁宏.贯彻新发展理念，加快建筑产业绿色化与数字化转型升级[N/OL].（2021-04-25）[2021-12-30].http://www.chinajsb.cn/html/202104/25/19670.html.

[5] 刘彦松，夏琦，李柱，等.基于区块链的链上数据安全共享体系研究[J].大数据，2020，6（5）：92-105.

（参与本报告研究的还有筑客网络技术（上海）有限公司 杨星宇）

# 耿裕华：筑材网追求平台公共属性的示范与带动作用

## 一、筑材网的诞生是时代和形势的必然结果

5G 技术、大数据、人工智能、云计算等前沿科技方兴未艾，正在各个产业寻求嫁接迭代的突破口，以期深度融入并产生极大的经济价值和社会价值。在此大背景之下，我国建筑产业到底要往哪个方向发展和转型？国家已高屋建瓴地在《2016—2020 年建筑业信息化发展纲要》中指出："'十三五'时期，全面提高建筑业信息化水平，着力增强 BIM、大数据、智能化、移动通信、云计算、物联网等信息技术集成应用能力，建筑业数字化、网络化、智能化取得突破性进展。初步建成一体化行业监管和服务平台，数据资源利用水平和信息服务能力明显提升，形成一批具有较强信息技术创新能力和信息化应用达到国际先进水平的建筑企业及具有关键自主知识产权的建筑业信息技术企业。"

毫无疑问，实现中国建筑产业信息化水平提升的重要基础前提是要打造数字化企业（图1）。筑材网正是在这个时代背景下应运而生的。筑材网致力于通过将建筑企业材料采购全流程线上化、数字化进而达到智能化，以帮助这些企业以平台化思维进行采购管理的战略构想。筑材网的成立符合建筑企业的切身需要、符合国家和政府的政策取向、符合整个行业未来的发展趋势。

图 1　建筑企业的信息化诉求分析

## 二、筑材网的发展历程及取得的成果

2015 年 6 月，南通四建集团、南通二建集团、龙信建设集团、通州建总集团、南通新华建筑集团等五家国内知名建筑企业联合上海强钰投资管理有限公司、南通交通产业集团、中国建设银行江苏分行共同发起创立筑材网。筑材网对应的运营公司实体是江苏足财电子商务，注册资本 1 亿元人民币。总部位于江苏省南通市经济技术开发区，在上海设有研发分支机构。

筑材网根植于建筑领域，依托中国数家顶级建筑企业的行业资源优势，以其采购管理变革的共同迫切需求为出发点，以提升企业信息化水平、数字化应用程度为方向，不断突破迭代，为平台上的注册用户提供个性化的电子商务采购解决方案，形成"采购管理 + 交易 + 资源赋能 + 业务数据"四位一体的新型建筑房产行业材料采购平台模式，全面帮助建筑企业提高企业管理水平、降低采购成本、提高融资能力同时实现采购业务数据的自发生成和无壁垒传递。

筑材网平台从 2015 年下半年开始研发，2016 年 4 月正式上线。经股东企业的先行先试和迭代使用后，2016 年 8 月正式推向全国。

截至 2021 年 12 月 1 日，筑材网的入驻建筑企业达 371 家，其中特级企业 93 家；供应商 49583 家，其中 37% 是生产商；上线招标项目 101279 单，每天交易量超亿元，累计交易总金额突破 1159 亿，累计帮助银行供应链金融放款达 20.46 亿元，平台的各项运营指标均已达到行业领先地位。

简单来说，筑材网的商业模式就是通过互联网、大数据等高科技手段助力构建智慧供应链，帮助建筑企业提高采购管理水平、改进采购效率并最终达到降低采购成本的目的。

筑材网按照采购需求的不同，将建筑企业日常的采购分为三种模式：招标投标模式、集采直供模式和商城模式（图 2）。招投标模式主要解决项目部在采购大宗建材时的采购需求，是建筑企业传统采购模式在线上的体现。集采直供模式是基于筑材网平台超大规模的采购量形成的采购大数据，以集中相同的

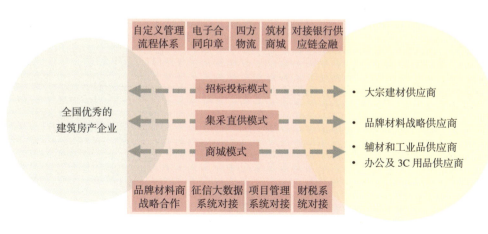

图 2

采购需求为抓手，与品牌材料供应商达成战略合作，以工厂价直供到项目部的工地。商城模式主要解决建筑企业的集团或项目部在零星采购方面的需求，是招投标模式和集采直供模式的有益补充。

为了更好地在线上服务建筑企业及广大的供应商，筑材网平台研发了自定义管理流程体系，以便于有不同管理需求的建筑企业都能灵活地在筑材网上搭建自己的采购管理流程；上线了筑材商城，对接如鑫方盛、震坤行等国内知名的 MRO 线上商城，以满足建筑企业的零星采购需求；对接了电子合同印章系统，使得采购全流程线上化；对接了四方物流系统，可供采供双方选择更多的物流供应商渠道；对接了建设银行、工商银行、招商银行、中国银行等总行级供应链金融系统，给建筑企业和广大供应商在交易过程中实现资金快速融通提供极大的便利；对接了征信大数据系统，为交易双方提供更好的交易对手方背景调查支持；对接了新中大等项目管理系统和用友等财税系统，打通业财税大数据，帮助建筑企业站在平台角度，以数字化的分析手段，对公司的业务、财务及税务等进行全局的统筹、管理和协调。公司同时依托筑材网平台上海量的采购需求，统计分析汇集成集采需求并积极与各大品类的品牌材料供应商进行集采直供的战略合作谈判，践行"从工厂到工地"的集采直供定制模式，有力地帮助了企业降本增效。

## 三、筑材网平台的公共属性与带动作用

筑材网的诞生是顺应时代变革、引领行业发展的里程碑，股东单位的多样性和复杂性奠定了平台的公共属性基础，同时，

筑材网对建材供应链当中的建筑企业、材料供应商、银行等金融机构、物流供应商等各方来说都产生了巨大的价值和带动作用。

**对建筑企业来说，**一是有效降低了采购成本。筑材网帮助建筑企业从三个方面极大地降低了采购成本：减少甚至杜绝了传统采购模式下经常发生的公关交际等柔性成本；消费互联网领域卖方型平台（如淘宝、京东等）需要高额的营销费用，这些费用最终会转嫁到买方身上从而推高价格，与此不同，筑材网是一个买方型平台，材料需求明确且在平台上的供应商都可以轻松获取，卖方可以省却相当大的营销费用而直接投标，从而降低材料售价；在筑材网采购大数据行情的智能对比之下，可确保材料的最终成交价在合理的范围，否则会预警通报。据不完全统计，以上这三个降本因素导致2019年全年，所有在筑材网上招标采购的材料款金额合计降低2.84%，每年降低材料采购成本超过10亿元。汇集筑材网平台上的海量采购形成大规模集采需求，并以此形成巨大的采购话语权直接与材料生产原厂进行战略谈判，建筑企业因此可保质保量地享受到工厂价，没有中间贸易商赚差价。目前，筑材网针对模板木方、钢筋、砌块、防水材料、塑料排水、保温材料、电线电缆和镀锌等品类进行了集采直供业务的尝试，与这些品类的知名大厂供应商签订了战略协议。从零开始运营短短一年时间，累计中标金额达2.18亿元，占这些品类在筑材网全部中标金额的9.4%，合计降低成本达1126万余元。按照品类不同，降本比例可达2.25%~5.7%。未来，随着更多的建筑企业入驻平台以及越来越多企业继续深化使用筑材网，集采规模将进一步放量，这会进一步提高集采直供模式在工厂端的议价话语权。

二是依托海量的集采需求，可进一步与工厂洽谈深度的生产合作，开展反向定制生产，从工厂配送到工地的新模式。这实质上是整合供应链需求，重组供应链优质资源，是将传统"先生产后供货"的建材供应链模式变革为"以销定产"的定制化模式。与工厂联合生产可进一步有效降低生产源头端的成本、缩减营销和流通环节的费用，是更为深化的集采直供模式。届时为筑材网平台上的广大建筑企业降低的成本将会更加可观。

三是有效监管提升了企业管理水平，打击了企业内部腐败现象。当前，建筑企业跨区域发展已成常态，随着项目数量增多，企业往往会设立多级子公司，管理的纵深层级也变得更为复杂。筑材网自主研发了自定义管理流程。该功能可灵活地设置应用于各种管理需求的建筑企业。通过筑材网，企业可将采购管理由分散的项目部自治管理、集团事后被动听取汇报轻松升级为集团平台化主动监管、项目部实时反馈采购进程的模式，有力地帮助建筑企业在招投标全环节形成良好的链条运营。借助筑材网，建筑企业通过几个人就可以管理并监督几万人的项目采购，提高了管理水平，同时通过实时监管有力地降低了腐败发生的可能性。

四是通过筑材网的公信力提升建筑企业的资信和资质，树立良好的品牌形象。筑材网接纳资信良好、资质优秀的建筑企业入驻。通过筑材网采购精英俱乐部的品牌影响力可极大地提升平台上所有建筑企业的公信力，进而为企业树立良好的品牌形象。公信力的提高使得广大材料供应商愿意以更优惠的价格对筑材网平台的采购商供货，从而形成良性循环。

五是采购大数据的挖掘分析成为平台公共属性的重要特征。对筑材网平台海量的采购数据进行智能分析、处理和挖掘，可形成贴近市场实际的行情指标。这为建筑企业的材料采购提供了较为真实的指导，同时也可由此发现更多更好的供货商。

六是平台供应链金融服务带动建筑企业提升财务管理全局水准。建筑企业通过筑材网与银行供应链金融的对接提高了建筑企业集团财务管理全局化水平和整体管理能力。通过筑材网上的采购数据（包括采购数量、成交金额、采购品类等）和各分公司项目部的历史还款情况进行系统评估，帮助集团更合理地分配授信；通过对筑材网上供应链金融功能模块的使用，有助于进一步梳理集团内部的融资流程，对集团付款流程进行补充和优化；通过实现采购全流程线上化，实现集团财务对采购的核心控制能力，从而帮助集团最终实现降本增效的目的。

另外，要关注物流的规模经济效益。随着筑材网上交易量的提升，材料的物流运输规模也将呈现极大的增长。通过对筑材网上的采购大数据进行智能分析，可形成较大规模的物流需求量。依托这些物流规模可与物流供应商或四方物流平台进行战略合作，从而享受物流规模化带来的成本集约化。

**对材料供应商来说，**一是以几乎零成本拓展销售渠道。由于筑材网是一个采购精英构成的买方平台，对于材料供应商来说，只需要发掘平台上的采购需求即可轻松投标，省却了传统供应商交际应酬等柔性成本。同时，供应商也能更快地在更大范围发现潜在投标商机，增加盈利可能性。

二是筑材网平台的公共属性和公信力可确保及时回收货款。由于筑材网是一个由资信良好、资质优秀的建筑企业构成的采购精英俱乐部，同时又有银行等金融机构的供应链金融支持，供应商在平台上做生意可得到货款及时回收的基本保障，解决了传统线下货款被拖欠的弊端。

三是可获得银行的供应链金融支持。绝大多数供应商都是中小企业，由于风控指标因素，银行很难做到对这些企业贷款的大力支持。然而，在筑材网线上与采购商做生意，可轻松获得来自筑材网上对接的各大银行的基础利率的贷款，使得供应商的回款有了根本保障。

**对金融机构来说**，一是对接筑材网后可轻松获得交易数据，为供应链金融审批提供重要依据。筑材网与建设银行、中国银行、工商银行、招商银行等数家大型银行均进行了总行级供应链金融产品对接。银行可通过筑材网轻松获取交易数据，从而为供应链金融的审批提供有力的支持，最终为更多的中小企业供应商提供更大量更安全的放贷服务，有力地帮助银行等金融机构解决服务实体企业层面普惠金融的落地问题。

二是通过筑材网交易数据，对广大供应商的资信评估更加精准。传统材料供应商由于经营管理不规范，银行很难得到准确的企业画像，进而无法有效地为这些企业提供金融服务。通过筑材网，银行将能够看到供应商交易数据，可以给银行评估供应商的资信提供更加精准的数据支持。

## 四、筑材网未来规划

**规范平台各项管理制度**。加强平台数据的安全管理，获取国家星级认证；明确平台公开、公平和公正的立场，引进相关法规，严格规范招标投标行为，强化平台在采供双方企业中的公信力。

**坚定平台发展方向**。筑材网平台将与各级银行展开合作，成为国家重点中小企业信用信息平台。与优质三方非银金融平台合作，拓展采供双方的融资渠道和方式。

**深度服务建筑企业**。与建企内部系统的全流程打通，打破信息孤岛，形成真实可靠的数据来源，为建企数字化转型赋能；推动项目联采和区域集采，为企业降本增效。

**完善各方诚信体系建设**。对材料供应商要进行定期考核评级，确保材料供应的质量和服务质量；针对采购管控力较强的建企业，强化供应链金融的使用率。设置采购商供应链金融服务门槛：采购商必须在银行有一定的授信额度，且在入驻时就要与银行和筑材网签订三方框架性协议，承诺在筑材网上采购一旦发生逾期付款，则由银行强制走供应链金融流程以便对供应商及时支付货款，从而维护采购商的信用。通过筑材网一年可申请一次供应链金融额度，该额度可在一年内多次循环释放使用。基于采购商在筑材网的授信额度范围，使其主动申请或被动自动执行融资付款。还要深度挖掘海量供应商的真实需求，为供应商赋能。

## 笪鸿鹄：整合资源，推进建筑产业集采数字化
——苏中建设探索建筑产业供应链金融创新的"南通实践"

江苏省苏中建设集团是全国首批房屋建筑工程施工总承包特级资质企业，连续十多年位列中国企业500强。作为与共和国同生共长的苏中建设，一直致力于技术工法、激励机制和经营模式的创新，近几年，在利用供应链金融实施材料集采方面，积极进行了创新探索。

## 一、搭建平台

早在2014年，公司酝酿试点钢材集中采购，以降低材料采购成本，增强项目部市场经营竞争力；2016年，公司调整组织架构，布局组建集采中心，搭建企业级在线采购平台，推进公开化、透明化采购；2017年，公司启用供应链金融支付工具；2019年，优化升级在线采购平台，与央行中征系统对接，通过平台与商业银行进行交互，实现应付账款信息无缝推送，获取在线融资，有效降低融资成本，提高融资效率。2020年，苏中与12家银行深化合作，供应链金融授信23亿元，各主要经济指标在江苏省建设银行对南通特级资质企业综合评估中名列第一，供应链金融被中国人民银行总行评为"五大经典案例"之一。

从2014年规划到2020年的经典案例蜕变，苏中将集采管理职能逐步向贸易公司职能升级，从最初的账期采购、线下融

资采购发展至通过平台实现全数字化采购。该过程让其感悟到，这不是一件单打独斗的事，一家一户很难成。于是，其组织本地骨干企业共同探索业务新模式，参与平台建设，实现合作共赢。

2020年6月，苏中建设联合本地特级资质施工企业组建海安市建筑行业协会联合采购共享中心，提出区域数字化联合采购设想。2020年底，时任南通市长率队专题调研，对苏中建设供应链金融应用方面的做法和成绩予以肯定。2021年年初，南通市政府领导和相关部门负责人多次来苏中调研，明确提出，以苏中建设自有服务平台为基础，试点建立供应链金融公共服务平台，依托苏中建设深化"供应链金融"应用思路，助力建筑产业和地方经济的高质量发展。

## 二、多流合一

2021年李克强总理在政府工作报告首次提出"创新供应链金融服务模式"，供应链金融上升为国家战略，成为服务实体经济、扶持中小微企业的重要抓手。

在新经济发展格局下，区域经济重要特点是依托区域优势来发展，形成相对独立的供应链产业链发展生态圈，而供应链金融对区域经济的发展起着压舱石作用。建筑产业是南通名副其实的支柱产业，2020年对地方GDP的贡献度近9%。2020年7月末，南通供应链金融余额仅120亿元，不到同期各项贷款余额的1%；其中100亿元在建筑产业供应链金融上。南通市政府首先选择以建筑产业为南通供应链金融的突破口，就是要推动建筑产业链修复重构和优化升级，促进其固链、补链、强链和延链；在建筑产业供应链金融做成的基础上，再推广复制到南通其他产业，使供应链金融为区域经济高质量发展持续发力，增强活力。

从全国范围看，供应链金融平台主要有四类：一是核心企业搭建的自有平台，能够较好契合自身业务、不会泄漏商业机密，但面临业务单一、覆盖范围较窄等难题。二是第三方机构搭建的商业公共平台，商业化运作较为成熟，但往往因追求商业利益最大化而导致业务不规范，容易引起负面影响。三是银行搭建的金融性公共平台，虽然作为资金提供方处于强势地位，但是易受到风险偏好影响导致金融产品缺乏灵活性、结构性、效率性，所产出效果低于预期。四是地方政府搭建的行业性公共平台，由众多骨干企业共同参与，公信力更加突出、政府支持更有力、服务对象更精准、政银企合作更密切、放大效应更明显。

在多年摸索搭建苏中建设"供应链金融"平台的过程中，发展思路越发清晰，目标越发明确——建立一个由政府引导、市场化运营的标准化数字化公共服务平台，打造一个企业级"支付宝"，与央行中征平台对接，实现物流、商流、信息流、资金流多流合一，力争做成一个金融科技"独角兽"。2021年1月，在多方协作下，南通市正式启动搭建政府主导、建筑产业多家企业参与的公共服务平台，由地方国企控股成立南通贸融科技有限公司，苏中建设是最大的参股民企，在起步阶段由苏中原有团队实际运作，主导平台度过艰难的初创期。

2021年初，苏中建设把供应链金融创新作为全年的重点工作。成立供应链金融工作小组，集结多方资源，全力做好平台打造工作。

围绕南通、海安两级城市政府制定的节点目标，工作团队毅然作出"奋战430，创新南通供应链金融服务体验；决战630，打造长三角产融公共服务平台"的庄严承诺。2021年4月20日，平台业务测试走通；6月30日，团队打造的全国领先的全数字化供应链金融平台——"长三角产融公共服务平台"正式上线试运行；至此，苏中建设乃至南通，在供应链金融板块跨出坚实的一小步。

在试运行过程中，团队发扬精益求精的工匠精神，根据实际业务不断调整优化平台，先后经历2次较大版本发布，多次细节优化升级，将企业人员授权规范化、批次送货物流跟踪精确到车……目前，海安当地三家特级企业在平台调试运营过程中，尝试了钢材采购的实际业务，完成供应链金融业务538笔，获得4.25亿融资资金。对此，南通市委市政府给予了"开局破题取得实效"的充分肯定，表示业务模式完全符合市里最初的构想，真正为企业提供了便利。

## 三、打通壁垒

短短3个月的项目工期，需要从理念到系统落地，如何高效、高质地完成是团队面临的第一个难题。平台定位为线上化、数字化、场景化的应用，综合应用实名认证、电子签章、发票验真、区块链、物联网、大数据等技术，整合物流、商流、信息流和资金流等信息，构建核心企业、上下游企业、金融机构、第三方机构、监管部门一体化的金融供给和风险防控体系，有效提升南通市供应链金融运行效率。

从平台长远发展考虑，团队引入中台理念，打造规范化的技术中台、数据中台、业务中台；应用微服务化的结构设计，打通各系统间的数据壁垒，建立智能化的数据分析和风险控制模型。数据安全方面，建立两地两中心，落地最高安全等级云计算公司的专属云以及本地政府大数据中心的灾备中心，通过SSL证书等系列技术措施，确保平台数据的安全性，已通过等保三级认证。平台部署区块链，通过科技手段将多维的交易信息（如采购、物流、结算等）共享上链，实现交易数据的相互验证；携手民生银行，尝试与行方通过区块链对接，通过不同底层架构之间的跨链对接，数据共享，节约信任成本，数据公开透明可追溯。

当前平台最重要的特色是供应链金融中与金融机构的有效对接。以往金融机构与企业或平台对接，都需要平台根据各金融机构要求进行业务的单独调整，本次公共服务平台主导制定标准，历时月余成功打造平台与金融机构融资业务的通用标准接口，并已获得国家软件著作权。在当地政府及央行的扶持下，调动金融机构的积极性，调整各银行内部业务系统、创新审批流程，缩减行方不同产品单个接口对接时长，由原先的月余降至周余，大幅度降低开发成本，这些都离不开各商业银行总行在业务、技术、法务等方面的大力支持。截至2021年12月底，平台已完成包括工农中建四大行在内的14家银行技术对接，已有10家银行开展全线上供应链融资业务。

## 四、多方收益

由南通贸融科技有限公司搭建的长三角产融公共服务平台已经上线试运行，平台已经搭建起来，有了一个良好的开端，得到了各方的支持与好评。

对建筑企业而言，一是平台交易数字化，降低采购成本。通过平台实现 T+1 高效率供应链信用支付，施工企业钢材采购直接穿透至一级市场，采购成本明显下降；目前每吨钢材的采购成本大约减少 80 元。二是平台化采购，倒逼施工企业管理水平提升。平台建立的过程，就是施工企业内部管理标准化提升的过程，倒逼其提升目标成本、生产进度、结算回款等管理能力，以及跨层级、多部门快速协同的能力。三是通过供应链金融平台与银行合作，银行接入、融资、支付向标准化靠拢，有利于施工企业获得无差别的金融服务，同时，把原有流贷申请到支付的两个流程合并为一个流程，降低了施工企业的财务费用成本。

对供应商而言，一是账期缩短，大大降低了经营风险，提高了资金周转效率。二是通过平台，银行可以获得商品交易（带账期销售）的场景及应收账款数据，可以支持中小企业向银行或其他金融机构融资，提升了供应商资金实力，降低了其融资成本，间接降低了施工企业采购成本。

对金融机构而言，是战略转型的着力点和新业务的突破口。供应链金融能一次性对接主要产业链供应链，拓宽获客渠道、降低获客成本；通过金融科技手段交叉验证交易背景的真实性，从根本上变革了风险管理的模式，让金融机构敢贷能贷愿意贷。此外，还极大助力普惠金融、涉农贷款等监管指标的增长。对监管方而言，可实现受托支付全覆盖，线下监管提升至数字化监管，监管水平大幅提升。

# 五、结语

本平台为准公益性的公共服务平台，南通市为此营造了良好生态圈。建立政策配套体系，以南通市政府出台的政策意见为指导，南通、海安两级城市政府出台财政奖励、行业激励等配套措施；推动跨部门信息归集共享，平台将与地方征信机构共同开发信用评价系统，通过为企业"画像"打破"信息孤岛"；落实"联合激励、联合惩戒"措施，平台实现将电子化、场景化的品种或信息作为法律证据，留存在全国互联网金融法院，提高犯罪成本，提升法律的威慑力。

综上，起步的成功使团队增强了信心，从既有供应链金融业务平台出发，把握业务规律和逻辑，以绿色建筑供应链金融为重点，统筹推进供应链金融与绿色金融的融合发展，对接国家金融基础设施，探索数字化监管模式，把传统供应链金融业务模式推上一个新的台阶，力争把供应链金融打造成南通新的城市名片，使南通成为全国有影响力的供应链金融创新示范区。

（参与本报告研究的还有江苏省苏中建设集团股份有限公司刘伟、夏夕虹）

## 主题六：关于数字产业化之+数字孪生

# 耿裕华：基于北斗毫米级数字孪生的研发与应用

## 一、北斗毫米级数字孪生可实现项目全过程数字化采集、可视化展示和数智化分析，将现场实时复演时空关联的虚拟世界，满足建造与运维的管理需求

建筑施工的核心是随施工推进结构的时变。结构时变特征，从施工角度有三重解读：其一，施工流水推进导致的结构整体时变；其二，每道工序的执行所对应的结构单体时变；其三，细部空间形态、受力随混凝土浇筑引发的结构时变。上述时变特征对观测设备的精度和时效性均有较高要求，直接导致"结构时变特征缺乏数字化描述方法"。

结构的时变，直接关联工程质量、安全和进度，决定劳务、设备和材料在施工时空两个维度的资源分配。如果结构时变特征无法模拟，那么现场采集的各种监测数据也就没有时空统一的参考体系，无法串联成有机整体，由此导致数字化施工理论对监测数据的解读以人为主。而管理人员知识储备不足和长期以工作经验指导施工的惰性，无法充分发挥数字化施工理论的优势，这也是目前数字化施工理论无法明显提高效益的主要原因之一。

北斗三代的组网成功，对地提供毫米级精度定位服务，为解决上述施工数字化难题提供了新的思路和方向。在施工中引入北斗毫米级控制网，可以在克服传统测量累计误差的同时，通过与现代激光测量技术结合，实时捕捉结构施工时变特征，构建北斗卫地联控毫米级数字孪生系统，从而完成整个施工现

场数字化、可视化、数智化的任务。

结构时变的数字孪生是施工全过程数字化的基础。不难想象，在整体精度可控的数字孪生系统中，如果工程质量、安全、进度、劳务、设备的效率、效能、材料的流转控制、环境的变化等，都可在可视化系统内时空同步、一一体现，再通过大数据分析、模拟、优化，那么就彻底改变施工企业的管理模式，将极大推动行业的跳跃式发展。

结构时变特征也是建筑运维期的基础。北斗毫米级数字孪生系统施工期间采集的结构时变特征数据可自然过渡至运维。无论是数字化成本，还是统一的时空尺度，均满足建筑智能运维和城市 CIM 的使用需求。同时，北斗卫地联控毫米级数字孪生系统本身就集 BIM、GIS 和尖端测绘之大成，完全可以胜任建筑运维、城市 CIM 的管理工作。

## 二、北斗毫米级数字孪生通过卫地联测系统采集时变特征数据，时空同步可视化系统复演现场实况，预警实现全过程控制，实现项目实时管理

北斗卫地联控毫米级数字孪生系统包括高精度施工 BIM 模型（底层基础数据）、北斗卫地联测数字化采集系统（硬件）、可视化和智能分析系统（软件）三方面内容。实际应用中，通过地面卫星接收机、激光测量设备，实时完成现场每道工序全过程的数字化任务（卫地联测）；以点、线、面的形式同步可视化展示现场工况（时空同步）；系统通过调取底层施工 BIM 数据，对比现场实时采集数据，开发相应的算法（过程控制），协助现场管理决策。

毫米级数字孪生系统所提供的虚拟可视化系统，不仅能够描述结构的时变特征，还可以利用设备、劳务和材料现场流转的时空二维属性，与时变结构建立关联后，一一可视化显示，并结合施工 BIM 模型进行效率、效能和成本分析，协助项目部和施工企业风控管理。

毫米级数字孪生系统最终需要对每道工序的施工进行监测和分析。监测设备采集数据需要实时、精准，针对工序特点的分析也需要实时、准确，这样才能从整体到局部再到细部都具有相应的控制预警算法，实现过程控制的目的，为项目管理服务。

毫米级数字孪生系统不仅适用于房屋建筑工程，也适用于公路、桥梁、大坝、海堤、码头、人工岛等不同的工程环境。相关的研究、应用、推广、市场化需有序进行。目前，最具市场前景的是工程危险性较大的分部分项工程实时监测预警应用，例如基坑和紧邻建筑物变形实时预警系统和大型施工设备稳定性的实时监测。在此基础上，进一步研究、开发工程过程管理中的应用方法，协助现场管理。

## 三、北斗毫米级定位对工程建造的适宜性、可视化系统的工程交互性以及过程控制算法的精确性是研究与应用的关键

在北斗系统正式投入使用之前，我国建筑工程常用 GPS RTK（实时厘米级）技术进行桩位布点或者精度要求不高的临设放线，极少在施工中应用毫米级卫星定位技术。究其原因，一是技术封锁，在 GPS 引入中国的早期，毫米级卫星定位技

术被美国军方封锁，中国有大量的基建实操，却没有软硬件技术支持。另外一个原因是毫米级卫星定位技术观测时间长，对观测环境要求高，无法与施工过程管理合拍，即便是美国工程领域，也难以看到在施工中应用毫米级卫星定位技术的成果。

北斗系统的开发与应用，为在中国建设工程领域深入应用毫米级卫星定位技术奠定了良好的基础。国产卫星信号接收机相对低廉的采购价格，同时拥有不亚于国外先进设备的观测精度，首先在硬件基础上提供了便利。测绘行业北斗毫米级卫星定位技术的深入研究，为施工现场提供了观测时效性和精度均可接受的北斗毫米级快速定位算法，确保了技术的推广、应用。

通过大量的现场测试，在施工作业区不同工序衔接过程中初步实现了水平方向毫米级定位，开发了相应的在线观测、计算程序，研制了控制网、轴网智能定位算法、结构整体精度控制算法和基坑及紧邻建筑物施工期变形跟踪算法，并据此开发了相应的数字孪生子系统，获得两项发明专利授权。目前，正在探索每道施工工序质量、进度的监测、分析、预警方法。

由于施工现场塔吊、脚手架的遮挡，现场应用北斗毫米级定位技术，很大程度上需要依靠观测人员的经验判断以规避遮挡，提高观测精度和效率，由此制约了该项技术的推广和深度研究。经过很长时间的现场观测和研究，课题组提出在数字孪生系统内，模拟北斗卫星的空间运行轨迹和现场遮挡的空间位置，寻求最优观测位置、时间段，确保观测精度的稳定性。

除此之外，高程方向的毫米级定位是卫星定位技术的短板，我们也在结合工程实际需要探索科学的定位方法。

现场不同工序采集的数据，需要强大的可视化表达方法才能满足工程管理的需求。这里有两层含义，一是采集的数据通过点、线、面的形式构成施工管理需要的可视化表达方式，便于现场阅读、理解和执行；另一方面是强大的图形引擎支持现场移动设备通过数字孪生系统直接调阅相关区域的施工BIM模型，协助现场施工管理。

对于前者，我们提出了双关闭环的概念，即在具体施工区域的关键工序、关键节点，通过数字化采集后，在可视化系统中形成首尾衔接的闭环。双关闭环从时空两个维度将现场连续工况进行剖分，便于管理人员从简约的图形界面上对复杂的施工节点进行针对性地分析、判断。

对于后者，不仅要求图形引擎运行流畅、操作便捷、易于交互，满足工程管理的需要，还需要扩大其应用范围，在VR体验、动画制作等方面发挥广泛的作用，成为多用途的独立软件，因此仍处于前期的研发准备中。

卫地联控毫米级数字孪生系统期望通过每道工序数字化采集后的空间特征与施工BIM模型进行对比，实施过程控制与预警。因此，分析、预警算法的科学、准确、智能才能有效地协助现场进行过程管控，否则只会影响现场的施工效率，不利于技术的推广应用。这一方面的研究在国内外基本属于空白，需要深入研究。

## 四、把握住建造、运维与城市综合管理三大应用方向以及机器人、四维智能开放平台两大示例产品

在北斗毫米级控制网的支持下，现场完成模型激光扫测后，通过数字孪生系统可组成建筑整体模型。该模型空间点云数据具有绝对坐标，是未来智能运维、智能出行、智能生活的基础

数据。同时，由于数字孪生系统与生俱来的空间精准模拟和大数据分析、优化决策能力，可以直接协助建筑运维和城市综合管理智能分析、智能决策。

毫米级数字孪生系统所采用的北斗卫地联测系统，在其发展的最初阶段，仅具备自动监测功能，设备的移动还需依靠人力。随着数字孪生系统的不断开发，在虚拟空间的引导下，设备可以改造为能够自行移动的机器人。如果机械臂能够实现每道工序施工流程的模拟，施工、运维机器人则应运而生。

数字孪生的软件系统深度开发后，可面向家庭装修、家居布置、智能化设备设计 DIY 的四维开放平台，也可提供在线体验的虚拟社区，提供沉浸式体验。

更远一步说，类地行星"卫星导航系统"组网后，北斗毫米级数字孪生参考类地行星的相关参数对系统进行修正后，则能投身于类地行星的开发、建设。由此可见，基于北斗毫米级数字孪生应用广泛，可开发的深度极高，极具应用价值。

# 高　峰：数字孪生助力中国中铁数智化升级

　　为进一步贯彻落实习近平总书记关于"数字中国、智慧社会"战略部署和"三个转变"重要指示精神，把握新发展阶段、践行新发展理念、构建新发展格局，中国中铁身处数字经济的时代大潮，准确识变、科学应变、主动求变，积极探索新一代信息技术和数字技术与生产管理的耦合创新。2020年8月21日，国务院国资委印发《关于加快推进国有企业数字化转型工作的通知》，明确指出国有企业数字化转型的方向和重点，提出建筑类企业数字化转型的关键，要大力开展建筑信息模型、三维数字化协同设计、人工智能等技术的集成应用，提升施工项目数字化集成管理水平，推动数字化与建造全业务链的深度融合，助力智慧城市建设，着力提高BIM技术覆盖率，创新管理模式和手段，强化现场环境监测、智慧调度、物资监管、数字交付等能力，有效提高人均劳动效能。

　　中国中铁根据"十四五"战略安排，研究确定要加快推进数字经济与实体经济深度融合，积极培育信息化新动能、新活力、新经济。2021年启动数智升级工程，旨在双轮驱动、推进数字施工与智慧建造自下而上促进产业升级和创新发展，进一步提高生产能力和生产效率，实现核心业务产业数字化和数字产业化一体化融合创新，夯实"数字中铁"，迈向"智慧中铁"，助力企业高质量发展。实施数智升级工程，是落实国资委专项行动计划、推进信息技术贯通建筑行业全链条的重要途径，通过数字化、智能化技术为设计、制造、施工、运营一体化的建造与服务新模式提供技术支撑，推动产业升级、创新新型数字产业的培育，打造行业转型样板，开创央企数字化转型新局面。实施数智升级工程，是工程建设质量变革、效率变革和动力变革的重要推动力，通过"数据+算法"服务，赋能生产决策、升级企业管理，深耕"数字孪生和数字交付"，实现工程的品质建造和绿色建造。

中国中铁作为基建业务的国家队和主力军，积极参与国家基础设施建设和"一带一路"倡议，在国内外已形成了"投资商+承包商+运营商"的主业突出、相关多元的经营格局，但对标法国万喜等国际同类企业，在生产装备、资源配置、生产方式、组织模式、管理模式等方面，还有短板弱项。实施数智升级工程，正是企业高质量发展的内在要求，通过信息技术赋能生产全过程，促进项目从投资设计到施工运营全过程、全周期、全产业链的创新创效，推进"管理信息化、数字化"升级为"过程智能化、智慧化"，加快融入"国内大循环为主体，国际国内双循环相互促进"的新发展格局。

## 一、数字孪生建设是推动企业数智升级的必由之路

### （一）数字孪生建设构筑数智升级底座

一是促进建立数智升级的技术体系。结合新基建，利用"云、大、移、物、智"新一代信息技术，从数据采集、传输、存储、计算、呈现、展示和分析决策等层面，规范各层级所采用的技术方法和技术路线，形成数智升级的技术体系。

二是提升提供平台化共享服务能力。通过数字孪生建设，搭建工业互联网平台和数智资源共享平台，建设项目综合服务、BIM综合云服务、物联网和智慧工地等通用系统，集数据采集、

流转控制、平台服务于一体,形成总协调机制,同时为不同板块、不同专业提供基础服务组件与能力,统一生产主数据,实现数据共享和工作协同,支撑数智升级场景化应用。

三是优化系统性研发机制。针对数字孪生建设,围绕底层技术研发、应用开发,创新开展产学研相结合的共享研发模式,建立数智升级联合研发实验室、研究中心,开展系统化研发应用,夯实技术平台基础。

## (二)数字孪生建设促进施工数字化

一是加快数字化施工基础平台建设。结合BIM、北斗和人工智能等技术,制定应用规范和标准,基于统一底层技术平台,建立基于"生产智能化+管理数字化"的架构,促进设计、施工一体化,打通感知层、应用层、平台层,实现工程全过程、全类型、全参建各方、全功能体系的管理行为平台化、生产作业数字化与人机协同智慧化。

二是升级改造工艺设备。从施工生产制造端的智能化设备入手,在轨道交通、铺架等机械化程度较高的领域加速布局,升级改造现有设备、工装、工艺、管理系统等;在钢筋加工场、轨排基地等自动化程度低的领域快速推进,研发自动化设备以及配套的管理系统,实现施工制造端的智慧工厂化生产。

三是创新BIM与智慧工地集成应用。结合专业板块特色,重点开展铁路、公路、城市轨道交通、房建等工程领域的BIM和智慧工地落地应用,推动数据采集和感知层资源共享共用,实现施工现场的泛在互联,打造统一管理、共建共享的集成应用体系。

四是促进多源数据融合贯通。统一标准,BIM应用、终端设备和现场等生产数据按规范分类接入BIM综合云服务系统、智慧工地等统一平台，打造BIM和智慧工地项目级应用，推动进度、技术、资源、安全和质量等管理的数智升级。

五是提升绿色低碳发展水平。对项目用能和碳排放情况进行综合评价，提高节能管理信息化水平，完善能耗在线监测系统，建立碳排放核算、报告、核查，建立全生命周期碳足迹管理，推进数字化智能化绿色化融合发展。

### （三）数字孪生建设促进建造智慧化

一是夯实智能化转型基础。综合运用数字孪生、5G、云计算、北斗通信等新一代信息技术，建设敏捷高效可复用的新一代数字技术基础设施，加快形成企业级数字化技术创新平台，为业务数字化提供高效数据及一体化服务支撑，加快企业内网建设，优化网络布局，加快上云步伐。

二是提高设备数字化率和联网率。以智能制造为主攻方向，建立数据共享接口，推动工厂、装备、生产线的数字化、智能化、平台化改造，在梁场、轨道板厂、轨枕厂、钢结构厂等率先迭代，升级具有自主知识产权的全自动化生产线，探索智能制造4.0，形成生产动态感知、预测预警、自主决策和精准执行能力。

三是强化信息安全防护升级。结合网络信息安全新形势，构建强有力的大数据安全保障体系，加大工业防火墙等工业信息安全产品在制造工厂的应用推广，搭建制造业典型"云、管、端"三级的工业互联网安全测试床，开展安全性测试和标准化验证工作，全面提高信息安全防护能力。

## 二、中国中铁数字孪生建设的实践

### （一）优化资源配置，提升数字孪生效益

中国中铁数字孪生一体化工作平台作为全公司的统一工作平台，坚持"人员全覆盖、核心业务全覆盖、核心系统全贯通、分级管控运营、交互体验一致"的原则，建平台、定标准、集应用、通业务，全面贯通各层级公司业务生态，打通信息壁垒及沟通屏障，打破应用割裂孤岛，实现系统归集、统一管控。具备全面深化整合多方位应用能力，拓展实现连接用户、连接技术、连接业务、连接设备、连接数据的五大连接能力，加速建立人与人、人与工作、人与业务、人与设备的高效连接。通过统一建设、开箱即用的建设方式，缩短建设周期，减少重复建设。

### （二）打造 BIM 综合云服务平台，建设中铁 BIM 家园

为提高中国中铁信息化项目的 BIM 应用水平，中国中铁 BIM 综合云服务系统从实际业务场景入手，通过项目的阶段性服务应用贯穿项目全生命周期，结合企业级 BIM 管理策略实现自上而下的管理落地，促进以 BIM 为中心的生态搭建。BIM 综合云服务系统着力助推中国中铁信息贯通工程，实现技术贯通、业务贯通、数据贯通，基于 BIM 云联通各项目信息化业务系统，打通数据孤岛。

BIM 门户及云平台作为中国中铁着力打造的 BIM 基础应用服务平台，极大程度地调动中国中铁 BIM 技术应用氛围，规范 BIM 应用技术管理，打造共享共建的合作模式，对于基层单位大幅减少硬件投入，提高建模与协作效率，同时解决

BIM 软件的授权等问题。打造"用户服务 – 运营服务 – 生态圈"的流程闭环，充分结合平台的整体架构及后续扩展性，避免了业务扩展的系统瓶颈，形成集资源服务、管理服务、现场应用一体化的聚合平台。

### （三）推动北斗规模应用，启动央企时空未来

面向工程建设领域，建设行业北斗时空信息服务平台，支撑数字孪生基础服务，平台主要包括精准时空定位及北斗短报文通信服务，通过平台建设为公司提供统一北斗时空服务，实现具备北斗通信及高精度定位的能力支撑，为后续更多业务融合应用开展提供服务，并通过在工程建设领域开展应用示范，验证了平台体系服务能力和数据应用效果，从而发挥北斗对社会经济建设和中国中铁数智升级的推动作用，有效提升相关业务的信息化、数字化水平，平台衍生出基于北斗时空信息服务的新产品和新服务，为北斗系统在关系国家安全和国民经济命脉的主要行业和关键领域实现大规模应用提供重要的基础性支撑。数字孪生需要建设一个先进的时空信息服务平台，具备短报文、精准时空服务、数据共享、交换、分析、统计等功能，并承载示范应用业务系统，推进位置信息服务标准化，最终打造一个时空精准孪生平台。

### （四）打造数智资源共享平台，孵化数字产业模式

构建"1168"平台，共建共享数字生态，加速实现动能转化，已初步形成中国中铁的数字技术共享基座，构建数字双碳新模式。以全体员工、业务应用和技术服务打通为基础能力，建平台、定标准，集应用、通业务，纵向穿透所有组织层级，

直达基层项目一线；横向贯通各类业务生态，打通信息壁垒及沟通屏障，打破信息孤岛；内外连接上下游生态伙伴，提升内部管理流程和供应链协同效率，初步具备"一个平台入口，综合业务处理，高效沟通交流"的生态贯通能力。

### （五）研发数字孪生投建营全生命周期运维解决方案

构建投资建设运营一体化系统，基于 BIM、GIS、物联网等技术，集成并打通设计、制造、施工、投资运营等环节的数据，通过二维码、RFID 等物联网技术实时跟踪项目进展，进行全生命周期管理；建设智慧运维通用平台，深度融合基础设施投资建设与资产管理，集成综合管控、资产管理、设备管理、能耗管理、应急指挥及维护等，共享工业互联网平台的算法、算力服务，提高资产与设备的管理效能，抓实本质安全，降低运营成本，提高资金周转效率和收益水平；拓展投资运营应用场景，基于智慧运维通用系统，丰富智慧城轨、智慧公路、智慧园区等应用场景模块，拓展"新基建、智慧城市、智慧水务、智慧文旅、智慧矿山"等新型市场，全力推动运营项目管理向智慧化方向转型。

## 三、数字孪生的产业应用展望

根据建筑行业的发展预测，统筹发挥战略层面的引领作用，数字孪生产业应用前景广阔。总体规划数字孪生，建设统一的业务架构、应用架构、数据架构、技术架构，制定阶段性目标和长远目标过程中相当数量企业已经开始推进统建业务系统的投资、建设、运维、运营集中管理，实现数字孪生建设的规模化、集约化效应。围绕工程量、成本、物资、机械设备、劳务等项目管理要素，建设面向项目部层面的工程项目统一数字孪生系统，形成以工程量清单为基础、以成本归集为主线的项目全要素管理链条已经成为必然，强化数据应用，通过大数据技术实现合规愿景，建立一个防范、监测和应对的体系，在第一时间监测到问题的发生，迅速反应并有效应对，降低企业各类运营风险，才是赋能行业转型的本质和源动力。按照"总规、总集、总控"的建设原则，需要加快构建集约化、规模化、平台化的数智发展新格局，确保在数字孪生建设过程中，各参与主体分工明确、推进有序、步调一致、形成合力。

（参与本报告研究的还有中铁云网信息科技有限公司 左睿、王聪 等）

# 主题七：关于数字产业化之+AI智慧制造与智慧建造

# 张仲华：装配式+AI智慧制造与智慧建造的实践与引领

中建科技是世界500强企业中国建筑集团旗下开展建筑科技创新与实践的"技术平台、投资平台、产业平台"，公司成立于2015年，是中建集团积极响应国家新型建筑工业化、智能建造等建筑产业转型升级政策要求，首个孵化成功的创新型企业。

中建科技自成立以来，深度聚焦智能建造方式、绿色建筑产品、未来城市发展，致力于智能建造推动生产方式变革，服务未来城市建设发展，在智慧制造与智慧建造方面开展了诸多实践，具有行业引领优势。

中建科技所承建的深圳市长圳公共住房及其附属配套工程项目位于光明区凤凰街道光侨路与科裕路交会处东侧，又名"凤凰英荟城"，项目概算总投资57.97亿，用地17.7hm²，总建筑面积116.44万m²。其中住宅建筑面积81万m²，商业建筑6.5万m²，公共配套设施3.2万m²。该项目于2021年底完成竣工验收，提供公共住房9672套。

该项目秉持"**以人为本、高质量发展**"理念，集结高端人才和资源，**在智慧制造和智慧建造领域开展前沿实践**，挖潜技术和管理创新，践行"**住有所居**"向"**住有宜居**"的提升，为深圳"**双范**"城市建设探索和铺路。

长圳项目整合**全产业链发展能力**，在业内率先提出并实践了"研发+设计+制造+采购+施工（管理）"一体化的装配式建筑 REMPC 五位一体工程总承包模式。在产品成套技术基础上，以成熟先进的技术体系（R）为**支撑**，以广为市场认可的设计产品（E）为**引领**，以智能化制造工艺（M）为**依托**，以全国首创的装配式建筑**智能建造平台**为支撑，有效实施**统一集采（P）**和全过程**施工管理（C）**，形成与传统施工企业不同的**差异化竞争能力**。

项目自开工以来积极申报并完成各类创优创奖，目前设计类获奖1项、已评定1项中建科技级施工工法、已申报2项发明专利、已发表3篇论文、深圳市级新技术1项，已申报国家级、建设部级、深圳市级及中建集团示范工程或小区4项、中建集团级工法1项、课题研究等13项。截至目前，项目共计接待观摩530余次，其中**国家级6次**、**省部级37次**、**市局级122次**、行业协会17次；共计接待近21000人次。

## 一、引领智慧制造与智慧建造的实践

中建科技凝聚了智慧制造与智慧建造人才与技术资源，引进装配式建筑领域国家级专家5人、各领域专家100余人、新型建筑工业化专业人才1000余人，在高端人才队伍建设上取得积极成效。组建"院士专家工作站"，聘请多名海内外院士、长江学者任学术顾问；积极对接外部高端资源，联合打造多个科技创新平台；开发了"工业化、数字化、一体化"智慧建造平台，积蓄了创新发展势能。

担当多项国家课题研发任务，获省部级以上科技奖励16项，取得受理或授权发明专利70项。主参编《装配式建筑混凝土建筑技术标准》等5部国家标准及10余部地方及行业标准，形成了一定行业影响力。

在长圳项目中，依托公司智慧制造与智慧建造优势，采用一体化设计等先进手段，将先进技术全方面应用于项目管理、施工全过程，通过智慧制造与智慧建造的成果实践，引领行业发展。主要包含以下方面：

### （一）智慧建造全方位支撑降本增效

中建科技自主研发中国建筑智能建造平台，该平台是全球首创并具有自主知识产权的"装配式建筑智慧建造平台"，融合设计、采购、生产、施工、运维的全过程，突破传统点对点、单方向的信息传递方式，实现全方位、交互式信息传递。

**投标阶段，**通过正向设计，以一体化思维将"全员、全专业、全过程"因素融入商务招采的管理范畴，在"一体化智慧建造平台"上开发了"智慧商务"系统。"智慧商务"以成本数据标准化为手段，将投标各个阶段造价数字化进行串联管理，把与造价有关的因素，以合约的角度进行数字化并联管理，使各管理方按合同规定协同工作，让企业管理层实现"无报表化"管控项目风险，实现了管理行为的数字化，提高了管理效率。因为智慧建造平台的成功应用，中建科技以带方案的EPC投标，协同院士团队，以方案第一的身份中标政府创新投标模式战胜9家著名房企。

**设计阶段，**通过智慧建造手段，实现生产、施工、运维的前置参与，在设计阶段就可以进行全过程的模拟预演，并在生产、施工、运维阶段通过BIM信息化模型实现信息交互，实现"全员、全专业、全过程"的三全BIM信息化应用。各专业共同结合正向设计，实现建造全过程的"数字孪生"。该项目依托智慧建造、数字设计等先进技术，自主研发可持续"无限系"户型，获国际竞赛唯一特等奖。具有平面标准化、立面标准化、构件标准化、部品标准化四大特点。

**施工阶段，依托智慧建造技术**，完成全自动巡航飞行及图像采集，通过边界重叠算法生成现场三维模型，用于智慧工地管理。长圳项目以鲁班奖、詹天佑奖为目标，总工期1248d。在质量管理目标方面，实现质量一次性验收合格，获中国建设工程鲁班奖、国家优质工程奖、广东省建设工程优质奖、深圳市建设工程优质奖、QC成果奖。在安全管理目标方面，杜绝死亡、重伤事故，轻伤事故频率不超过1‰，创全国建设工程项目施工安全生产标准化工地、广东省建设工程项目施工安全生产标准化工地、广东省房屋市政工程安全生产与文明施工示范工地、深圳市建设工程安全生产与文明施工优良工地、观摩工地。

### （二）智慧制造工艺全面塑强全产业链优势

中建科技自成立以来，全力攻克智慧制造工艺难关，广泛布局装配式建筑构件生产基地，全面塑强全产业链优势。其中，中建绿色建筑产业园为长圳项目持续提供构件。该产业园位于深汕特别合作区，占地480亩，对标国际一流打造中国最好的绿色、智慧、健康高品质建筑产品智造园区。中建绿色建筑产业园2017年成立，设计产能22万 $m^3/a$，是广东省"装配式建筑产业基地（部品部件生产类、教育培训类）"及"深圳市装配式建筑（部品部件生产类）产业基地"。

**在生产管理端，与智慧建造平台充分联动**，开发基于BIM的装配式智慧工厂管理平台，作为构件厂的生产运管系统。实现了预制构件设计信息无损上传平台、工厂读取信息加工构件，打通了装配式建筑 BIM 设计到生产，有效提升了生产效率。加强质量管控能力，减少了工厂人工工作量，缩短了生产周期，降低了全过程成本。

**在生产技术端，通过引进、自主研发先进智慧制造技术等手段**，形成基于 BIM 的预制装配建筑体系，同时 PC 工厂引进世界一流成套混凝土预制构件生产设备，包括德国艾巴维双皮墙生产线、比利时艾秀预应力空心板生产线及意大利普瑞钢筋加工生产线。其中双皮墙板生产线可将 BIM 产品信息直接导入系统，由程序控制清模、置笼、浇筑及养护等生产全过程，实现构件自动化生产。

## 二、发展智慧制造与智慧建造的建议

**坚定信心，大力发展智慧制造与智慧建造**。智慧制造与智慧建造是建筑产业发展的大势所趋，然而，建筑产业转型升级不是一蹴而就，也不是一两个五年计划就能做好。"十四五"期间应该继续大力发展智慧制造与智慧建造。建议继续加强智慧制造与智慧建造发展顶层设计，重点研究市场导向机制，围绕建筑产业转型升级，打造智慧制造与智慧建造工程建设管理新模式。

**创立试点，推动智能建造和装配式建筑协同发展**。装配式建筑由于其流程的标准化与生产方式的工业化，与智能建造能产生天然融合。建议持续推动智能建造和装配式建筑协同发展，在全国树立智能建造样板城市，遴选智能建造试点企业，探索"研发+制造+总装"工程建造模式，将施工现场作为房屋总装车间，将技术研发成果在总装车间集成应用，将工厂制造的产品在总装车间完成组装。同时通过智能建造产业互联网的研发、集成及应用，促使建筑行业发生根本性变革，用创新的思维发展新型建筑工业化，构建与现代化、工业化建造先进生产力相适应的生产关系及产业业态。

**培育龙头，完善与智能建造相适应的管理模式。**以市场为导向促进优胜劣汰，引导行业健康发展。重点发展具备设计、生产、施工一体化智能建造能力，按照先进制造业要求打造的企业主体，给予政策倾斜，通过规模化智能建造项目的具体实施，带动全产业链条各终端企业齐头并进，改革市场完善竞争规则，以市场为导向，孵化建筑产业的"波音"和"空客"，培育若干建筑产品"系统集成商"，打通产业链，培育供应链，形成价值链，促进装配式建筑良性发展，形成智能建造产业集群，打造新兴产业业态。同时，进一步完善与智能建造相适应的管理制度，比如将 EPC 项目部作为管理主体制定相应政策，加快智能建造 EPC 工程总承包推广。在资源方面予以合理倾斜，积极培育龙头企业，打造世界一流、中国特色的产业链条。

（参与本报告研究的还有中建科技集团有限公司 樊则森、贾宁、周钰）

# 冯大阔：PC 装配式 +AI 智慧制造与建造的中建七局方案

建筑产业是实现数字化转型升级的重要场景，要加快提升智慧建造水平，实现行业转型升级和高质量发展，真正实现中国制造 + 中国创造 + 中国建造。《"十四五"建筑业发展规划》和 2021 年全国住房和城乡建设工作会议均要求大力发展装配式建筑，推动智能建造与新型建筑工业化协同发展，加快推动建筑产业转型升级。建筑生态与数字生态的深度融合与双螺旋发展已成为建筑产业新生态的重要特征，智能制造与建造已成为 PC 装配式的必然发展方向。

中建七局作为中建总公司的骨干企业和全产业链投建专业化企业，从 2010 年就开始进行 PC 装配式的研究推广工作，研发了具有自主知识产权的装配式环筋扣合混凝土剪力墙结构体系，结合结构体系研制了智能制造与建造成套技术及装备，并成立专业公司进行产业化推广应用。树立了企业装配式建造品牌，为我国 PC 装配式发展做出了创造性贡献，对建筑产业转型升级具有重大推动作用。这里主要介绍其在 PC 装配式结构体系、智能制造与建造等方面的引领性实践与思考。

## 一、装配式环筋扣合混凝土剪力墙结构体系

装配式环筋扣合混凝土剪力墙结构体系（图 1）主要由预制环形钢筋混凝土内外墙板、预制环形钢筋混凝土叠合楼板和预制环形钢筋混凝土楼梯等基本构件组成。在装配施工现场，

墙体竖向连接通过构件端头留置的竖向环形钢筋在暗梁区域进行扣合，墙体水平连接通过构件端头留置的水平环形钢筋在暗柱区域进行扣合；而后在暗梁（暗柱）中穿入水平（竖向）钢筋，浇筑混凝土连接成整体。通俗地讲，该 PC 装配式结构体系主要采用预制剪力墙 +3 板 PC 结合"后浇带原理"连接技术，可使结构达预制率 75%、装配率 100%，减少现场建筑垃圾 90% 以上和现场劳动力 70% 以上。解决了既有连接方式存在就位难、检测不便、质量不易保证等难题，被有关专家称之为 PC 装配式 3.0 版。

图 1　装配式环筋扣合混凝土剪力墙结构体系

针对 PC 装配式结构体系，进行了环筋扣合节点连接性能、剪力墙滞回性能和抗折、三层足尺子结构拟静力与拟动力、建筑实体自振周期等系列试验；论证了环筋扣合连接方式安全可靠，结构体系抗震性能良好。在此基础上建立了节点承载力和环扣长度计算方法，提出了相应的构造措施，形成了系统的设计技术，发展了我国装配式建筑设计方法，构建了墙与墙、墙与楼板、墙与楼梯等整体连接方案，研发了轻质内隔墙、"四页三防"外墙、预制楼梯、装配式安装和装修等多种配套部品和工艺。基于该连接方式，改进研发了装配式环扣叠合结构体系、内剪外框环扣体系等；累计授权发明专利10余项、实用新型专利30余项，编著装配式系列教材6部，主编相应的国家行业标准1部、地方标准和定额5部，推动了PC装配式由半装配结构体系向全装配结构体系发展，为推进我国PC装配式的发展提供了全新解决方案，是PC装配式的一次重大突破和全面提升。

## 二、关于装配式环筋扣合结构AI智慧制造

构配件的生产制造是PC装配式的关键环节，构配件生产的质量决定了装配式建筑的品质。建筑构配件的生产制造在工厂里进行，实现了从现场建造向工厂制造的转变，为其进行智慧制造提供了得天独厚的条件，并有助于提升工程项目后期的智慧建造水平。

装配式环筋扣合结构智慧制造主要通过开发和应用智慧制造系统，实现相关制造流程和资源的合理统筹；通过信息技术驱动智能设备，使构配件生产过程充分融合数字化、智能化、柔性化和高度集成化。主要开展了以下几方面工作：一是基于BIM的设计软件与深化设计，快速检查设计的构配件是否符合设计标准，提取构配件生产所需要的材料信息，并输入生产机械，为智慧制造提供基础数据支撑。二是管理平台软件，主要实现流程、物资、设备、管理的协同工作与仿真模拟，实现生产流程的优化以及自动生产排产，提高构件生产效率和质量。三是智能生产设备，其是智慧制造的物质基础；主要应用了划

线定位、模台清理、钢筋网片加工、模具定位、预埋件安装、混凝土浇筑与养护、翻转起吊等机械手或设备；特别是研发应用了三维智能追光式太阳能与燃气联动的分区控温立体蒸养系统，有效提升了预制构件的蒸养质量，减排增效、节能降耗效果显著。四是智慧监控系统，包括设备监控、流程监控、环境监控、质量检测等。五是智慧存储与运输，在构配件内植感应芯片（RFID）或外贴标签（二维码），通过绑定网格化堆场库位，形成成品堆场电子地图，管理成品的入库、查询、移库、出库以及运输计划、顺序、路线、追踪等环节。六是集成化的部品部件；目前主要研究应用了阳台、飘窗、L形"四页三防"外墙等异形预制构件以及整体式厨房、卫生间等部品部件的高精度高质量生产工艺，在提高预制构件生产质量和整体性的同时，为施工现场PC装配式智能建造奠定基础。

应该看到，我们的PC装配式智慧制造虽然有较大进展，但也存在很多问题需要改进，如国产装备智能化程度不高、国外装备价格昂贵，现阶段构配件生产的智慧化技术集成应用不够，构件生产仍以半自动半人工排产生产的方式为主，达不到类似汽车行业的工业级精细化水平；生产设备也未完全实现有效协同，达不到依靠一个系统实现整个工厂的无人化运行，更多的是依靠一系列信息系统和智能设备局部代替和辅助人工生产。构件生产与现场装配仍有较大脱节，生产效率不高、精度质量不够，安装效率低。要真正实现PC装配式智慧制造，需紧密围绕数字化开展协同设计、生产和管理工作，构建数字生产线和物理生产线。数字生产线实现设计、排产、监控、调度等数据流动的智慧化。物理生产线则可通过原设备的智慧化改造以及新设备设计应用实现智慧化，实现对人工的替代，达到工业级精细化智慧制造，打造无人或少人工厂。

## 三、关于装配式环筋扣合结构 AI 智慧建造

PC 装配式的现场建造是生成建筑产品、实现设计意图的最终环节，也是实现 PC 装配式智慧化的关键环节。目前，主要采用两种方式来推进 PC 装配式智慧建造。

一是智慧管理平台+传统施工装备改造。主要是对塔吊的吊运机构进行改造，辅之以可调式三维定位锥、可调节三脚架等专用装置，以传统施工方式进行 PC 装配式智慧建造；实现了人员、设备、物料、技术、质量、安全、环境等的智慧管理。主要应用场景包括施工平面布置与优化、预制构配件管理和质量跟踪、施工工艺仿真模拟和可视化交底、装配过程仿真模拟、障碍物识别与防碰撞，以及施工、构件厂、物流等单位进度协同。一定程度上实现了现场作业人员、项目管理者、企业管理者协同管理，提高了施工质量、安全、成本和进度的控制水平。

二是研制新型 PC 装配式智慧化综合施工装备，以全新理念进行 PC 装配式智慧建造。第一种方式中对传统施工装备进行了改造，但在 PC 装配式施工中仍存在自动化程度低、就位难度大、施工效率低、劳动强度高、安全保障困难等难题。因此，依托"十三五"国家重点研发计划项目"施工现场构件高效吊装安装关键技术与装备"，研制了适合我国国情、具有自主知识产权的装配式建筑智慧吊装综合装备。该装备将构件吊运和安装等功能集于一体，具有数字化、智能化、模块化、平台式等特点；实现了构件自动取放、吊运路径规划和自动寻位、调姿、就位精度微调、快速临时定位、吊装安装自动控制、接缝

混凝土快速布料等智慧建造功能。施工效率提高15%，减少用工50%以上，构件就位精度±5mm、位置监测精度±3mm，构件方位角精度±1°；有效保障了施工安全，提高建造效率，提升建筑品质。

目前，PC装配式智慧建造主要以智慧管理平台+传统施工装备改造为主，PC装配式智能建造集成装备凤毛麟角。未来，基于装配式建筑自身特点的智慧建造装备将会更多涌现，配以贯穿项目全过程的智慧平台，实现装配式建筑的数字孪生虚拟建造和实体建筑装配建造，连接项目各参与方、各施工阶段、各个专业、各个流程、各个要素，达到施工现场"人机料法环测"各关键要素实时全面智能地感知、分析、决策和监管，实现企业和项目的信息共享、高效协同以及全产业链的流程优化和资源配置，提供一站式数字化、网络化、智能化服务，提升PC装配式智慧建造水平。

## 四、推进PC装配式+AI智慧制造与建造的几点思考

推进PC装配式智慧制造和建造，具有重要的意义和明确的方向。但是，仍存在很多障碍和问题，推进的道路曲折漫长。基于在PC装配式智慧制造与智慧建造方面的实践与引领，我们认为需要重点从四个方面进行发力推进。

**一是以全产业链思维系统推进PC装配式+AI智慧制造与建造。** PC装配式智慧制造与建造互相联系，相辅相成；是研发、设计、生产、施工、运维等全产业链中的重要环节。实践表明，单纯从生产、施工过程推进PC装配式+AI智慧制造与建造，难度很大，效果也不明显；要从全产业链的角度以系统

化思维来推进；将智慧制造和建造放在全产业链中进行审视和推进，综合考虑结构体系、设计、采购乃至运维要求。反过来，PC装配式智慧制造与建造也需要其他阶段的配合。比如，要实现智慧制造，就要在结构设计及构件拆分、采购等阶段充分考虑其需求；同样，要实现智慧建造，也需要在结构设计与拆分、构件生产阶段充分考虑其需求。

**二是要全方位、多角度推进PC装配式+AI智慧制造与建造。**PC装配式智慧制造和建造不是简单地将传统生产和施工环节进行信息化、自动化和智慧化，而是工业化建造技术和孪生式数字技术的深度融合，既包括技术和管理的智慧化，也包括设备的智能化；更将从建筑产品形态、建造方式、经营理念、市场形态以及行业管理等多方面重塑建筑行业。因此，推进PC装配式智慧制造与建造，不能仅从技术角度进行，需要全方位、多角度进行推进。既需要对传统生产方式与工艺设备进行变革，又需要对建造产品设计构造与设计方式进行变革，更需要对传统产业模式和建造理念进行变革。

**三是注重AI智慧制造与建造数据自动采集与价值挖掘。**PC装配式智慧制造与建造的一个重要基础就是数据采集与积累。数据在设计、生产、运输、装配等过程中应该保证其可以得到实时采集、稳定储存、高效传递和充分利用，才能发挥数字化技术在PC装配式中的应用优势。因此，要对智慧制造和建造的数据进行合理采集、快速传输、高效分析和科学使用，利用大数据分析优化管理模式、物料派送、生产排产、吊运路径、调姿定位等，提前分析安全、质量、成本、进度等主要影响因素，及时识别隐患并采取措施进行预警预防，使数据价值最大化。

**四是加强AI智慧制造与建造装备的研发和应用。**在实现智慧制造和建造的进程中，智能化设备是重要物质载体，其地位和意义不言而喻。传统建筑施工装备用于 PC 装配式施工时存在诸多问题，难以满足施工需求，已成为制约新型建筑工业化发展的瓶颈之一。因此，要加强适用于 PC 装配式智慧制造与建造设备的研发，构建数字生产线和物理生产线，实现数字孪生虚拟建造和实体建筑装配建造；有效替代人工进行安全、高效、精确地生产和施工作业，达到更多领域的无人、少人管理；规避安全风险，降低劳动强度，节约资源，提升效率，有效提高建筑的经济性和可靠性，真正推动 PC 装配式智慧制造和建造的发展和水平。

综上，在数字化变革浪潮和国家深化建筑产业改革的形势下，大力推进智慧建造与新型建筑工业化协同发展已是大势所趋。目前，我们在 PC 装配式智慧制造方面进行了六个方面的实践，在智慧建造方面进行了新型 PC 装配式智慧化综合施工装备的研究探索。未来，要以系统化、全产业链思维全方位、多角度推进和实现 PC 装配式 +AI 智慧制造与建造，研制应用专用装备，充分挖掘数据价值。PC 装配式 +AI 智慧制造与建造的推进和发展，必将为整个建筑产业的发展变革与转型升级注入新的活力，更好地促进我国建筑行业的转型升级和高质量发展。

（参与本报告研究的还有中建七局工程研究院 陈静、程晟钊、中建科技（河南）有限公司 魏金桥）

# 徐 坤：全钢结构全装配式+AI智慧制造与建造的新实践

建筑产业是我国国民经济重要的支柱产业。根据《中国建筑能耗研究报告（2020）》数据，建筑行业碳排放占全国碳排放总量的51.3%，是"做好碳达峰、碳中和工作"的关键领域。2021年9月、10月国务院相继发布关于碳达峰、碳中和的指导意见和实施方案，提出要大力发展节能低碳建筑、大力发展装配式建筑，工程建设全过程实现绿色建造。可见，发展装配式建筑是实现绿色建筑及绿色建造的重要途径，也是贯彻新发展理念，助推"双碳"目标达成的重要手段。在国家大力推广装配式建筑的背景下，中建科工紧跟国家政策导向，积极推动建筑产业工业化、智能化、绿色化转型，在钢结构装配式建筑产品开发、智能制造及智慧建造等方面先行先试，取得了一些实践成果。

## 一、全钢结构全装配式建筑产品开发实践

中建科工秉承"以绿色为引领，以钢结构为核心，以集成为手段"的理念，践行建筑工业化道路，致力于成为绿色建筑的产品开发商和产业集成商。通过研发设计、试验完善、产品推广"三步走"策略，在钢结构装配式建筑的**体系、标准、产品、产线、模式**方面积极探索。

**体系**。自主研发设计了 GS-Building（General Steel Building）和 ME-House（Modular and Ecological House）两大钢结构装配

式技术体系。其中，GS-Building 主要由钢框架结构、围护（三板）、SI 体系组成；ME-House 则高度集成了钢框架结构、围护结构、水电、装修、智能化等系统。基于两大技术体系，围绕结构安全性、建筑舒适性，开展了《标准化装配技术与工艺体系研究》《模块化钢结构体系建筑产业化技术与示范》等 10 余项国家及省部级课题研究，完成各类试验 220 余项，保障了钢结构装配式建筑的性能和品质。同时建设了包括天津赛达公寓、模块化绿色人居等多个样板楼、实验楼，验证完善钢结构装配式技术体系。

**标准**。积极参与行业政策制定与发展，配合钢结构装配式建筑发展做好顶层标准设计，先后共主（参）编钢结构装配式建筑相关的国家、行业规范（图集）20 余项。特别是，参与制定住房和城乡建设部《钢结构住宅主要构件尺寸指南》、团体标准《钢结构模块建筑技术规程》、深圳市《小型项目装配式钢结构应用指引》等文件，为钢结构装配式建筑的大规模推广创造了条件。

**产品**。以民生需求为出发点，从施工思维、工程思维向产品思维转变，研发形成了学校、医院、写字楼、住宅、产业园、酒店等六大系列产品。针对"四防"（防裂、防水、防腐、防火）、保温、隔声等热点问题，研究形成了 107 种节点构造、200 余个解决方案，提升钢结构装配式建筑品质。在 GS-Building 体系方面，累计承建学校百余所，覆盖了从幼儿园、小学、中学到大学的全部类型。包括全国最大的钢结构装配式学校石家庄信息工程学院、APEC 能源智慧社区最佳实践金奖的巴布亚新几内亚布图卡学园等。承建了三甲综合医院、各类专科医院、应急医院等各类医疗建筑，包括全国首个 9 级抗震区三甲医院凉山州西昌人民医院等。在湛江、武汉、成都等多个城市承建钢结构装配式住宅。其中，广东湛江公租房项目获批国家钢结构住宅建设试点项目（全国仅2个）。2021年5月成功召开了国家级钢结构住宅观摩会，获得住房和城乡建设部领导、院士专家的高度肯定。

**在 ME-House 体系方面**，研究形成了模块化建筑工厂流水线生产制造工艺及现场搭积木式安装成套技术解决方案。同时根据宜居住、快速部署、设备存储等不同功能需求，开展了模块单体组合研究，形成了从国内到国外、民品到军品的多场景系列产品，应用于高端公寓、酒店、快装式营房等领域。包括符合澳新标准的新西兰8~10层的模块化公寓样板、某快速部署600人军营、华为海外数据中心等。

**产线**。装配式建筑的重要特征之一就是部品部件工厂化生产。作为国内最早一批探索装配式建筑的企业，公司在全国布局"东西南北中"五大现代化钢结构制造基地。其中，在中建钢构广东有限公司固化并建成了国内首条重型H型钢智能制造生产线，获评2017年工业和信息化部"智能制造综合标准化与新模式示范项目"。2021年建设了钢结构模块化生产线，具备了涵盖结构、装修、机电等全专业总装集成能力。

**模式**。EPC模式通过设计前置，拉通采购、施工等多个环节，统筹考虑结构、机电、装饰等专业一体化设计，以及部品部件的供应与装配工艺，有效解决传统模式设计、采购、施工之间的割裂问题，实现快速建造和高品质交付，以及项目综合效益最大化，并在深广渠江云谷等项目成功实践（建筑面积26.8万 $m^2$，共36栋单体，524d完成）。

图 1 深广渠江云谷项目实景图

## 二、全钢结构全装配式建筑智能制造

2015 年国务院印发《中国制造 2025》，作出全面提升中国制造业发展质量和水平的重大战略部署，提升中国制造的关键在于实现智能制造。公司围绕钢结构智能制造，在智能工厂管理云平台、设计协同、机器人、智能产线等方面积极探索，以技术变革推动生产过程的数字化、智能化。

**搭建钢结构管理云平台。** 利用平台拉通业务管理到车间生产的数据流，依托计划管理、钢材管理、智能下料集成、焊机群控、仓储物流管理、大数据分析六大功能模块，对生产进度、物料流转、设备状态、能源消耗进行实时监控与跟踪。建立大数据模型，对工艺参数、状态参数、设备能耗、材料使用、人员投入等关键数据进行综合分析，在最优工艺参数计算、生产节拍动态调整、库存状态预测等方面提供辅助决策。

**搭建深化工艺协同平台。** 研发虚拟零件库与套料软件，将建筑 BIM 模型分解得到零件清单，应用自动排版技术，将零件清单通过协同平台自动转化成制造工艺文件及设备加工代码,并由平台直接下发到车间设备终端执行加工作业,拉通前端设计到后端生产的作业流程。

**研发机器人装备及控制系统**。集成研发焊接、坡口切割(图2)、零件分拣(图3)、AGV四大类机器人,在构件焊接、零件加工与分发、配件物流等环节替代人工作业。研发配套的集成控制系统与作业平台,自动完成目标识别、配件定位与翻转等,与机器人整合组成一体化机器人工作站,代替组装焊接过程中的人工作业。研发机器人快速编程及特种焊接等6项核心技术,建立不同规格的焊接参数专家数据库,为机器人智能运行提供核心数据资源。

图2 坡口机器人

图3 分拣机器人

**迭代升级智能生产线**。组建智能下料、部件加工、自动铣磨、自动组焊矫、全自动锯钻锁、机器人总装、自动喷涂7大加工中心,对制造工序进行模块化管理。各加工中心通过集成控制系统从管理云平台及深化工艺协同平台接收任务数据与参数信息,实时反馈进度情况与状态信息,实现从原材下料到成品发运的全过程数字化管理。相比传统产线,生产效率提升20%。

## 三、全钢结构全装配式建筑智能建造

智能建造作为建筑产业数字化的重要组成部分，是新一代信息技术和工程建造的有机融合。主要从管理数字化与装备智能化两方面进行了实践。

### （一）打造智能建造平台

针对钢结构装配式建筑施工特点（构配件管理、现场设备管理尤为重要），在项目劳务实名制管理、车辆管理、环境监测等进行智慧管理的同时，重点研发并实施以下措施：

**一是进度分析模型**。应用 BIM 轻量化、移动互联网、物联网、数据集成等技术，对装配式建筑部品件制造、安装过程进行状态跟踪，实时在 BIM 模型中展现制造、安装进度，直观反映工程进展情况，为施工进度管控提供参考。

**二是精准在途管理**。通过集成 GPS、芯片、无线通信等技术，研发车辆定位感应装置，实时发送在途车辆的位置与状态信息，结合电子地图进行可视化展示，实现部品部件运输车辆的精准在途管理。

**三是部品部件现场管理**。应用物联网技术对部品部件的入场、堆放、搜索、调运进行管理，实现对有限场地构配件的高效、精准管理。

**四是现场施工设备管理**。通过采集和分析项目塔吊、升降梯等现场施工设备监控数据，建立数据分析模型，分析设备工作时长、运行次数、利用率等，为人员、物资运输、施工部署调整提供精准支撑。

## （二）研发智能装备

结合钢结构装配式建筑现场安装的需求开发了以下设备：

**一是墙板安装机器人**。针对装配式建筑中常用的 ALC 墙板安装存在的工人劳动强度大、效率低、安全风险大等问题，自主研发了适用于 5~6m 大型 ALC 墙板及 2~4m 长的小型 ALC 墙板的安装机器人。通过配置激光测距传感器、陀螺仪、避障雷达、重力传感器等技术设备，使其具备视觉识别、距离、重力等感知能力，可实现 ALC 板从抓取、举升、转动、行走、对位、挤浆等安装全过程的自动化。经测算相比传统的人工作业人员投入节约 70%，安装效率提升 2 倍以上。

**二是数控无尘切割设备**。实现板材现场切割过程的数控机械化和无尘化，保证板材切割质量，降低板材损耗，减少切割粉尘和噪声。墙板数控无尘切割系统荣获美国 Muse 2021 金奖。

**三是现场焊接机器人**。自主开发了工地 mini 型弧焊机器人。其行进方向界面尺寸仅 500mm×500mm，可进行狭小空间焊接，且焊接执行机构重量不到 18kg，方便工人现场搬运安装。同步开发了焊接数据库及视觉感知系统，自动感知焊接场景，匹配焊接参数。经应用测算工地焊接机器人比传统人工焊接效率提高 30% 以上。

**典型案例：深圳国际会展北某酒店**

项目位于深圳国际会展中心北侧，总用地面积 10.3 万 $m^2$，建筑面积 31 万 $m^2$，共 25 个单体建筑（包括 6 栋 18 层高层酒店、4 栋 7 层多层酒店、1 栋 18 层宿舍楼、1 栋 7 层宿舍楼、13 栋配套办公及设备用房）。项目定位为国际友人隔离防疫酒店，按照三星级标准建设，可满足 5400 人使用（包括隔离人员 4700 人，服务人员 700 人）。同时兼顾疫情后的酒店使用需求，可快速实现"平疫结合"功能转换。

图 4　深圳国际会展北某酒店

图 5　客房实景图

图 6　酒店走廊

项目采用 IPMT+EPC 模式，高层采用 GS–Building 体系，多层采用 ME–House 体系，内墙轻钢龙骨隔墙、外墙单元式幕墙，全装配式装修，空调采用 VRV 房间微负压、机电管线工厂制作、现场装配。钢构件在工厂利用智能生产线制造，现场采用上述智能建造技术，116d 高标准完成建设及交付，第

124d 正式投入使用，为 2022 年春节期间深圳疫情防控提供了重要保障。部分实施情况如图 7～图 10 所示。

图 7　ME-House 生产线（侧板线+总装线）

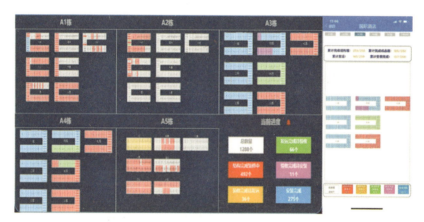

图 8　设计可视化楼层箱体地图，实时掌握施工进度

图 9　应用 BIM+二维码+GPS 定位，实现部品部件精准在途管理

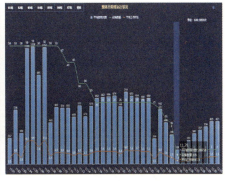

图 10 对现场施工升降梯利用率进行分析,为其拆卸时间提供依据

## 四、结语

随着数字经济和绿色经济新时代的到来,未来 10 年将是建筑产业变革最大的 10 年,也是变革最快的 10 年。建筑企业要抢抓建筑工业化、智能化、绿色化的发展机遇,以产品思维,践行和完善"钢结构装配式+EPC+BIM"模式,实现建造过程的绿色及最终产品的绿色,以实际行动贯彻新发展理念,推动建筑产业高质量发展。

(参与本报告研究的还有中建科工集团有限公司 廖彪、孙伟、史飞剑)

# 倪 真：中国铁建聚焦智慧建造实现数字化转型的创新

## 一、建筑产业数字化转型的核心是智慧建造

### （一）建筑产业工程项目转型是关键

建筑产业核心业务本质上是项目，特征是标准化的建造要求和阶段流程，特点是每个建筑产品都是个性独特的。通过数字化技术，围绕工程项目开展生产和经营活动，提取标准化的工艺、工法和建造流程，以最优化的项目管理方式，实现每个建筑产品的智能生产。让每个工程项目转型成功，是决定企业健康运营、产业可持续发展的关键。

### （二）工程建造的转型是首选

以工程建造作为转型突破口，成效显现快，是建筑业产业数字化最优解。建筑业以工程承包和管理为主，针对行业特征，通过轻量化的新一代信息技术投入，发挥建筑业项目制管理优势，将数字化技术与设计、施工、运维等阶段丰富的场景管理结合起来，实现作业行为、过程的数字化管理，投入相对较低即可快速显现成效。

### （三）智慧建造是智能化发展的高阶愿景

智能化建造是利用物联网等新一代信息技术，将设备、材料、人员等生产要素互联互通、远程共享，通过多维感知、交互、可视化、高性能计算及智能化决策等功能，构建智能化系

统，实现数字驱动下的工程全生命周期一体化集成和精益管理，促进各相关方高效协同，提高工程建造智能化水平，达到减人提质增效目的。智慧建造则是基于大数据、算法构建智慧大脑，实现少人或自主决策的指挥调度、自主施工、智慧管控等，是智能化发展的高级阶段。

## 二、国内外智慧建造技术与应用情况

### （一）国外侧重新兴技术局部深入应用

2015年以前，国外学者聚焦信息技术在建筑工程设计、施工阶段进度、资源管控和效率提升方面的应用实践研究，如：应用BIM技术实现大型施工项目进度管理和现场管控[3]；基于BIM+RFID实现实时管理[4]；运用BIM技术搭建结构框架与模拟仿真系统，用于复杂建筑结构工程量计算和动态工期优化[5]。2015年起，开始运用AI、可视化、虚拟化等技术开展规划模拟、施工模拟、建筑材料与能源评估、数字模型指导运营等应用研究。将4D可视化技术用于建筑规划模拟，帮助分析工作空间冲突等施工问题[6]。利用机器学习、决策理论和分布式人工智能等技术设计沥青道路施工的智能系统，并对比智能模拟与实际数据差异[7]。利用虚拟化技术对建筑能源使用与环保指标实现合理分析和评估[8]。利用层次分析法和模糊法建立智能信息模型，实现建筑用料估算[9]。Tetik等人提出了一种数字化建造建筑方式，并用建成的数字建筑模型指导建筑物全生命周期运营[10]。总体尚未对智慧建造进行系统化定义和平台化研究。

## (二)国内智慧建造广泛尝试全面发展

2015年以前,建筑产业信息化标准初步建立,以 BIM 为基础的设计阶段数字化建造是研究重点,可视化等技术开始被发掘[11],智慧建造理念逐渐出现。2015年以后,聚焦智慧建造关键技术路线、服务平台模型、管控机制与评价体系等理论研究。孙连营等人提出了绿色、可持续的智慧建筑发展目标,总结了智慧建筑未来发展技术路线[12]。张艳秋基于智慧建造理念,设计建造服务模型,开发了建造知识服务平台,提供知识的采集、存储、共享等服务[13]。刘晓丽围绕智慧建造理念开展了项目管理研究,建立了项目全生命周期管控机制和评价体系[14]。李久林等介绍了几个"智慧建造试点应用"中关键技术应用情况[15]。张云翼等整理研究了国内外 BIM 与"云、大、移、物、智"等技术的集成应用情况[16]。国内智慧建造研究关注度不断提高,研究方向较为全面但成果尚在起步阶段[17]。

## 三、数字化转型驱动建造模式变革

智慧建造在 2010 年被首次提出,2016 年作为建筑产业数字化发展目标写入住房和城乡建设部《2016—2020 年建筑业信息化发展纲要》。2020 年推动智能建造与建筑工业化协同发展、加快新型建筑工业化发展等一系列政策指出了建筑产业工业化发展和智能建造行动路径,为建筑产业转型升级提供了基本遵循。

## (一)智慧建造模式日趋完善并产生积极影响

在战略引领和政策指导下,立足工地融合新兴技术建设智慧工地，实现信息互联互通和生产作业智能化[18]。随着智慧工地建设内容的增补完善带动施工模式不断革新，将新兴技术扩展应用到工程全生命周期，实现工程项目信息的集成管理和快速传递[19]，智慧建造模式演化成型并带来积极影响：显著提高建筑产业信息化管理水平，实现项目全生命周期智能管理和全产业链相关方信息与数据的互联互通，推动传统建造模式变革升级。

## （二）中国铁建产业数字化行动提速

当前中国铁建智慧建造体系聚焦生产端，深化以 BIM 技术为核心的数字化建造技术研究，强化与设计、施工、制造和运维阶段深度融合，形成"统一模式、统一标准、统一管控、统一平台、兼容并蓄"的建造新模式，实现产业链协同、数据流贯通。具体包括：

设计阶段，创新勘察设计业务的组织方式、流程和管理模式，构建智慧设计平台，加快新兴技术创新和应用，以点带面实现勘察数字化、全专业正向设计、可视化设计、设计施工协同和标准化交付。

施工阶段，深化新兴技术在施工全过程的智能化、可视化应用，强化与信息系统和平台间的智慧互联，实现远程监控、可视化管理、数据穿透式自动采集、智能化分析。同步着力提高一线机械化率，创新发展建筑工业化技术和工艺。

制造阶段，推动装备和生产线智能化建设，提升工业化研发和智能化生产水平，提高大型设备数字化率、联网率及施工关键工序数控化率。

运维阶段，以铁建一体化技术平台为基础架构，构建智慧运维管控体系,打造多场景运维平台和应用集群。一是面向智慧公路、智慧园区等业务板块的运营场景构建投资运营管理平台,二是融合设计、施工等阶段数据,打造资产管理、巡检监测、调度智慧等运营核心应用。

### (三)中国铁建数字产业化加快布局

在数字产业化方面,围绕主业,首先优先开展智慧铁路、智慧公路、智慧城市等工程配套的数字化服务;其次结合各板块产业发展实际,加快"智慧+"房地产销售、物资设备集采、仓储物流、金融保险等集成共享平台建设,打造铁建智慧服务中心。同时,结合新老基建融合发展新业态,大力发展数据中心、新能源、新材料、节能环保等新兴业务,扩展传统建筑产品的内涵和外延。重点有以下三方面:

一是"开放共建"打造产业平台基础。将数据作为生产要素,围绕数据价值、业务聚合、平台赋能,量身打造产业协同平台,服务于铁建各个产业板块,并通过"开放共建"的形式,协同上下游企业,实现整个生态链的数据和价值共享、协同创新。

二是"双轮驱动"激活数智产业发展。以智慧建造为主线,"业务场景+数字技术"双向驱动,打造诸如工地智慧屏、数据分析可视化系统、全景监控平台等系列数智产品,并以SAAS方式提供"产品+定制化"服务,并逐步扩展到智慧交通、智慧园区等业务板块,形成数字产业化发展新模式。

三是"共生共赢"构建产业生态体系。以业务、技术、科研、市场等维度,整合央国企、科研院所和业内龙头企业等强竞争力资源,通过投融资、合并购、战略联盟等方式,成立合资公司，探索构建以"互惠互利、共赢共生"为原则，"产、学、研、用"深度融合的数字时代新型产业生态体系，衍生产业发展新业态。

## 四、对建筑产业数字化转型的建议

### （一）多方发力破解复合型人才匮乏难题

智慧建造涉及物联网、人工智能、图像图形、机械、电气、自动化、光学、热学等多专业分支，且工程类型多样、标准不一，必然导致此类复合型人才紧缺。企业面对现实困境，不仅应加大与科研院所、技术头部企业等校企联合科研攻关，还要建立激励担当、创新容错的人才管理机制，更要加大系统培训、专项培育力度。

### （二）以用促研改变关键技术受制于人的局面

常用的建模软件 Revit、Bentley 等不兼容本国造价、计算规则和行业规范，适用性有限。建筑企业加强国产 CAD、BIM 等基础软件应用推广和替代，促进本土技术良性升级，方可强化自主可控技术支撑，杜绝"卡脖子"。

### （三）行业共筑开放共享可信产业平台

行业联动，带动产业上下游企业，构筑开放共享的产业互联网平台，同时，整合产业资源建立数字产融平台，融合区块链技术，构建可信产业数据，奠定产业金融交易基础，实现商业模式的创新与盈利的突破。

## 五、结语

放眼"十四五",数字化转型是必然之势,智慧建造是建筑产业转型必经之路。建筑产业转型升级路径长、跨度大、覆盖面广、周期久,中国铁建将秉承"逢山凿路、遇水架桥"的铁道兵精神,围绕智慧建造主线,创新应用新技术、培育新产品、开拓新模式、发展新业态,携手各界"智慧"力量,攻坚克难,加速实现"数字铁建、智慧铁建"的宏伟目标,谱写数字时代崭新篇章。

## 参考文献

[1] 赵峰,王要武,金玲,李晓东.2020年建筑业发展统计分析[J].建筑,2021(06):20-25.

[2] 点亮智库.2021国有企业数字化转型发展指数与方法路径白皮书[EB/OL].https://3g.k.sohu.com/t/n573968832,2021-12-20/2021-12-31.

[3] CHAU K,ANSON M,ZHANG J,et al. Four-Dimensional Visualization of Construction Scheduling and Site Utilization[J]. Journal of Construction Engineering and Management-asce,2004,130(4):598-606.

[4] KUPRENAS J A,MOCK C S.Collaborative BIM Modeling Case Study-Process and Results[J].Computing in Civil Engineering,2009,23(3):431-441.

[5] SONG S,YANG J,KIM N.Development of a BIM-based structural framework optimization and simulation system for building construction[J]. Computers in Industry,2012,63(9):895-912.

[6] Ivso Paulo,Nascimento Daniel,Celes Waldemar.CasCADe:A Novel 4D Visualization System for Virtual Construction Planning[J].IEEE Transactionson Visualizationand Computer Graphics,2018,24(1):687-697.

[7] KUENZEL R,TEIZER J,MUELLER M,et al.SmartSite:Intelligent and

autonomous environments, machinery, and processes to realize smart road construction projects[J]. Automationin Construction, 2016, 71（6）: 21-33.

[8] Baynes Timothy, Crawford Robert.The Australian industrial ecology virtuallaboratory and multiscale assessment of buildings and construction[J].Energy&Buildings, 2018, 164（2）: 14-20.

[9] ILCE Abdullah, Cemil.An Integrated Intelligent System for Cons-truction Industry: A Case Study of Raised Floor Material[J]. Technological & Economic Development of Economy, 2018, 24（5）: 1866-1884.

[10] TETIK M, PELTOKORPI A, SEPPÄNEN O, et al.Directdigital construction: Technology-based operations management practice for continuous improvement of construction industry performance[J]. Automationin Construction, 2019, 107: 102910.

[11] 朱记伟，蒋雅丽，翟瞾，等．基于知识图谱的国内外 BIM 领域研究对比 [J]. 土木工程学报，2018，51（2）: 113-120.

[12] 孙连营, 王理．建筑行业智慧建筑技术路线图研究 [J]. 建筑科学, 2016, 32（5）: 121-125.

[13] 张艳秋．智慧建造体系与标准化建造服务建模 [D]. 武汉: 华中科技大学，2016.

[14] 刘晓丽．基于智慧建造的项目管控机制研究 [D]. 济南: 山东建筑大学，2017.

[15] 李久林．智慧建造关键技术与工程应用 [M]. 北京: 中国建筑工业出版社，2017.

[16] 张云翼，林佳瑞，张建平．BIM 与云, 大数据, 物联网等技术的集成应用现状与未来 [J]. 图学学报，2018，39（5）: 806-816.

[17] 刘占省，孙佳佳，杜修力，等．智慧建造内涵与发展趋势及关键应用研究 [J]. 施工技术，2019（24）: 1-7.

[18] 韩豫，孙昊，李宇宏，等．智慧工地系统架构与实现 [J]. 科技进步与对策，2018，35（24）: 107-111.

[19] 杨德钦，岳奥博，杨瑞佳．智慧建造下工程项目信息集成管理研究——基于区块链技术的应用 [J]. 建筑经济，2019，40（2）: 80-85.

（参与本报告研究的还有中国铁建股份有限公司 刘成军）

# 宋 岩：关于博智林建筑机器人体系应用情况

广东博智林机器人有限公司成立于 2018 年 7 月，作为行业领先的智能建造解决方案提供商，聚焦建筑机器人、BIM 数字化、新型建筑工业化等产品的研发、生产与应用，打造并实践新型建筑施工组织方式。通过技术创新、模式创新，探索行业高质量可持续发展新路径，助力建筑产业转型升级。

围绕上述领域，博智林现已搭建系统化的研发、制造、应用体系；针对建筑机器人八大核心模块实现了全覆盖自主研发，其中导航、视觉、多机调度等技术填补了建筑机器人领域的空白。截至 2021 年 11 月底，博智林已递交专利有效申请 3433 项，获授权 1564 项；相关研发产品相继斩获中国专利奖、IF 设计奖、红点奖、IDEA 奖、红星奖、金芦苇奖等众多奖项。

## 一、建筑机器人与智能技术发展阶段和应用情况

建筑机器人的应用大致分为三个阶段：单机自动化阶段、多机联合调度阶段以及全面智能化调度阶段。单机自动化——人机协同模式，建筑机器人的单机产品成熟、作业稳定，并且产业工人（机器人操作工、多能技工、自有工人等）体系配套建立起来，形成完善的人机协作模式。多机调度——统一调度模式，实现建筑机器人多机调度的基础是精细化的 BIM 数字化工程管理系统，并且实现 BIM 数字化管理与机器人路径规划和调度管理的全面（模型、数据、系统）打通。建立施工管理与机器人统一的 BIM 模型标准，使模型在各系统间共享；建立 BIM 与机器人统一的数据标准，使两个系统间数据的采集、

传递、存储、分析等无缝结合；做好BIM数字化管理系统与机器人管理系统的统一规划，确保各系统架构统一，接口连通，才能保证人机、多机调度协调同步。智能化调度——"无人工地"模式，随着建筑机器人施工的不断提高推广，BIM数字化管理系统及机器人管理系统会积累大量宝贵的数据，形成企业工程管理大数据库，再结合AI技术不仅能够形成智能计划、智能任务、智能工作面规划以及智能调度等深度应用，而且能把建筑机器人及相关的智能施工设备的作用发挥到最大，最终实现工地现场的工厂化管理，未来走向"无人工地"模式。博智林经过3年时间的持续研发和应用，单机自动化以及人机协同已完全成熟，多级调度也通过BIM管理系统与机器人管理系统的打通已经初步成型，并且在不断地迭代优化中，后续将通过全国大量项目积累施工管理以及机器人作业大数据，并结合目前正在研发的AI算法，走向全面智能化调度模式。

## 二、推广应用建筑机器人和智能技术对地产企业的价值

**协同集团主业发展**。博智林作为碧桂园的建筑科技子公司，拥有碧桂园大量的内部应用场景，可以给集团内部所有项目提供成本更低、质量更好、更加安全、综合效益更好的工程建造服务，使集团的建筑产品整体竞争力得到极大的提升。

**企业转型升级**。博智林通过建筑机器人和智能技术针对工地上繁重、重复的劳动，将弥补建筑工人的缺失，提升劳动生产率，保障安全和质量。

建筑产业将对建筑机器人及智能技术产生巨大的需求，博智林力争引领新技术、新产品、新模式的研发与应用，以给建

筑产业企业带来新的市场机遇以及新的业务方向。

## 三、推广应用建筑机器人和智能技术的价值与前景分析

### （一）机器人给行业带来社会价值

随着建筑产业用工缺口的不断加大，用工成本会不断增加，建筑机器人施工的成本会比传统工人施工降低很多，给整个社会节约大量人力资源。

国务院办公厅《关于促进建筑业持续健康发展的意见》指出，要在加强工程质量安全管理的同时推进建筑产业现代化，通过建筑机器人及智能技术等现代化技术手段持续提升工程质量已成为行业发展趋势。通过建筑机器人标准化施工可以大幅提升施工质量，杜绝质量隐患。

建筑产业是安全事故多发的高危产业。对存在安全隐患的作业应用建筑机器人及智能技术，可以有效减少安全事故，如通过机器人替代人工进行高空作业可大大降低高空坠落的安全隐患。

建筑机器人及智能技术的应用，将通过减少人为损耗，节水节电，提升施工现场的环保节能水平，助力实现建筑产业碳达峰。

传统建造模式下，建筑工人工作繁重，环境恶劣，极大地危害着从业者的身心健康，导致职业病高发。通过应用建筑机器人及智能技术，减少恶劣环境下的人工作业，可以有效改善建筑行业职业健康水平。

### （二）新产业经济价值

机器人研发和制造应用符合国家相关政策，市场前景良好。同时机器人产业将进一步带动减速器、伺服系统和控制器等国产

工业机器人零部件制造业的发展，具备巨大的经济价值。BIM 技术是智能建造的核心技术，将彻底改变传统建筑项目的全生命周期管理模式，大大提升数据传递效率，同时带动相关软件科技产业发展，将为整个建筑产业链带来可持续发展的经济效益。

建筑机器人及智能技术的应用，让精益生产的理念可以在建筑行业中应用，实现精益施工管理模式，减少资源消耗和工期，具备良好的经济价值。

配套的产业工人体系，是建筑机器人应用必不可少的环节。产业工人将改变现有建筑行业从业人员结构，在减少传统现场作业人员的同时，增加高素质、具备良好技能水平的新产业工人，经济效益良好。

建筑机器人及智能技术的应用，需要施工现场具备良好的网络环境，因此将进一步推动工地组网技术的发展，推动相关产业发展。

人工智能技术将深度结合 BIM 技术和机器人技术的应用，参与辅助建筑全生命周期管理，提升决策水平，进一步降低成本，提高效率，具有良好的经济效益。

（参与本报告研究的还有广东博智林机器人有限公司智慧建筑研究院 于彦凯、林湧涛、王大川）

# 陈学军：关于 AR 云视频通信技术及在工程项目管理中的应用

诸多应用场景中无一例外都会涉及人与人之间的实时沟通。AR 技术和云视频通信相结合，在远程协同指导应用中发挥了用武之地。AR 云视频通信是指在云视频通信的基础上，融合了 AR 增强现实技术，将多方视频通信中的一方摄像头采集数据并进行 3D 建模，通过 AR 批注和冻屏技术，以便各方进行 AR 实时批注，实现沉浸式的沟通协作方式。AR 云视频通信**在视频通信功能**的基础上，增加了两个关键要素：通过 **AR 技术连接"物"**，通过"工单"连接业务系统，成为**连接"人""物"**，以及**业务系统的枢纽**。所以主要包括四个功能：AR 批注、冻屏、远程 3D 以及连接工单。

**AR 批注**，是指在智能手机、平板电脑、PC 电脑上通过实时视频、音频并共享现场画面的方式，通过采集视频数据，构建物体模型，多人可以进行精确的 AR 空间标识，标记"物理空间"物体，实现沉浸式协作和指导。AR 批注功能需要对物体进行 3D 建模，以保证在拍摄物体位置角度发生变动时，AR 批注内容和 3D 物体一直跟随。

**远程 3D** 与 AR 批注不同，需要针对特定的物体先建立一个 3D 模型。这个 3D 模型是利用 3D 制图软件，把特定的物体精确 3D 化。当出现远程时，可以做到不光是物体的精确识别，而且可以对物体的各个部件做到细粒度识别，也可以做到把各部件分解动画隔离展示。能够比一般的 AR 批注得到更细的效果和更好的体验，一般用于常用物体的故障排查和问题解决。

**连接工单**，针对问题的追踪，需要把当前结果，关联至工单系统。当点击"连接工单"的时候，选择把"批注生成的录制文件链接"，自动生成在工单记录里，减少工单项目输入的工作量，提高工单录入人员的效率。

其关键指标有：（1）端到端视频延时 < 400ms，实现准确标记基于现场场景的实时视图；（2）多端跨平台联动；（3）开放接口，支持与第三方系统整合。

全时 AR 云视频通信拥有强大的音视频技术，在弱网环境下仍然保持流畅的音视频通信，实时分离人声和背景声，有效抑制噪声、回声、啸叫；采用 SVC 视频技术适配不同屏幕大小的终端设备。并且通过 AR 技术赋能，实现 3D 建模、AR 批注的沉浸式远程指导体验。全时 AR 云视频通信支持跨平台协作，提供开放的接口，与第三方系统的融合，实现业务流程的协作。

工业级 AR 经历了从图像、自然、实物、区域和面向未来空间的五代的发展，而掌握基于实物和区域的 AR 核心技术寥寥无几。全时 AR 云视频通信中赋能的 AR 技术就是采用新一代实物/区域目标技术，高性能基于 NEON、SSE 和 GPU，是全球领先的工业级 AR 技术。值得说明的是，该软件的核心技术术已经实现了自主可控。

# 一、关于 AR 云视频通信在工程项目管理中的应用前景分析

建筑信息模型（BIM）技术正在全球范围内采用，但缺乏实时提取"竣工"现场数据和分析的能力，要及时了解项目规划与执行之间在预算、进度和质量上的偏差，往往存在很多问

题，如项目现场所发现的问题往往需要专家的支持；专家的资源却是稀缺的，不能及时抵达现场。

从而导致设计和施工之间存在不可逾越的鸿沟，而 AR 云视频通信为复杂生产制造、复杂操作和复杂流程等提供了快速精准传达信息的协作沟通，可以广泛应用于建筑工地现场。AR 云视频通信不仅作为远程指导的工具，更重要的是连接系统，通过视频通信技术连接分布各地的一线工人，项目负责人以及专家；通过 AR 技术连接复杂的工地现场和机械；成为建筑行业的"运营中台"。它微妙地改变了组织运转的方式，让庞大复杂的项目变得灵活，让项目的成本、进度和质量得到有效管控，成为跨越鸿沟的利器。

目前在建工程中已开始推广使用 AR 云视频通信的单位有北京建工、北京城建以及中冶集团等，示范项目有北京行政副中心大剧院、怀柔科学城机房、高能同步辐射光源、海淀东升科技园、福州海西园和华信医院等项目。

## 二、关于 AR 云视频通信在工程项目管理中的主要应用场景

### 应用场景一：专家指导

建筑工地的一线工人在作业过程中，存在机械产品／工程实现的复杂度和工人技能的差距而需要对应专家的指导，而专家资源是有限的，不能及时到达现场，从而影响项目的进度。

在专家连线的场景中，最关键的要素是要及时找到正确并时间可获得的专家，在 AR 云视频通信中，通过运营中心客服的桥接，连接到对应的专家。

## 主题七：关于数字产业化之 +AI 智慧制造与智慧建造

图 1　呼叫专家

与专家建立连接之后，通过音视频沟通描述问题。并根据实际问题在现场进行视频采集，完成 3D 建模，必要时双方可以进行 AR 批注 / 冻屏批注，实现线上远程指导，高效解决问题。

图 2　AR 批注

**应用场景二：巡检、质检**

日常的巡检，是发现施工中存在的问题，如现场工程质量、安全施工以及项目进度等，是建筑项目管理中重要的手段。作为建筑项目管理运营中台的重要工具——AR 云视频通信，可以将工地现场数据分享给项目负责人和相关成员以及专家，基于 BIM 设计规划，及时有效地发现和解决设计和施工之间的偏差，真正做到大工程小项目的管理目标。

现场拍摄　　　　　　　　　专家远程解答

图 3　3D 建模、远程指导

**应用场景三：监控**

在项目管理中除了日常巡检，还可以通过监控视频，来检测和发现相关问题，通过 AR 云视频通信的开放性，可以融合到项目监控系统中，实现在系统中随时发起音视频的沟通。并将项目的相关责任人呼入视频会议中，和对应的专家一起，进行问题和方案的讨论。实现及时发现问题，高效解决问题，并与其他系统如问题管理系统整合，实现问题的闭环管理。

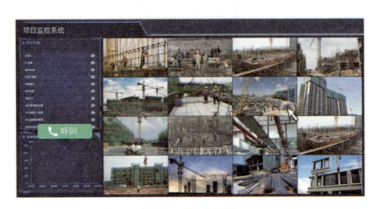

图 4　打通监控

图5　专家与现场同屏讨论

**应用场景四：应急指挥**

工程项目中难免会有重大安全事故的应急处理，而应急事件发生时，存在诸多挑战和困难。

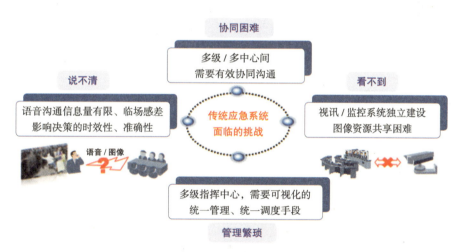

图6　应急事件协同困境

AR 云视频通信根据预置的应急预案，当事件发生时，可以一键启动，将各级应急相关人员及时快速地呼入应急会议，一线的人员可以及时将现场情况共享到指挥中心，做到基于及时的现场信息进行有效的决策，并将正确的任务分配到合适的人员。真正实现让指挥命令即时下达，让任务产生行动，让行动有结果反馈。

主会场　　　　　　　　　　　　分会场

图7　多地同屏快速反应

由此可见，AR云视频通信在整个危机事件中发挥尤为重要的作用，它可以帮助建筑单位在危机事件发生后做出快速正确的响应，协同应对，从而使损失和伤害降到最低，使事态的发展在最短的时间内处于可控状态。

## 主题八：
### 关于数字产业化之
### +区块链

# 朱 岩：区块链在建筑产业的应用探索
## ——以 NFT 在建筑设计领域的应用为例

建筑产业作为人类最古老的行业，基于传统要素（土地、资本、科技、人才）已经形成了现今相对比较稳定和完整的产业生态，尤其是最近 30 年，建筑信息化高速发展，我国建筑产业的建造水平不断提升，中国建造已经成为全球知名品牌。但从全球建筑产业数字化发展的角度来看，人类的数字建造总体上还处于摸索阶段，虽然数字技术在不同程度上已经在建筑企业得到应用，但全球建筑产业的基本盈利模型并没有发生革命性的改变。

2020 年 4 月，中国政府为了进一步促进传统产业的数字化转型，在传统要素基础上，把数据也作为了一种重要的生产要素。为此，建筑产业的生态将会基于五要素的融合（土地、资本、科技、人才、数据）发生重构，这就是建筑产业数字化转型的基本方向。除了数字技术对建筑过程产生的巨大影响外，有了数据要素，建筑企业的资产结构也将发生根本性转变，数据资产的不断增加，将会很快改变建筑企业的盈利模式，并创造出全新的数字建筑产业。

开发数据要素的基本工具是产业互联网，构建产业互联网的核心是建立基于数据要素的产业信用体系。就建筑产业而言，构建建筑产业互联网首先要解决数据确权、定价等基本问题，并基于可信的数据资产交易模式，构建全新的产业场景、形成数据产品消费市场。所以，构建可信的建筑数据市场是非常必要的，而建立这一市场的技术基础就是区块链技术。

2019年，习近平总书记在中央政治局第十八次集体学习时强调，要加快推动区块链与实体经济的深度融合。2020年7月，住房和城乡建设部等十三部委联合印发《关于推动智能建造与建筑工业化协同发展的指导意见》，明确提出要围绕建筑业高质量发展总体目标，加快推动新一代信息技术与建筑工业化技术协同发展，在建造全过程加大建筑信息模型（BIM）、互联网、物联网、大数据、云计算、移动通信、人工智能、区块链等新技术的集成与创新应用。区块链技术开始逐渐走入中国建筑产业，并在建筑产业的数字化转型中发挥作用，开始逐步改变建筑产业的数字生态。

## 一、区块链在建筑产业中的应用方向

数字化不同于传统信息化之处，在于数据要素的加入。所以数字化不是单一建筑企业可以完成的，它需要产业链乃至整个产业生态的协同才能够完成。区块链技术在建筑产业应用的基本思路，就是如何支持建筑产业链、产业生态利用好数据要素。早在2019年，习近平总书记就已经指出了区块链在传统产业中应用的五个基本方向："促进数据共享、优化业务流程、降低运营成本、提升协同效率、建设可信体系"，这五条是建筑产业利用区块链技术开发数据要素的基本原则，也是重构产业生态的基本方向。

**促进数据共享。** 数据成为企业的资产后，资产的局部属性势必会限制数据的开放共享，没有开放共享，数据资产的价值就会大大降低。要想解决这一问题，就必须确保数据资产的可信性以及明确的权属关系。应用区块链技术，就能够实现在建筑产业链上各方所拥有的数据具有明确的权属关系、交易关系，从而促进链上数据的开放共享，创造共享数据的新应用场景。无论是供货商还是开发商，都可以利用链上数据，重新定义自己的业务范围和经营方式。

**优化业务流程**。在拥有了可信的共享数据之后，建筑产业原有的业务流程将会发生根本性的变化、大量新的业务流程逐步涌现。对原有业务流程而言，从设计、采购到施工、运维，每一个环节都因为数据的可信而产生了大量优化的空间。对设计而言，每一个设计要素都可以被精准记录和资产化，从而改变设计流程；对采购而言，因为有了供应商精准的信用数据，供应链管理的内涵会发生根本性转变；对施工流程而言，也会因为可信的数据管理，而产生更高效的施工管理模式；对运维流程而言，有了前期海量的可靠数据，也会对流程有大量的创新和优化。同时，在注入数据要素后，建筑企业会逐渐从项目型企业向运维型企业转变，因而产生大量基于数据要素的服务流程，这些流程也势必会成为建筑企业未来的重要利润来源。

**降低运营成本**。全链路数据的打通，会大大降低传统产业的运营成本。一方面，可信的产业链数据部分消除了链上原来信息不对称所带来的成本增加，比如供应商选择成本、信用风险成本等，同时也降低了人力资源等间接成本。通过数据整合，建筑企业还可以通过可靠的集采模式进一步降低原材料成本。另一方面，应用区块链所产生的大量流程替代，会在更大程度上改变建筑企业的成本结构。比如，围绕低碳目标所做的绿色数字金融流程，会彻底改变相关企业的资金使用成本；数字化运维流程，会彻底颠覆企业在后期运维上的成本收益模型等。

**提升协同效率**。建筑产业生态是一个高度协同的产业生态，任何一家大型建筑企业都不太可能独立完成一个建筑工程的所有工作。在博弈论中我们知道，最有效的协同是信息透明情况下的协同。但在工业时代，由于企业运营环境的复杂性，所以是难于实现生态内的信息透明和协同的。区块链从技术层面上确保了参与协同者的基本利益：数据资产的权属、安全，为建立更高水平的协同奠定了坚实的技术基础。当企业彼此之间没有数据造假的可能性时，彼此之间的合约签署和执行已经不再需要人为干预，可以形成所谓智能合约，这会极大提升生态内企业的协同效率。有了智能合约，生态中的流程会得到进一步优化，一些不必要的环节将会被淘汰，而一些新生的协同会出现，比如与数据资产交易所的协同等。

**建设可信体系**。可信体系是区块链应用的基础，也是产业互联网发展的基础，更是建筑产业数字化转型的基础。可信体系的构建不是单一技术系统能够实现的，区块链技术在某种程度上解决了每一个参与结点的技术可信性（P2P，Peer to Peer），但还没法解决参与主体（企业或个体）的可信性。但有了技术可信性，就可以构建公平的奖惩机制，而有了奖惩机制，就能真正实现主体的可信性。所以重构建筑产业的可信体系，是建立"区块链 + 奖惩机制"的技术和产业生态改造项目，也正因为如此，"建设可信体系"对建筑产业的参与主体提出了非常高的要求。

总之，区块链在建筑产业的应用总体上就是要通过实现这五个目标完成数字化转型，五个方面环环相扣、彼此促进，企业可以根据自身的特点选择突破口，加速布局区块链技术在本企业产业链和产业生态中的应用场景。

## 二、区块链在建筑设计领域的应用探讨：NFT

2021年区块链应用领域的热点是非同质化通证（Non-Fungible Token，NFT）。NFT是一种架构在区块链上，通过智能合约而产生的权益证明。理论上，NFT可将任意实物进行数字化，在区块链上映射生成独一无二且不可篡改的编码，形成数字资产，并将该数字资产的相关权益、交易流转信息记录在链上，具有唯一性、不可篡改、不可分割、可溯源、可流通等特性。目前NFT的发行技术已趋于成熟，主要用以太坊作为底层，常用的协议包括ERC721、ERC1155、EIP1948（可存储动态数据的NFT）、EIP2981（NFT版税协议）、ERC809（可租用NFT）、ERC875（可批量转移NFT）等。在应用层面，NFT在各行业的应用场景正加速铺开。

### （一）NFT是数据资产化的重要工具

根据NonFungible统计数据，2020年，虚拟世界、艺术品及游戏资产这三大领域市场规模占全球NFT比例分别为25%、24%与23%，为全球NFT应用市场规模最大的三大领域。其中，艺术品领域与NFT的结合近年来获得快速发展，NFT艺术市场报告显示，2021年全球NFT的活动账户已增长到20万以上，是2017年的4倍。同时，NFT的应用给艺术市场带来了极大变革，对于艺术收藏家，NFT没有实体，无需运输、拍照和分类，从而提供了一种全新的艺术收藏方式；对于展览与交易市场，NFT解决了数字作品易复制难确权的问题，可以实现一件NFT作品在线上短时间多次交易和权属转移。

NFT在传统行业的应用也已初露头角。一级方程式锦标赛

（F1）、美国职业篮球联赛（NBA）、美国职业橄榄球大联盟（NFL）等体育联赛尝试发行周边产品的NFT。国际品牌可口可乐、路易威登、麦当劳以发行数字产品或营销活动的方式纷纷试水NFT。

国内企业也在积极探索无币NFT的发展路径。2021年6月，支付宝与敦煌美术研究所共同推出基于蚂蚁链发行的付款码皮肤NFT、7月网易旗下游戏《永劫无间》发行NFT盲盒、8月腾讯发布国内首个NFT交易平台"幻核"以及"有声《十三邀》"数字艺术藏品NFT、12月京东正式上线灵稀数字藏品交易平台。12月，新华社通过NFT技术，将精选的2021年新闻摄影报道铸成中国首套"新闻数字藏品"全球限量发行。

综上所述，NFT为数据资产管理提供了良好的技术基础，尤其是在创意设计领域，NFT有望开创一种全新的设计素材管理、协同设计模式。

### （二）NFT在建筑设计领域的应用

建筑设计领域具有数据丰富、原创价值高、版权管理难等特点，因而是NFT应用的最佳场景之一。

一是NFT可以为建筑数据共享提供解决方案。建筑协同设计需要各设计单位实现数据安全共享，并确保各类文件及时、准确共享。这就要求各参与方对于输出文件能够识别版本信息和精准调用。NFT在区块链上产生、具有唯一性，我们可以把不同版本的输出文件在链上生成不同的NFT。基于时间戳技术，设计单位通过链上信息可以识别出NFT的生成时间，从而调用准确版本的文件，并记录调用过程，为建立调用的奖惩机制奠定基础。

二是基于区块链的共享平台解决协作互信问题。建筑设计企业可以搭建以联盟链为底层的共享平台，这样既可发挥区块链技术的确权作用，又可保证区块链的运行速度和链上数据的安全。协同设计的工作文件在共享平台上形成NFT并在协同设计生态内实现共享和流转。此时，NFT将作为设计文件被调用的数字凭证，设计文件的调用记录包括调用时间、调用用户地址等信息，这些信息都可以在联盟链上查询且记录不可篡改。NFT及其链上数据帮助各设计单位明确了协作过程中的工作责任，成为多方开展协作设计工作的信用基础，增强协作互信，并通过奖惩机制进一步提高协作效率。在整个建筑设计市场中，NFT是对设计文件的版权进行链上确权，所以可以通过智能合约实现作品版权、使用权等权益的交易，形成建筑设计产业的NFT交易市场。

三是共享平台纵向延伸形成全生命周期数据库。协同设计平台上的数据，可以基于项目做纵向延伸，形成以项目为中心的全生命周期数据库，为将来的数字化运维奠定基础。基于项目做纵向延伸，是以BIM的数据贯通为底层逻辑，将项目从设计到运维的核心数据上链，做到建筑项目的全生命周期数据汇集和保存，实现从设计、施工到运维的"无缝衔接式"数字化交付。由于链上数据可长期保存，且不易被篡改，在运维阶段，可快速调取所需数据，即使在后期对数据产生疑问，也可通过链上痕迹回溯数据责任方。

四是共享平台横向延展形成共享知识库促进数据交易。建筑设计企业把协同设计平台上的数据做横向延展，形成以企业为核心的共享知识库，以促进设计数据的交易流通。企业之间可在平台上进行数据交易，即促进行业之间的知识和数据流通，激活企业的设计数据资产。由于 NFT 的链上流转可进行全流程追溯，故企业无需担心知识产权被窃取，若出现雷同文件，可通过查询时间戳和链上地址辨别哪个是原始文件。

总之，区块链技术在建筑产业的应用是产业数字化转型升级的重要方向之一。区块链技术在多主体协作过程中，能够明确工作责任，建立信任机制。基于区块链的场景创新能很好地适应建筑工程项目参与主体多、专业多、协同多的工作模式，解决数据真实性和多方协作互信等问题。此外，基于区块链的建筑产业数据共享平台，将从设计、施工到运维等各阶段的数据有效地汇集起来，形成透明、可信的分布式数据库。BIM+ 区块链的应用将促进产业的数据流通与交易，激活数据潜能，实现建筑产业数字化转型升级。下一步，区块链技术在建筑领域的应用场景将更加丰富，例如面向数字人民币的交易结算体系、基于区块链的人员管理体系、建筑产业绿色数字金融体系等。

作为国民经济的支柱产业，建筑产业的数字化转型对中国数字经济的发展具有举足轻重的作用，其中区块链技术是转型的关键技术之一。各建筑企业在充分发挥海量数据和丰富应用场景优势基础上，一定可以利用区块链技术开创全球数字建筑的新模式！

# 朱 岩、须 峰：建筑产业供应链场景下区块链技术的应用

建筑产业供应链是由房地产（基础设施）企业、建筑施工企业、一级材料供应商及上游供应商、金融机构等多个主体所组成的生态网络，涵盖了建筑供应链的全貌。2020年10月25日第二届外滩金融峰会，黄奇帆同志在会上表示[1]，"产业互联网金融以企业为用户，以生产经营活动为场景提供数字金融服务，由于产业价值链更复杂、链条更长，目前数字化的比例仍然很低，金融服务还远未达到面向个人端的数字金融智能化、便捷化的程度，是金融科技发展的下一个蓝海"。

但是，建筑产业供应链金融平台目前还存在三大问题。第一，核心企业信用传递难度大。核心企业的信用，只能传递到少量业务体量较大的一级供应商，对于大部分一级供应及上游供应商，则无法得到金融机构的信用认可，这在很大程度上丧失了核心企业的信用在中小企业融资中的背书作用[2]。第二，应收账款确权困难。在进行供应链金融业务时，由于贸易的真实性难以评估和度量，核心企业的确权工作推进难度大，再加上操作手续繁琐，且金融机构需要花费大量的时间、人力和财力来对融资企业进行背调，证实核心企业确权的真实性，即便核心企业完成确权，金融机构同时还需要防范债权人多头融资的风险，成本高且存在较大的信用风险和法律风险[3]。第三，金融机构无法看清建筑核心企业。实践中，企业与企业、企业与金融机构间缺乏统一的业务信息传递机制，导致信息不够透明；由于信息孤岛的存在，采购合同造假、入库造假、第三方

仓库监守自盗的风险屡见不鲜；同时存在着信任危机、协同效率低下等问题。

对于真实世界建筑产业供应链，筑集采依托人工智能（Artificial Intelligence）、大数据（Big Data）、云计算（Cloud Computing）技术打造建筑行业领先的供应链第三方平台；利用区块链（Blockchain）技术的去中心化、不可篡改、可溯源和拥有智能合约等特点，有效地解决以上建筑产业供应链金融所存在的三大问题。同时针对供应链上每个企业的共性问题，平台提出针对性的解决方案，因此需要研发一系列引擎，如智能合约引擎、物流溯源引擎、发票溯源引擎、企业基本信息引擎等。

## 一、建筑产业供应链平台的建设思路

供应链金融平台应当利用信息技术形成一体化的闭环运行系统，使得建筑企业在该系统中能够更加规范地记录合同流、物流、发票流及企业公共信息流的整个过程，进而让金融机构能够直观地对建筑企业及其上下游企业的资质、运营能力和经济能力进行准确判断。因此，我们要打造供应链金融平台的四大引擎。

智能合约引擎。区块链智能合约是根据预先设置的条件，在确定的业务场景下自动执行的计算机程序代码，具有自动性、严格性、精确性、完整性等特点，保证了系统的公平公正。智能合约引擎引入建筑供应链金融平台已知的各种合同场景，联合现实供应链金融合同各主体方，预先制定智能合约，通过电子签章确权来触发相对应的智能合约。从而简化建筑供应链金融的业务操作流程，降低交易环节成本，减少交易各参与方合同履约的纠纷，进而提高交易时效性，实现真正意义上的合同线上化全流程操作。

物流溯源引擎。物流环节在建筑供应链整个过程中，流程跨周期、涉及内外部协调组织单元多、过程跟踪管理成本高。物流溯源引擎使用区块链技术将建筑供应链物料出厂、运输、检验、收料、入库等环节的信息及时上链。通过区块链的共享账本技术，将上链的全过程数据进行关联管理，实现业务透明可信，便于监管和溯源。

发票存证引擎。区块链技术在发票管理领域有着得天独厚的优势，企业通过区块链技术可以降低发票管理成本，监控和追溯发票流转的全过程，提高发票管理效率。因此，区块链在供应链管理领域具有丰富的应用场景，比如上下游企业在交易过程中开具的发票，通过区块链技术上链存证，可以加大交易的透明度，从而提高发票的流转效率。区块链具有不可篡改的特性，可以为发票"存证"难题提供解决方案。

企业基本信息引擎。全国各级政府对企业基本信息（工商、税务、法院等）进行整合，践行"让数据多跑路，客户少跑腿"的理念，目的是使各个信息系统之间的信息有效共享，节约存储空间，提升使用效率。在实现技术上能够利用区块链分布式的特点，在企业生产数据时及时上链，既可以打通监管部门间的"数据壁垒"，破除"数据孤岛"，实现信息和数据共享，还能提升企业与政府、企业与金融机构、企业与企业之间的数据资源使用效率，减少资源浪费。

供应链金融是建筑产业供应链的润滑剂，建筑产业的贸易背景是供应链金融天然的落地场景。金融机构向建筑企业提供的供应链融资模式有很多种，常见有质押、保理、质押+保理三种模式，区块链技术为建筑供应链金融成功落地提供了新的思路。

第一，提供核心企业信用穿透的解决方案。基于区块链技术的供应链金融平台，由金融机构主导，建筑核心企业和供应商共同参与。平台可以对建筑核心企业债权凭证的拆分和流转进行确权，建筑核心企业产生的债权凭证，可以通过各参与方达成共识后形成的智能合约进行灵活的拆分，其任何拆分行为都会记录在区块链网络中，无法篡改；在流转的过程中，建筑核心企业的背书保持不变，金融机构可以完全信任链上的业务数据；同时，区块链网络支持权限管理能力，通过不同的权限配置策略来保护各交易参与方的数据安全，确保各节点只能看到与其业务相关的授权数据。供应链上各参与方不用担心企业核心数据在链上被公开或泄漏。在保证建筑供应链各参与方数据安全的前提下，区块链网络通过建筑核心企业信用背书，解决了建筑核心企业信用传递难题。

第二，创建新的运行机制。将供应链上企业的合同信息、物流信息、发票信息、企业基本信息等各类资产转化为区块链中的数字资产，并依托核心企业的信用，实现数字资产在区块链中的自由流转，从而打通产业链上下游关系。同时，利用区块链技术具有实时、公开、透明、可信的特性，记录各外部机构（政府监管部门、金融机构等）对业务流程的操作行为，避免传统业务线上申请、线下审批的繁琐流程，减少交易信息审核、身份核验和信贷流程的办理时间，提升各参与方的业务协同效率。

第三，构建 B 端新型信任模式。利用区块链技术提升金融机构与金融机构、金融机构与核心企业、金融机构与供应链企业间的业务协同效率，通过打通实时数据流实现快速风控，提升金融机构风控能力。平台提出银行数据风控 333 模式，即 1/3 数据来源于中国人民银行，1/3 数据来源于政府公共数据（工商、税务、法院等），1/3 数据来源于行业第三方供应链平台，来实现 B 端新风控模型。帮助金融机构看清建筑供应链真实的贸易场景，为核心企业增信，解决中小企业融资难融资贵问题，帮助金融机构落实普惠金融政策。

## 二、建筑供应链平台的新模式

传统的建筑产业供应链平台已经进入 1.0 时代，基于区块链技术的建筑供应链金融平台正跨入 2.0 时代，随着双碳模式的发展将迈向建筑产业供应链平台 3.0 时代。

建筑产业供应链平台的主要业务是帮助建筑施工单位采购建材，采购商、供应商在平台上进行招标、投标、合同、发票、入库等一系列的操作流程。通过打造线上招投标平台发挥建筑材料集采优势，借助合同、订单、物流、入库管理确保线上真实交易数据。以此为基础，打造供应链平台与金融机构合作，解决了中小企业担保难、融资难等问题。平台运用数字化技术，在不同维度帮助金融机构规避风险的同时降低融资综合成本，在贷前精准描绘业务画像和用户画像，并建立以实时数据分析为基础的动态贷后预警与风险监控体系。帮助金融机构满足客户个性化需求、降低客户成本、提升客户体验；同时，既降低金融机构合规成本、获客成本、风控成本、运营成本、揽储成本，又有效规避风险。建筑供应链平台引入金融机构后，对于金融机构来说,通过平台进行供应链金融业务时,对其贸易数据的真实性存在很大的疑虑。对此,基于区块链技术的供应链金融平台应运而生,如图1所示。例如,恒丰银行联合筑集采于2020年推出应收账款反向保理平台,平台采用"供应链金融+区块链"的模式,可办理应收账款的签发、转让、承兑、支付、兑付等业务,将应收账款转化为电子支付结算和融资工具,盘活了原本流动性较差的应收账款资产,为供应链核心企业、一级材料供应商及上游供应商等企业拓展了创新型融资渠道,构建了供应链金融生态。

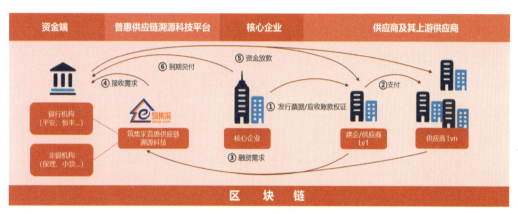

图1 建筑供应链金融业务平台

要实现碳达峰、碳中和的目标,科技创新必不可少。基于建筑供应链,打造建筑行业"绿链"平台,充分利用新生态伙伴,如房地产企业、施工企业、金融机构,为支持绿色低碳发展专项政策,设立碳减排支持工具,并承担起相应的企业社会责任。绿链由绿色计划、绿色生产、绿色运输、绿色施工、绿色回收和绿色金融六个方面组成;例如,废料回收过程就是节能和减排的过程,中国废料回收只占总生产量的10%

左右,而世界发达国家一般都占 40% 以上,所以中国废料回收潜力很大。通过绿链平台,企业可以实时计算出各种建材的碳排放情况[4],由身份特质、交易行为、信用历史等多维度信息评估换算成绿链积分,凭绿链积分可享受多种绿色金融服务,如图 2 所示。例如,节省 100t C30 混凝土可以少排放约 338.98$CO_2$e/$m^3$(C30 混凝土,295kg $CO_2$e/$m^3$),节省 100t 普通碳钢可以少排放约 48.78$CO_2$e/t(普通碳钢,2050kg $CO_2$e/t)。以价值链零污染为终极目标,以创新技术为手段,进一步推动绿色生态发展。

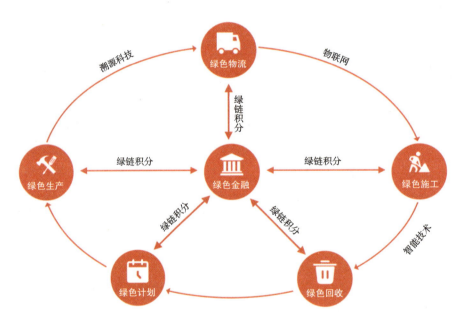

图 2　建筑供应链绿链推动绿色生态发展

## 三、展望

随着中国社会全面进入可信的产业互联网时代,区块链技术所追求的数据开放、分布式的信息环境,相较于现有的中心化平台有着较大的飞跃。筑集采以助力建筑产业供应链金融为目标，以科技创新为手段，承担起相应的企业社会责任。同时，绿色金融赋能建筑行业由高碳行业向绿色化、清洁化转型，推动建筑产业健康发展。

## 参考文献

[1] 黄奇帆. 产业互联网金融是金融科技发展的下一个蓝海 [OL]. 中国金融新闻网. 2020.

[2] 孔剑平，曹寅，杨辉辉，吕新浩 等. 产业区块链：行业解决方案与案例分析 [M]. 北京：机械工业出版社，2020.

[3] 姚国章，吕佳琦. 区块链在供应链金融风险管理中的应用研究 [J]. 改革与开放，2021（15）：1-5，11.

[4] 中华人民共和国住房和城乡建设部. 建筑碳排放计算标准：GB/T 51366—2019[S]. 北京：中国建筑工业出版社，2019.

（参与本报告研究的还有筑客网络技术（上海）有限公司 宋安平、张晓明）

# 刁尚东：区块链技术在大型公建项目中的示范应用

## 一、区块链技术在大型公建项目管理中应用的必要性

**政策背景：** 习近平总书记 2021 年 10 月 18 日在十九届中央政治局第三十四次集体学习时强调，要加强关键核心技术攻关，牵住自主创新这个"牛鼻子"，发挥我国社会主义制度优势、新型举国体制优势、超大规模市场优势，提高数字技术基础研发能力，打好关键核心技术攻坚战，尽快实现高水平自立自强，把发展数字经济自主权牢牢掌握在自己手中。结合住房和城乡建设部等部门《关于推动智能建造与建筑工业化协同发展的指导意见》（建市〔2020〕60 号）的重点工作，要求加快推动新一代信息技术与建筑工业化技术协同发展，在建造全过程加大建筑信息模型（BIM）、互联网、物联网、大数据、云计算、移动通信、人工智能、区块链等新技术的集成与创新应用，我们结合大型公建代建工作尝试推动区块链技术的试点应用。

### （一）大型公建项目管理所面临的挑战

**管理特点**上具有投资主体多、项目体量大、协调管理难度大、社会关注度高等；

**管理重点**上是对优化设计、节省投资、缩短工期、保证工程质量、进度、安全和有效预防腐败等方面要求高；

**管理难点**上存在施工难度大、风险高、信息孤岛现象突出、

管控难、资源配置和人员素质要求高等问题；

**技术措施上**如何采用先进的技术手段和管理理念进行安全施工、降本增效、提升项目管理能力与水平是项目管理工作的关键，为代建制下数字化转型升级积累经验和技术支持。

### （二）区块链技术特点

区块链是分布式数据存储、点对点传输、共识机制、加密算法等计算机技术的新型应用模式，具有去中心化、不可篡改、全程留痕、可以追溯、集体维护、公开透明等六大特点。这些特点保证了区块链的"诚实"与"透明"，为区块链创造信任奠定基础，建筑工程在建造过程产生大量过程档案，区块链可以通过工程档案上链，帮助改善透明度，这就可以帮助工程参与各方保持同步并避免潜在的陷阱和疏忽。类似地，区块链可与公共集采平台以及相关装配式产业链进行有效连接，可以帮助建筑商使用唯一性的数字化标识 ID 来确认厂商和供应商。助推公建项目数字产业化、产业数字化，推动更大范围数据协同和业务协同。

鉴于此，从 2021 年 6 月开始，我们以广交会展馆四期项目（约 50 万 $m^2$）和广州科教城项目（其中部分校区装配化率要达到 50% 以上）为依托，首次开展了"基于 CIM 的区块链工程协同监管系统研究与应用"，区块链在建筑工程领域，将人与物进行了自动感知化，工作互联化、实体物联化、智能化，借助区块链结合 CIM 与 BIM、AI 等技术实现数字孪生、数字协同、业务协同，实现公建项目管理数字化转型升级，助推项目智慧管理和领导科学决策，提供关键技术的支撑。

## 二、区块链技术示范应用情况

### （一）区块链目录链关键技术，实现项目全生命周期的协同管理

通过区块链目录链的技术，将勘察、设计、施工、监理、建设单位等多方主体单位工程档案管理、安全管理流程、工程进度管理流程、工程质量管理流程、资金计划管理流程、工程材料管理等数据融通，打通数据孤岛。

工程区块链项目全生命周期的协同管理包括：前期、采购、勘察、设计、施工、竣工验收、结算、运维等数字化信息上链；实现项目数字化信息完整性、机密性及时效性的需求。

### （二）区块链关键技术，实现数据协同和业务协同示范应用效果

区块链技术是应用于"智慧代建 1+1+6+$N$ 体系"（1 个项目管理模式、1 个智慧协同平台、6 大管理要素和 $N$ 个区块链、BIM、CIM 等技术要素），以"制度流程化、流程表单化、表单标准化、标准信息化、信息数字化、数字智能化"（六化 30 字方针）的关键技术。六化 30 字方针是搭建基于 CIM 的区块链建设项目协同管理平台（简称"平台"），推动实现"数据一个库、监管一张网、管理一条线"的公建项目数字化转型升级的核心要素。

**一是实现数据协同。**

**数字孪生：** 以通过信创认证的国产化区块链平台、CIM 平台及服务器等为基础，解决"卡脖子"的核心技术问题，结合无人机倾斜摄影搭建工地实景三维模型，实现实景进度与整体

模型的比对，达到时空一体的展示效果；利用 BIM 建模优化设计，指导现场施工。

**协同管理**：包含项目信息、人员管理、监督检查、质量安全、文明施工，解决了人员防疫数据、监测数据、检测数据、监督整改数据等的汇聚、融合、展示，提升建设单位对代建工程项目的现场管理水平。其中广交会展馆四期工程，工程累积混凝土浇筑 334251$m^2$，通过与整体计划浇筑总量比对，把控项目进度及资金结算。安全质量监督检查次数 60 次，发现问题 202 项，下发整改 37 份，质量检测报告 7678 份，发现异常报告 8 份。广州科教城项目，安全质量监督检查次数 3 次，发现异常问题 14 项，下发整改 2 份，质量检测报告 728 份，发现异常报告 1 份。实现工程安全质量问题闭环处理，有效预防和避免安全质量事故的发生。

**AI 识别**：通过视频监控系统提供的图像结合 AI 算法，实现 AI 行为识别预警功能。以广交会展馆四期工程为例，AI 识别不文明行为统计未戴安全帽 2 次，未穿反光衣 32 次，夜间施工 11 次，针对这些行为进行整改，促进现场人员文明施工。

**二是实现业务协同。**

**远程监管**：通过无人机自动化巡检、720°全景（水平 360°和垂直 360°环视）实现项目现场电子远程监管、应急联动联调。

**物联管控**：通过工程现场物联网设备对接实现工程在线动态监控、智能监测预警。以广交会展馆四期工程为例，视频监控接入 25 路，包含出入口、施工面、材料区、会议室、生活区、塔吊高点重点区域，工地现场运行塔吊接入 18 台，扬尘监测设备接入 3 台，实时管控项目现场设备运行，保障施工正常推进。

## 三、区块链技术的应用价值

**一是社会效益。**

应用区块链关键技术结合 BIM、CIM、GIS（北斗）等新技术赋能，可实现政府（社会）投资工程建设项目的全生命周期管控的"数字化、可视化、智能化"功能，具有推动实现"项目全覆盖、过程全记录、结果可追溯"的优点，为实现工程项目规划、投资、建设、运营管理的"数据一个库、监管一张网、管理一条线"提供强大支撑，也是实现政府或社会投资项目代建制下数字化转型升级、建设项目管理高质量发展提供了强大技术支撑。

**二是经济效益。**

对解决公共建设项目中优化设计、节省投资、缩短工期、保证工程质量、进度、安全和有效预防腐败等方面提供了关键技术保障，助推建设项目管理的高质量发展，具有较高的推广应用价值。

（参与本报告研究的还有中国建筑科学研究院有限公司　郑伟锋）

# 主题九：
## 关于建筑产业绿色化与数字化转型升级之"三个绝配"

## 绝配一：装配式 +BIM

## 张景龙：全钢结构全装配式 +BIM 在青岛国际会议中心项目的成功示范

建筑产业是一个工期长、成本高的重产业，从设计到施工的每一个环节都可能出现问题而延长整体工期、抬高工程造价。目前，建筑工人老龄化日趋严重，各地区现场作业不同程度地出现用工荒，建筑产业将在大环境内探索自身的发展策略。在国家"碳达峰、碳中和"的战略目标下，也加速了建筑产业施工的转型升级。

装配式作业具有能保证构件加工质量、大幅度降低人工依赖、缩短整体施工工期、节约资源、保护环境等优势，得到国家的大力支持。2017 年 1 月，国办 19 号文明确，要大力发展装配式建筑，"力争用 10 年左右的时间，使装配式建筑占新建建筑面积的比例达到 30%"。我国装配式建筑正在快速推进中。但装配式在结构、机电、装饰、装修等作业内容全面发展的瓶颈问题是构件的拆分、单元安装的偏差，以及专业之间的配合融合等。

以三维数字技术为基础，集成建筑设计、建造、施工、运行维护等项目全过程各种相关信息的工程数据模型（BIM）的出现，带来了新的发展机遇。BIM 工具及 BIM 技术成熟发展，与装配式的有效融合，能做到综合管线布局立体可视化、预制安装工艺流程标准化，突破了装配式在全专业发展的瓶颈问题。在未来必将会有效提高装配式建筑的生产效率和工程质量，将生产过程的上下游企业联系起来，真正实现以信息化促进产业化，借助 BIM 技术三维模型的参数化设计，我国装配式建筑的发展迈出一大步。

装配式 +BIM 技术在青岛国际会议中心项目上得到了完美的应用，以最短工期最高品质完成项目的建设任务，确保上合组织领导人峰会的顺利举行。

## 一、项目概况

青岛国际会议中心位于青岛市市南区奥帆中心内，是第十八次上海合作组织成员国元首理事会青岛峰会的主会场，总建筑面积 5.43 万 $m^2$，地上建筑面积 3.87 万 $m^2$，具备大型会议会展、高端宴会、新闻发布等功能。项目自 2017 年 9 月 26 日开始，从进场拆除场地原有建筑，到全面建设施工，仅 6 个月时间。2018 年 3 月 31 日项目即竣工交付使用，圆满完成了国家托付给山东人民的重要任务，创造了"上合奇迹、青岛速度"，受到了国家领导人高度评价。

青岛国际会议中心工程采用 EPC 总承包模式，实际工程设计、建设工期仅 6 个月，相比杭州 G20 峰会主会场、厦门金砖五国峰会、北京雁栖湖会议中心等工程，在基本相同使用功能的条件下，本工程总工期最短。其中值得很好总结的是本项目全面采用装配式 +BIM 的技术。

## 二、BIM 技术在全钢结构全装配式项目中的应用

主体结构是否按照工期计划完成决定整个项目的成败，装

配式作业能节省构件现场制造的时间,能极大节约施工工期;装配式构件在工厂内批量加工,质量有保证。

青岛国际会议中心项目主体为钢结构,主体钢结构安装11000t,钢结构装配率达97.5%,30d完成,为工程顺利完成提供了宝贵时间。项目部集中力量对钢结构施工进行优化。按照二维设计图纸,利用TEKLA等系列软件创建项目的钢结构BIM模型,对设计结果进行动态的可视化展示,检验设计的可施工性,直观地检查到图纸相互矛盾、无数据信息、数据错误等方面的图纸问题,在施工前能预先发现存在的问题,快速完善。利用BIM模型的自动构件统计功能,快速准确地统计出各类构件的数量。按照工厂内完成构件焊接制作工作、构件优化组装工作、现场部件采用栓接的连接形式进行构件深化加工,使主体钢结构实现现场全部装配作业。将主体钢结构BIM模型与安装管线BIM模型碰撞检验,提前锁定管线穿110根钢梁的位置,并提前做好钢梁预留洞口,提升了装配的整体效果。

通过构件的BIM模型,结合数字化构件加工设备,实现预制、加工构件的数字化精确加工,保证相应部位的工程质量,并且大大减少传统构件加工过程对工期带来的影响。钢结构构件均采用BIM模型进行模拟。利用Tekla Structures真实模拟进行钢结构深化设计,如图1所示,通过软件提供的参数化节点设置自定义所需的节点,构建三维BIM模型;将模型转化为施工图纸和构件加工图,指导现场施工。

## 三、BIM技术在机电装配式安装中的应用

青岛国际会议中心项目机电安装施工阶段,面临工作面受

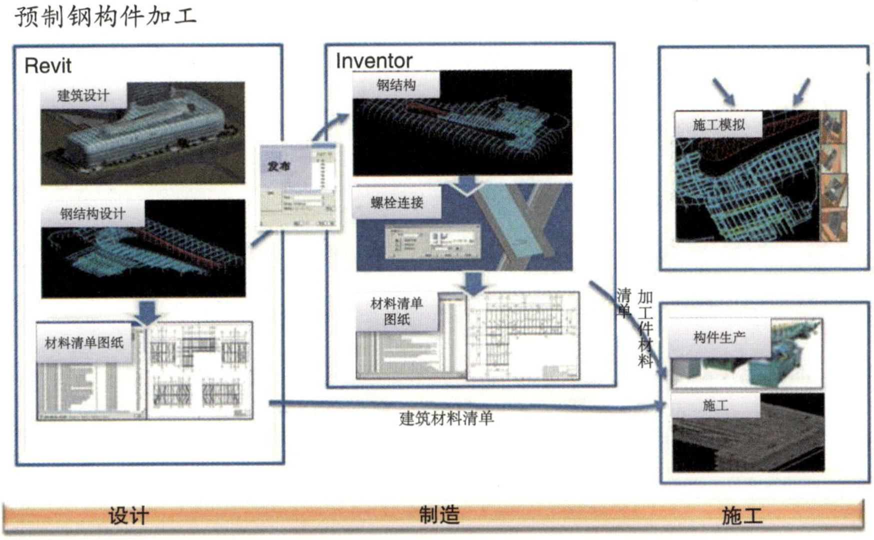

预制钢构件加工

**图 1　预制钢构件加工 BIM 深化设计**

限、各专业集中交叉、管线排布复杂等困难。通过机电安装装配式+BIM 技术的全面推广应用，有效解决了现场施工难题。安装主管道及设备装配率达到 95.3%，在项目现场顺序拼装 22000 延米主管道和桥架线路，进行工厂定制加工，232 台设备整机安装，比传统施工方式有效缩短工期近 5 个月。

在机电 BIM 装配式的基础上，同时开展深化设计，形成特色的 DDCI（Deepen Design Construction Integration）施工一体化技术，即在结构专业施工空档期，通过 Revit、Rebro 等 BIM 软件，首先完成机电全专业 BIM 模型绘制，建立 LOD400 级别的 BIM 模型。再通过三维扫描技术对已完成的建筑空间进行扫描获得点云数据，校对结构偏差。根据现场实际及图纸设计情况进行管线综合布置及设备布置，微调优化 BIM 模型。最后综合考虑现场组对安装、运输、误差纠正等情况对 BIM 模型进行合理拆分，确定预制构件的尺寸及种类，出具深化设计及构件加工图纸。对预制管段编号，绘制详细的装配单元加工图、分段管组预制加工图、组合式支吊架加工图、综合布置图。各组件信息标注详细的位置信息、尺寸信息、材质等，同时结合局部 BIM 三维模型轴测图，明确预制管段在机房内的安装位置及附近其他管线的空间信息，编写必要的文字概括，对预制管段从加工到运输再到安装等阶段进行详细说明，以保证预制加工图在各个环节都能高效简洁地指导施工。

构件加工完成后，对关键部位进行厂内预拼装，确保运送到施工现场时一次拼装成型。配送运输阶段，每个构件均采用 RFID 电子标签进行标识，实现物联网化运输配送，实时跟踪运输进度，并在管段进场后提前根据各预制管段的装配顺序进行合理的预制构件堆放平面规划，避免乱堆乱放，确保施工环节"随装随取"，实现物料的高效转运。在三维模型中进行虚拟建造，确保装配方案的可行性，BIM 工程师现场向装配工人进行装配方案的三维技术交底，实现零碰撞，施工快速，定位精准，提高施工质量。

青岛国际会议中心项目实现构件加工精度在毫米级别，现场误差控制不超过 ±3mm。

图2　预制管道加工（1）

图3　预制管道加工（2）

构件加工时考虑法兰孔角度偏差、径向偏差、设备减震基座偏差等因素，在构件加工厂派驻 2 名驻场 BIM 工程师，对所有构件进行图纸尺寸校核，确保加工精度及构件质量。现场确定可靠的装配定位基准点，确保装配定位的准确，尤其是大型设备模块的定位，各维度定位偏差均控制在 ±2mm 以内。

在预制构件装配过程中，产生累计偏移误差，累计偏移误差在走廊等直线段部位影响较小，但在机房内异形构件装配过程中影响较大，须提前考虑累计偏移误差的消除。当累计偏差超过 5mm 时，及时分析原因并调整，避免管道产生原始应力，可采用不锈钢软接头进行误差的消除，但软接头两侧应加设固定支架。当误差一次偏移量大于 2cm 时，应现场加工消除管段误差（现场预制段）。每完成一段预制装配的施工，及时扫码更新预制管组上的二维码信息，避免因信息错误造成施工紊乱。

## 四、BIM 技术在装配式装饰装修中的应用

装饰施工要实现装配式，首先要解决面层分格、排版、整体效果的问题。通过 BIM 模型协助建筑师推敲建筑形体、内部空间及效果图渲染。把工程设计人员从不断的改图中解放出来，能够把更多的时间和精力放在方案优化、改进和复核上，实现精细化设计。结合装修整体布局，对装饰面层进行分格划分，实现整体效果协调，为装饰装配式施工提供可行性。装饰装配式施工另一个难点在于消除结构、机电等施工质量与误差对装饰设计与施工的影响。

在青岛国际会议中心施工过程中，项目部采用了最先进的三维激光扫描技术，将结构进行扫描采集现场点云数据（图 4），

然后进行逆向建模还原现场，与BIM模型进行比对，快速、直观、准确地发现施工错误与误差，在装饰设计阶段根据现场情况调整。

图4　点云扫描

项目精装修设计人员与设计人员共同办公，精装方案一经确定，锁定装饰分格效果，进行初排版。项目驻场设计人员结合项目三维扫描图，消除图纸尺寸偏差（偏差控制在厘米），会同厂家一起选择最优方案。所有装饰块材（如石材、金属板材等）均按照图纸尺寸排版下单，厂家深化构件组合装配方案后进行生产，材料到场后直接安装，无切割减少现场材料损耗。

装修所有石材全部在厂家进行预排版并在厂家对石材进行编码，明确每块石材所在位置如图5所示，石材到场后依据编码铺贴如图6所示。

精装修吊顶材料厂家生产加工后，预先与安装专业进行BIM碰撞，提前确定点位开孔位置，厂家进行定点开孔后（合计开孔30万个），根据排版进行仿铜不锈钢吊顶编号，材料到达现场后根据编号逐一安装。

图5 石材预排版　　　　图6 石材现场编码铺贴

青岛国际会议中心项目装饰装修装配率达到93.5%（包括屋面和幕墙）。现场无切割减少材料损耗，仅15d即完成了1.8万 $m^2$ 的石材铺贴，18d完成了3.3万 $m^2$ 吊顶和墙面石材安装，节约工期8个月。

## 五、展望

上海合作组织青岛峰会的成功召开，青岛国际会议中心项目受到各级领导的重视，获得好评，这得益于项目成功应用了多项现代化新型建造方法，而且随着我国建筑产业的不断发展创新，越来越多的新方法、新工艺将不断推陈出新，建筑产业化必将成为大势所趋，新型建造方式将不断涌现，我们认为未来十年的建筑产业将具备以下三个特征：

一是新型市场模式将兴起。工程总承包（EPC、F+EPC、PPP）模式将逐步取代施工总承包，设计施工一体化和全过程工程咨询、优化专业类别结构和布局的新模式将形成，总承包、专业承包、劳务分包三个层面将重新细化分工合作、优势互补，建筑产业发展格局将重新分布。

二是新型建造方式逐步形成。人力成本的攀升、劳动力的紧缺，将逐步推进建筑产业的机械化、信息化程度，标准化设计、工业化生产、信息化管理将大大提升建筑产业现代化水平，企业管理向标准化、精细化转型。

三是新型管理模式将不断创新。为增强企业的核心技术储备，企业将在工程建设中积极应用先进技术，提高科技含量，提高施工装备水平和技术能力，依靠技术创新有效提升企业核心竞争力。绿色建造、智慧建造、建筑工业化、BIM+技术应用等技术将不断创新，企业将不断探索建立自有技术体系和建造工法，加高技术堡垒，以提高市场竞争能力和存活能力。

（参与本报告研究的还有中建八局第四建设有限公司 岳松、卢宁、王健行）

## 许杰峰：基于 BIM 的装配式建筑体系应用

2020 年 7 月住房和城乡建设部等十三个部门联合印发的《关于推动智能建造与建筑工业化协同发展的指导意见》提出，要以大力发展建筑工业化为载体，以数字化、智能化升级为动力，推动绿色和智能建造以及建筑工业化基础共性技术和关键核心技术研发应用，大力发展装配式建筑，加大绿色、智能建造在工程建设各环节应用，形成涵盖科研、设计、生产加工、施工装配、运营、管理等全产业链融合一体的智能建造产业体系。

装配式建筑作为实现建筑工业化的主要途径之一，是集成了标准化设计、工厂化生产、装配化施工、信息化管理、一体化装修、智能化应用的现代化建造方式。结合 BIM 平台、构件库、物联网、计算机辅助加工、虚拟施工安装等新技术，将有效解决装配式建筑体系产业化发展中的诸多关键问题，有利于装配式建筑的全产业链生产方式的全面提升。

国外发达国家经过几十年的发展，装配式建筑已进入相对成熟的阶段，北美、欧洲、日本、新加坡等地区和国家均已实现了建筑工业化和信息化的融合，基于 BIM 技术的装配式建筑发展模式日趋成熟。

近年来，国内各科研机构相继开展了装配式建筑的 BIM 技术应用研究，包括基于 IFC 的 BIM 体系架构、面向设计与施工的 BIM 建模系统、数据集成管理平台及 BIM 数据库的研究。"十二五""十三五"期间我国开始大力推广 BIM 和建筑工业化，重点是住宅建筑。一批大型企业进行积极的研究与探索，已将 BIM 技术应用在装配式住宅项目的设计、生产和施工的各个环节中。

## 一、装配式与 BIM 技术的集成应用

中国建筑科学研究院通过承担"十三五"国家重点研发计划项目"基于 BIM 的预制装配式建筑体系应用技术",对装配式建筑建造全流程 BIM 应用展开研究,通过 BIM 技术解决了装配式建筑各环节中协同工作的关键技术问题,将"信息化"与"工业化"深度融合,形成基于自主 BIM 平台的装配式建筑全流程集成应用系统,提升了装配式建筑全流程一体化协同工作效率,从信息化层面支撑了我国装配式建筑大力发展的需求。

### (一)装配式建筑产业化全过程自主 BIM 平台

为保证 BIM 技术在装配式建筑全过程的集成化应用,首先要搭建支撑装配式建筑全流程的基础数据平台、协同工作平台和专业应用集成平台,建立装配式建筑 BIM 数据通用化、标准化描述、存取与管理架构,实现装配式建筑设计、生产、运输、施工等各环节的数据共享和软件集成。

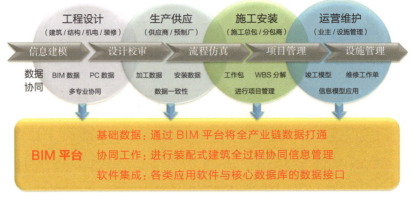

图 1 支撑装配式建筑全流程应用的自主 BIM 平台

## （二）支持装配式建筑全产业链应用的 BIM 数据标准

现阶段装配式建筑全产业链各类应用软件的模型数据表达和格式各异，很难保证数据流动中的完整性、准确性和一致性。为解决这一问题，需要建立标准化和通用化的装配式建筑 BIM 数据标准，规范装配式构件及产品的数据类型和关联关系；通过定义统一的数据转换标准，保证不同专业和工程阶段信息传递的有效性，满足装配式建筑设计、生产、运输和施工各环节 BIM 信息完整记录的要求。

## （三）装配式建筑大容量 BIM 数据的高效存取与交换

装配式建筑构件涵盖全专业信息，整体建筑模型的数据容量巨大，需解决大容量数据高效存取问题，为此要建立简化合理的装配式建筑 BIM 数据库存取及管理架构，提升数据存取效率。

装配式建筑全流程的 BIM 数据来源于不同软件和设备，数据格式各异，为实现装配式建筑中的全过程数据共享，需解决多源异构数据在不同软件及设备间的数据交换问题。通过开放的标准化数据格式在 BIM 核心数据库中集成各类信息，并通过各类软件与核心数据库的转换接口解决数据交换问题。

## （四）装配式建筑全产业链各环节应用软件协同工作与集成

装配式建筑全产业链各环节应用软件可能来自不同厂商，为解决这些软件的协同工作与集成问题，需要通过标准化的预制构件控制参数和标准几何描述方式使各软件实现统一的 BIM 模型表达，通过协同工作平台的分布式存储功能和统一的权限管理、版本管理、消息通信机制，可实现各类 BIM 应用软件的集成应用，为装配式建筑基础数据平台和协同工作平台的有效运行提供支撑。

### （五）装配式建筑智能化设计拼装与预制构件数据库

装配式建筑与传统现场浇筑或安装的工程项目不同，是采用搭积木的方式进行建造，各构件如何分配体量、如何组装成型，是装配式建筑必须解决的关键问题。因此，装配式建筑设计是面向制造的设计模式，在预制构件设计过程中，需考虑后期的工厂加工与现场安装过程，开展符合工程实际的构件拆分，以实现现场的有效拼装。同时，预制构件的拼装与拆分需符合结构分析要求，以保证装配式建筑的质量与安全。通过建立可供设计软件直接应用的开放的参数化预制构件数据库，可实现装配式建筑的标准化设计，保证装配式结构设计安全度，提高设计质量与效率。基于 BIM 技术可实现预制构件的智能拆分与拼装，达到最佳拆分效果，提升构件复用率。通过 BIM 技术可集成各专业信息，实现构件的精细化设计，在设计阶段解决各类错漏碰缺问题，使设计精度达到加工级别，提高设计效率以及加工安装质量。

### （六）构件设计模型与计算机辅助加工和生产系统的数据转换

目前，我国装配式建筑构件的设计与生产加工很多是脱节的，设计阶段的信息没有完整有效地传递到生产阶段，导致数据重用率不高，生产效率低，预制构件 BIM 数据与 CAM 和 MES 系统之间的数据转换，是提高预制构件生产效率的关键技术。目前国外厂商的装配式构件自动生产系统与设备，主要是基于特定构件体系，不具有通用性且构件产品类型不符合我国装配式建筑的要求。通过自主 BIM 平台，结合 BIM 与预制构件生产设备的数据交换技术，可针对不同生产设备从 BIM 模型中识别并提取生产加工特征数据，驱动设备自动化生产，进而实现预制混凝土构件的自动生产作业。

### （七）基于 BIM 的装配式建筑构件工厂智慧生产管理

通过集成 BIM、PDA、RFID 及各种感应器等物联网技术，建立装配式智慧工厂生产管理 BIM-ERP 系统，将有效打通装配式项目的设计、生产、物流、施工等多个阶段。在基于 BIM 的设计、生产、装配全过程信息共享协同的基础上，优化业务板块资源，有效发挥信息化技术在 PC 建造全过程的应用深度，满足生产企业精细化管理需求，提高整体建造效率和效益。

### （八）装配式构件运输、安装与现场管理中的 BIM 与物联网融合技术

装配式构件从工厂加工完成、出厂运输、入场放置到最后的施工安装，预制构件的信息一直处于变化中。因此，通过 BIM 模型与物联网信息的关联与交互技术，可提高预制构件在运输、安装与现场管理的智能化，实现预制构件按进度、按组织地安装到位。通过预制构件的运输监控、智能安装与施工现场的协同管理，综合应用无线射频、无线传感器网络、移动通信等技术，实时监控预制构件运输、安装与现场管理采集预制构件信息，并反馈至 BIM 模型，采用 BIM 模型对变更的预制构件信息进行分析与模拟，可为装配式构件安装全过程管理提供技术支撑。

### （九）基于 BIM 平台的装配式建筑智能施工

装配式构件出厂后的下游环节，存在多种因素制约着信息的顺利传递，如各参与方技术数据的交换、软件的专业应用能力差异、管理流程等。基于自主 BIM 平台对各类信息进行综合协调，是保证装配式建筑构件智能化施工安装的关键。通过集成基于 BIM 的虚拟建造技术与基于扫描点云的安装质量控制技术，及安全认证、数据协同等信息化技术在构件状态追踪、智能安装、进度计划、物料统计、质量验收等方面的综合应用，可有效优化管理方法与施工工艺，实现装配式建筑构件运输与施工现场信息的一体化智能管理。

## 二、装配式 +BIM 技术融合的优势

装配式建筑作为建筑工业化的典型代表，具有标准化、一体化、精细化的特点，BIM 技术作为行业数字化中的关键技术，具有多专业集成、信息完备、三维可视化的特点，为工程项目全生命周期提供了数据共享和协同工作的平台。因此，BIM 是装配式建筑的关键技术和最佳平台，利用 BIM 技术可以有效打通装配式建筑的设计、生产、运输、施工、装修、运维等多个阶段，使各阶段信息及时共享、高效传递；BIM 技术可解决装配式建筑的标准化问题，保证全产业链各环节统一、准确的信息流；基于 BIM 的智能化设计技术将提升装配式建筑的设计效率，优化设计方案，提高构件复用率；BIM 技术使预制构件的精细化设计、生产与施工得到实现，降低设计误差，优化预制构件的生产流程，改善了预制构件库存管理、模拟优化施工流程，有利于节约成本、保证产品质量。

总之，完善的装配式建造模式离不开 BIM 技术的支撑，同时装配式建筑也为 BIM 技术提供了发挥自身优势的绝佳舞台，装配式 +BIM 的融合将加速建造方式由粗放型向集约型转变，促进建筑行业的可持续高质量发展。

## 三、案例

### 案例1：装配式建筑 BIM 设计、生产、运输、施工全过程创新成果应用——丽水市城西公租房及安置房项目

丽水市城西公租房及安置房项目（安置房）工程位于丽水市消防支队西北侧，北面为天宁路（拟建），南面为城西公租房和丽水市消防支队，西面为大学生创业园，东面为中山街及丽水市消防支队。本工程总用地面积 7.4 万 $m^2$，建筑占地面积 1.4 万 $m^2$，总建筑面积 20.34 万 $m^2$，地上建筑面积（计容）13.67 万 $m^2$。项目新建住宅 23 幢，其中 9 层的 4 幢、10 层的 10 幢、14 层的 3 幢、17 层的 6 幢。

该工程的结构类型为装配式叠合板现浇框架结构体系。该工程的结构形式为预制装配式结构体系，其中上部结构二层以上的楼梯与楼板采用 PC 构件。基础形式为柱下独立基础。

### （一）建造全流程 BIM 应用

本工程采用项目自主研发的 BIM 平台和装配式建筑 BIM 各阶段应用软件等研究成果，进行装配式建筑设计、生产、运输和施工的全过程 BIM 技术应用示范项目。

在设计阶段，利用"基于自主 BIM 平台的装配式建筑分析设计 CAD 商品化软件（PKPM-PC）"的自由设计功能与部件库，

进行项目建筑、结构、机电建模以及细节化设计、结构计算、深化设计、碰撞检测、预制率统计等，实现了装配式建筑的标准化设计，满足了建筑工业化、信息化所亟需的多专业协同设计要求，保证了装配式结构设计安全度，提高设计质量与效率。

在生产阶段，工程根据"基于 BIM 的装配式建筑构件工厂生产管理系统"功能进行应用。通过与生产模具的信息传递，实现与设计数据自动对接，并通过项目进度模拟以及生产控制，实现构件生产的精细化管理。

在运输和施工阶段，根据"基于 BIM 和物联网的装配式建筑智能施工安装系统"功能进行应用，包括项目进度管理、工序管理、芯片 ID 构件管理等，实现运输、施工阶段精细化管理。

### （二）应用效果

本工程应用了"十三五"国家重点研发计划项目"基于 BIM 的预制装配式建筑体系应用技术"研究成果，有效提升了设计效率和设计品质，提升设计效率 30%～40%，减少项目风险、降低构件成本、优化库存、提高工厂生产效率和应变能力、优化施工现场管控流程、提高施工质量，解决了基于 BIM 的装配式建筑设计、生产、运输和施工各环节中的关键问题，建立了完整的基于 BIM 的预制装配式建筑全流程集成应用体系。通过此项目的全过程示范应用，使科技成果有效转化，促进预制装配式建筑 BIM 产业化。

**案例 2：湖南省装配式建筑全产业链智能建造平台**

装配式建筑是"十三五"期间湖南省重点扶持的十大"新兴产业"和全省 20 条新兴优势产业链之一。截至 2019 年底全省已有国家装配式建筑示范城市 1 个，省级装配式建筑示范城市6个，国家装配式建筑产业基地9家，省级装配式建筑产业基地41家，全省装配式建筑新开工面积1855.95万 $m^2$，占新建建筑比例达26%。湖南省已成为全国装配式建筑制度建设较完善、产能规模最大、发展最快的省份。

但是，湖南省装配式产业还存在着"设计不标准、生产不统一、构件不通用、信息不共享、施工不规范、监管不到位、建设成本偏高、质量品质不优"等突出问题。为破解装配式建筑产业发展的瓶颈，实现装配式建筑高质量发展，2019年省住建厅在省政府的大力支持下，按照"政府引导、企业主导、统一规划、分步实施、成果共享"原则，启动了"湖南省装配式建筑全产业链智能建造平台"项目（以下简称"智造平台"）。

### （一）平台概述

智造平台依托自主可控BIM技术，融合互联网、云计算、物联网、大数据等新型信息技术，建立全流程标准化和数字化应用体系，实现了装配式建筑的数字设计、智慧生产和智能施工。通过搭建装配式建筑全产业链智能建造管理和综合服务平台，将全省装配式建筑企业和项目纳入平台管理，集成并打通装配式建筑项目设计、生产、运输、施工、运维、管理全流程信息通道，实现全过程、全要素、全参与方的互联互通，形成全产业链融合一体的智能建造产业体系。

### （二）成果应用

智造平台由政府侧产业公共服务平台和企业侧产业应用平台两大板块组成。政府侧平台包括1库2标准6图集3平台。1库是指湖南省装配式建筑标准部品构件库；2标准是指《湖南省装配式建筑部品部件分类编码标准》《湖南省装配式建筑信息模型交付标准》；6 图集是指《装配式建筑预制构件标准化图集》（6 本）；3 平台是指部品部件标准库云平台、装配式建筑全过程质量监管和追溯平台、装配式产业大数据分析和公共服务平台。企业侧平台包括 1 软件 2 平台 4 系统。1 软件是指装配式建筑标准化智能化设计工具软件；2 平台是指装配式项目 PC 结构全流程综合管理平台、装配式钢结构项目全生命周期数字建造平台；4 系统是指装配式建筑设计协同集成系统、装配式建筑预制构件数字化生产系统、装配式项目智慧施工管理系统、装配式建筑运维管理系统，通过数据传递可实现各子系统的互联互通。

### （三）应用效益

智造平台项目有效解决了当前装配式产业中的诸多"瓶颈"问题，实现资源的合理配置，大幅提升行政监管效率。项目实施后，预计智能设计技术将提升设计效率 50% 以上；数字化工厂将提升生产效率 40% 以上，降低 30% 左右的人工量；施工智造平台将大幅提高施工效率，缩减项目工期 30% 以上；推动绿色建筑发展，节能 70%、节地 20%、节水 80%、节材 20%；大幅降低施工环境影响，基本做到无噪声、扬尘和建筑垃圾；智能化生产施工大幅降低安全事故发生；建筑全生命周期质量管理能够最大限度地消除质量隐患；建造精度提升 2 倍以上，工程精度由厘米级提升至毫米级。

（参与本报告研究的还有中国建筑科学研究院北京构力科技有限公司 姜立、马恩成、夏绪勇）

## 绝配二：装配式+EPC

## 张仲华：推进全装配式+EPC 中建科技的实践与创新

### 一、中建科技在全装配式建筑+EPC 领域开展的工作

中建科技是中国建筑集团开展建筑科技创新与实践的"技术平台、投资平台、产业平台"。全装配式建筑由于其标准化、一体化的特点，与 EPC 工程总承包模式具有天然的适配性，自公司成立以来，中建科技在全装配式建筑+EPC 领域开展了大量具有创新性和示范性的工作，主要包含以下几个方面内容：

#### （一）凝聚了全装配式建筑+EPC 系统创新资源

引进全装配式建筑领域国家级专家 5 人、各领域专家 100 余人、新型建筑工业化专业人才 1000 余人，在高端人才队伍建设上取得积极成效。创新提出"三个一体化"建造理念和"四个标准化"设计方法，被编入国家标准规范；结合公司独有特色，加强设计研发，突出原创设计，提升设计创新实力和设计引领作用，打造设计标志性项目或示范工程，加大绿色建筑、健康建筑等与装配式建筑融合，坚持"装配式+"，形成新一代绿色健康装配式建筑产品，深入研发装配式超低能耗建筑核心产品，形成中建科技十大产品系列，引领高端市场，持续保持国内领军地位。担当多项国家课题研发任务，获得多

项省部级以上科技奖励，主参编多部国际、国家标准及地方及行业标准，形成了一定行业影响力。

### （二）示范了与装配式相适应的 EPC 工程总承包模式

全装配式建筑适宜采用设计施工一体的 EPC 工程总承包模式。通过"设计—采购—生产—施工"全过程贯通，可以从整合建筑的角度出发，综合考虑结构、围护、机电、内装的一体化集成建造，从成本更优、质量更好、效率更高、品质更好的角度实施管理，推进技术创新。并以第一责任人的角色全面承担安全、质量、进度和成本责任。

### （三）创新了装配式建筑技术与产品体系

基于一体化建造模式和智慧建造平台，形成了"技术、设计、制造、工法"于一体的"十项技术体系"和"装配式＋绿色＋智慧＋健康"的"十类产品系列"。"十项技术体系"实现了"技术体系、设计方法、制造工艺、装配工法和工程管理"的一体化。"十类产品体系"实现了"装配式＋绿色＋智慧＋健康"的装配式建筑系列产品，为行业发展提供了中建方案，并成功在一系列 EPC 工程总承包标杆示范项目中进行了应用。

### （四）布局了装配式建筑 +EPC 区域产业基地

中建科技联动中建系统内单位、地方平台和社会资源投资 40 亿元，布局 23 个产业基地，总设计产能 337 万 $m^3$，基本实现对核心区域的战略布局。通过引进国际先进生产工艺、创建自动化智能工厂（国内首创中建智慧建造平台和钢筋笼绑扎智能机器手）、打造绿色建筑产业园，被住房和城乡建设部认证为"全国装配式建筑产业基地",业务布局基本覆盖京津冀、长三角、粤港澳、川渝经济圈等国家热点区域。特别是在深圳,中建科技已形成一定的市场影响力,为行业建造方式升级、市场开拓创造有力基础。

### (五)打造了若干行业示范项目

围绕十大产品体系打造了40余项装配式建筑示范项目。

住宅建筑的代表项目为在全国范围内率先以一体化工程总承包模式建造的深圳裕璟幸福家园项目,该项目作为深圳市装配式剪力墙结构装配率最高的项目,成为2017年全国装配式建筑质量提升交流大会唯一示范项目;深圳长圳公共住房项目是目前全国在建规模最大的装配式保障性租赁住房项目,探索全新建设管理模式,运用一系列前沿建造技术,打造新时期三大示范工程和八大标杆工程,是国家科技部"十三五"重点研发计划唯一综合示范项目。

酒店建筑的代表项目为坪山高新区综合服务中心,是全国首个EPC装配式钢结构酒店会展综合体项目,总建筑面积13.3万 $m^2$,屋顶最大跨度44m,预制率高达88%,从方案设计开始至全部竣工交付仅用11个月时间,并荣获2020年国家"鲁班奖",很好展现了装配式建筑的质量和速度优势。

学校建筑的代表项目为深圳20多所学校项目,其中坪山三所学校是华南地区首个钢和混凝土组合结构装配式学校建筑项目,是深圳市首个预制率超过90%的装配式学校项目,获得广东省勘察设计一等奖,国家绿色建筑二星认证。南京一中为全国首个全部采用装配式建造的校园,充分运用装配式建造体系、BIM技术、绿色建造等新科技新理念,预制装配率超60%。

工厂建筑的代表项目为新能源汽车摩天工厂项目，其中4栋为34层的研发配套用房，约152m高。创新性采用"钢管混凝土柱+钢梁+预应力空心板+预制外墙"的新型建造技术体系，首创"工程总承包+BIM+互联网+物联网"管理模式，打造研发、办公、生产、产业服务平台和科技体验于一身的综合园区。

防疫酒店、医院建筑的代表项目为深圳坪山区多所医院及多套防疫医疗设施，包含：模块化高洁净度隔离病房、模块化应急病房、模块化无接触式防疫通道等，为打赢疫情阻击战贡献了科技力量。

城市基础设施的代表项目为在深圳市各区建设100座自主研发推广的小型装配式智慧化公共洗手间，装配率达100%，该项目是一项响应"公厕革命"，提升深圳市容市貌的民生工程。

绿色建筑的代表项目为全国第一个装配式钢结构被动式超低能耗建筑——山东建筑大学教学实验楼项目，并取得德国能源署（DENA）与住房和城乡建设部产业化发展中心联合颁发的"高能效建筑－被动式低能耗建筑"质量标识认证。

中建科技通过自身的技术领先优势，在行业内开展了项目及产品的示范，多次接待全国性观摩，向全社会证明了装配式建筑在EPC模式下是可以做到成本优、质量好、速度快、省人工、低消耗、高品质的。

## 二、全装配式建筑+EPC领域需要解决的问题

**问题一：管理流畅度不足，未能适应先进生产力的要求。**

没有明确责任主体，沿用旧的条块分割的施工总承包管理

模式，人为地将建筑工程分解成若干"碎片"，导致过程管理线条不通畅、协同不及时、沟通不顺畅等问题，变更返工频繁，进而造成施工进度拖延和资源浪费，管理成本居高不下。

**问题二：设计标准化不足，导致效率低下和资源浪费。**

普遍存在一些设计单位还停留在传统流水化思维阶段，未将装配式建筑作为一个完整的建筑产品去研究，忽视系统的相互配套，以及全过程产业链各环节间的相互衔接，尤其是在前期阶段缺乏对建造全过程的深入研究，造成后期处理各种突发问题而导致效率低下和资源浪费。

**问题三：工业化水平不高，产业队伍不健全。**

建筑工业化水平和信息化水平都不高，设计阶段未实现数字化，标准化设计不足，生产施工阶段自动化、机械化程度不够。产业化队伍还未系统建立，尤其是建筑产业工人不足且技能不高，靠"人海战术"在工厂搞装配式，难以为继。

**问题四：质量稳定性不足，未能满足人民群众对美好生活的向往。**

工程建设质量问题由来已久。由于传统施工总承包建造思维定式的存在，在推进装配式建筑的过程中，传统作业形成的质量通病、环境污染和噪声扰民等问题普遍存在。目前装配式建筑技术体系看起来很多，但是或多或少存在不完善、不系统或者水平不高的情况，成果碎片化，各自为战，短期利益主导；标准化、工业化、信息化水平不高，工业化和信息化深度融合不足，全产业链协同（创新）不足，造成不能发挥效率和效益优势、市场主体责任不清等弊端，均体现在质量问题上。

## 三、发展装配式建筑 +EPC 的建议

**建议一：坚定信心，继续大力发展装配式建筑 +EPC。**

装配式建筑不是一蹴而就的事业，也不是一两个五年计划就能做好的。目前情况可谓"喜忧参半"，既有做得好的成绩，也有质量差存在安全隐患的"典型"。"十四五"期间应该一茬接着一茬干，一张蓝图绘到底，继续大力发展装配式建筑。建议继续加强装配式建筑发展顶层设计，重点研究市场导向机制，围绕装配式建筑发展和建筑产业转型升级，打造装配建筑业工程建设管理新模式。

**建议二：创立试点，推动装配式建筑和智能建造协同发展。**

建立装配式建筑不能仅满足于在工厂制造部品部件的共识，应在全国树立智能建造样板城市，遴选智能建造试点企业，探索"研发+制造+总装"工程建造模式，将施工现场作为房屋总装车间，将技术研发成果在总装车间集成应用，将工厂制造的产品在总装车间完成组装。同时通过智能建造平台的应用，促使行业转变思维定式，用制造业思维发展建筑工业化，构建与工业化建造先进生产力相适应的生产关系。

**建议三：培育龙头，深度融合装配式建筑与 EPC 模式。**

进一步完善 EPC 工程总承包管理制度，将 EPC 项目部作为管理主体制定相应政策。将装配式 +EPC 工程总承包占比数据作为国家装配式建筑示范城市的考核指标，加快装配式 +EPC 工程总承包推广。避免伪 EPC 模式，在资质、人才、政策等方面积极培育若干装配式 + EPC 龙头企业，打造世界一流、中国特色的产业链条。

以市场为导向促进优胜劣汰，引导行业健康发展。重点发

展具备设计、生产、施工一体化能力的企业，按照先进制造业要求打造的企业主体，给予政策倾斜，通过规模化装配式建筑项目的具体实施，带动装配式建筑全产业链条各终端企业齐头并进，改革市场完善竞争规则。以市场为导向，孵化建筑产业的"波音"和"空客"，培育若干建筑产品"系统集成商"，打通产业链，培育供应链，形成价值链，促进装配式建筑良性发展，形成装配建造产业集群，打造新兴产业业态。

（参与本报告研究的还有中建科技集团有限公司 樊则森、贾宁、周钰）

## 绝配三：装配式 + 超低能耗

## 崔国游：全面推动河南省超低能耗建筑发展
—— 给河南省委领导的建议

中共中央　国务院印发的《关于完整准确全面贯彻新发展理念做好碳达峰碳中和工作的意见》中指出，要大力发展节能低碳建筑，要持续提高新建建筑节能标准，加快推进超低能耗建筑等规模化发展。我们要抓住国家碳达峰碳中和战略目标重大历史机遇，积极发展超低能耗建筑，谋划未来产业新格局，以科技创新推动双碳目标实现，开创河南省经济绿色低碳高质量发展新格局。

### 一、超低能耗建筑是推进建筑领域节能减碳的主要实施路径

在国家三大节能战略中，建筑节能比重最大。据有关文献，建筑领域碳排放占全社会碳排放的约 51.3%，其中建筑运行碳排放占总碳排放量的约 22%。另外，我国每年竣工房屋约 40 亿 $m^2$。不但如此，随着人民生活水平提高，我国广阔的夏热冬冷地区群众要求冬季供暖、夏季制冷、梅雨季除湿的呼声日益强烈，如果延续用"三北"地区的老办法集中供暖，将产生巨大的碳排放增量，会大大延误碳达峰目标的实现。建筑领域面临着能耗上行和碳排放量持续上升的巨大压力，迫切需要找到一条更高能效更高质量的创新路径，为国家全面实现双碳

目标贡献方案。

超低能耗建筑是当前世界上最先进最成熟的建筑节能体系，从需求侧直接降低了能源需求，并充分利用了可再生能源，可使建筑节能率提升至82.5%以上。近期的专项研究表明，若维持现有建筑节能政策与标准不变，河南省碳达峰目标预计要到2036年才能实现。而如果全面推行超低能耗建筑后，则于2027年前即可实现。所以，全方位发展超低能耗建筑，是实现双碳目标的一项根本之策，这一点已经形成广泛共识，必须下狠功夫、真功夫推动。

## 二、超低能耗建筑是满足人民对美好生活向往的重要举措

实现双碳目标，不仅时间紧迫，统筹协调经济社会发展与碳减排的难度大，而且适时满足广大人民群众的新希望、新要求、新的获得感和幸福感，更是对执政能力的考核。这个问题解决不好，人民群众不满意，国家双碳目标也难以实现，这是一个结构性矛盾，必须下决心加以解决。超低能耗建筑契合了新时代高质量发展理念，能有效解决广阔夏热冬冷地区清洁取暖难题，还能提高生活品质，创造"恒温、恒湿、恒氧、恒静、恒洁"的舒适健康室内环境，其高保温性、高气密性、高隔声性及高舒适度的环境明显优于集中供暖，顺应了人民群众的期盼。

我国夏热冬冷地区分布广泛，其中全省域或大部分省域属夏热冬冷地区且并未集中供暖的有：上海、江苏、浙江、安徽、江西、河南、湖北、湖南、重庆、贵州、四川等省市，另外还有甘肃、陕西、山东、福建、广西、广东等省的小部分区域，

也同样适用。

河南地跨寒冷地区和夏热冬冷地区，有明确的冬季供暖和夏季制冷需求。城市集中供暖是河南的一个薄弱环节，有数据显示2016年河南省集中供暖覆盖率不足10%，即使在省会郑州，也是大部分区域没有被集中供暖覆盖到。如何破题？走"三北"地区集中供暖的老路肯定不行，工程规模大、周期长、一次投资高、城市政府的财政压力大，且能耗居高不下、空气污染严重、碳达峰时点大大延后，关键是人民群众要背负沉重的集中供暖基础设施配套费和每年的采暖费。家庭自采暖也不可行，能耗依然很高，污染依然很大，人民群众依然要背上高额的天然气费用，显然也不适宜全面推广。实践证明，只有超低能耗建筑才能破解这个结构性矛盾，从需求侧的用户端大幅度降低对能耗的需求，完全取代城市集中供暖，从而将供暖模式由"传统"走向"科技"，由"主动"转向"被动"，实现更低能耗和更高舒适的协调发展。

相比较传统建筑，在推广初期，超低能耗建筑每平方米的成本仅高出500～600元，随着规模化效应以及节能标准的不断提升，成本还会大幅度降低，关键是仅10年左右即可因节电节能效益而收回增量成本。

## 三、河南省应及时抓住超低能耗建筑发展难得而又紧迫的窗口期

此外，超低能耗建筑不但适应于新建建筑，也完全适应于既有建筑改造，两项相加，可催生未来万亿级新的蓝海市场，在全国具有极强的推广价值。超低能耗作为新产品体系，是传

统理念的全面提升，集合了多项新技术和高性能部品部件，是对设计与咨询、材料与设备、施工与运维全产业从里到外的提档升级。发展超低能耗建筑可以助推建筑产业高质量发展，还可以带动上中下游80余个细分产业，形成产业聚集发展。值得关注的是，处于"三北"地区的河北省本可以延续集中供暖的老办法，但是他们却对超低能耗建筑发展突出地重视，近几年的发展已经走在了全国的前面，石家庄、保定等市政府做出规定，全面推动超低能耗建筑的发展，凡是超低能耗建筑奖励容积率的9%，下一步雄安新区超低能耗建筑发展更令全国所关注，由此形成了河北省超低能耗建筑的产业优势，其基本经验就是各主要城市大力推行（倒逼机制），奖励容积率冲抵增量成本（奖励机制）等。

目前，河南省在超低能耗建筑领域已经具备了较好的发展基础，基本形成了发展超低能耗的本土力量和产业基础，有数十个项目已建成或正在建设中，在全国范围内特别是夏热冬冷地区形成了一定影响力。其中，五方建筑科技集团是推动河南省超低能耗建筑发展的一支重要力量。五方立足产学研用，业务涵盖全国多个省市的不同气候区、不同功能的项目，探索出一条超低能耗建筑的全过程咨询服务模式，拥有自己的核心技术体系，并在设计施工总承包EPC、产品产业链综合研发推广以及数字化转型升级方面布局发展，引领了河南省乃至全国特别是夏热冬冷地区超低能耗建筑的发展，成为该领域的全国性引领企业。

河南本省的超低能耗建筑产业已经在实现聚集，带动了一批超低能耗建筑相关优势企业，如科饶恩门窗、洛阳兰迪真空玻璃等新材料、新技术企业共同发展，初步形成超低能耗建筑的区域产业链。

在我国每年竣工约 40 亿 $m^2$ 房屋建筑中，夏热冬冷地区约占 40% 以上，超低能耗建筑发展仅在夏热冬冷地区的潜在产值预计为 8000 亿 ~ 10000 亿，其中河南省约占 1/10。如果再把既有建筑节能改造考虑进去，市场空间巨大。我省超低能耗建筑产业发展有基础、有市场、有前景，如能率先发展超低能耗建筑，充分发挥产业协同效应，放大技术先进性、市场广阔性、产业配套性，抢占产业技术制高点形成产业聚集，不仅可在本省发挥优势产业作用，并可抢占外省市场空间，推动"科技豫军"走出河南，走向全国。

## 四、建议

习近平总书记指出，"绿色循环低碳发展，是当今时代科技革命和产业变革的方向，是最有前途的发展领域"。

实现碳达峰碳中和战略，建筑产业责任重大，一是产业规模巨大，碳达峰碳中和战略带来了新的机遇和挑战。二是从存量到增量，尤其是我省广大人民群众对美好生活的新希望、新要求、新的获得感和幸福感，是不以人的意志为转移的，他们要求冬季供暖、夏季制冷、梅雨季除湿，这是一个新的结构性矛盾，是存量碳达峰碳中和中未曾考虑和解决的新问题。发展超低能耗建筑可能是这一结构性矛盾的破题之道。两者结合，极有可能打造出全国超低能耗建筑发展的新独角兽和新的产业聚集效应。河南省现阶段已然成为引领全国夏热冬冷地区（包括部分寒冷地区但并未集中供暖地区）超低能耗建筑发展的先进省，既有难得机遇，又有严峻挑战，我省应及时抓住超低能耗建筑发展难得而又紧迫的窗口期,实现经济社会的高质量发展。

目前我省发展超低能耗建筑存在的主要问题有:一是对超低能耗建筑所发挥重要作用的认识高度不够,重视程度不够;二是推广举措精准度不够(如缺乏倒逼机制,奖励机制落实有难度等),推广量远远不够。这样发展下去,我省是不可能抢占全国夏热冬冷地区超低能耗建筑发展制高点的难得机遇期和窗口期的。

省委所要求的应切实落实,"要把立足当下和着眼长远结合起来,激活存量,扩大增量,把项目建设、产业培育、科技研发摆在突出位置。"

为此建议如下:

请求省委省政府主要领导在百忙之中,专班研究超低能耗建筑发展对我省经济社会发展会产生的巨大推动作用,指导形成我省超低能耗建筑发展的中长期战略。建议政府率先做担当,要求政府投资类项目采用超低能耗技术标准建设,并在公共领域建筑改造中尽可能实现超低能耗标准。

建议在"万人助万企"活动中,请有关领导同志对口帮扶五方建筑科技集团等我省超低能耗建筑领域优秀企业,考察超低能耗示范项目,助推骨干企业在本省发展基础上尽快成为全国特别是夏热冬冷地区超低能耗建筑发展的"独角兽",并带动我省超低能耗建筑发展的全产业链发展聚集,形成更多"专精特新""小巨人"企业和瞪羚企业。

(参与本报告研究的还有五方建筑科技集团 佘静鲲、卜丽君、崔杰)

# "双碳"与数字化转型升级

## 王凤来：关于"双碳"与建造减碳的研究

"双碳"目标是中国基于推动构建人类命运共同体的责任担当和实现可持续发展的内在需求作出的重大战略决策。"双碳"目标最终是反映社会治理能力和管理水平的全面提升，是体现社会全面进步的综合能力指标。

就建设领域而言，其核心为重构符合绿色、低碳特征的技术、产业、管理及组织运营模式，满足建筑领域可持续发展的内在需求。早在2018年我国既有建筑面积总量就超过了600亿 $m^2$，其中我国人均住宅建筑面积已经接近发达国家水平，但人均公共建筑面积尚处于较低水平。

### 一、建设领域肩负着重大的减碳责任

建设是一个长期持续的动态过程，随着城镇化率的提高和人们生活水平的不断提升，新建建设量将趋于一个合理数值，实现建造阶段碳达峰，在我国既有建筑总面积进入相对稳定增长期的条件下，结合既有建筑节能改造实现运行阶段碳达峰，是影响我国建设领域碳达峰的关键。就建筑全生命周期而言，可将建筑全生命周期分为建造、运行维护和拆除处置三个重要阶段。从碳排放的角度分析，建造和运维两阶段以消耗工业产品、能源产品为主，处置阶段以材料回收利用为主。据统计数据，建筑领域全生命周期消耗了全球30%～40%的能源，占用了约40%以上的碳排放量，在我国对全社会碳排放总量的贡献超过

了 50%。因此，综合来看建设领域是工业产品的消费大户，对"双碳"目标下全产业的影响是巨大的，理应肩负着"用什么""怎么用"的重大转型责任，并引领全产业链发生革命性变革。

建筑全生命周期的三阶段中既要包括建造阶段消耗能源、使用机械、运输和服务产生的直接碳排放，更应包含使用大量工业产品产生的间接碳排放。综合来看，三阶段的碳排放特点、周期、强度和影响程度不同，其中建造、维修维护和拆除处置以短期高强度为主，运行以工程全寿命周期内的持续影响为主。从碳排放的定量分析和减碳逻辑关系看，一方面，做好建筑节能，对持续降低运行周期内的能源消耗量有至关重要的作用，坚定不移执行高标准建筑节能政策是建筑领域减碳的有效方法，是绝对的减量过程；另一方面，为保证结构安全、建筑功能、节能要求、耐久性和健康舒适性的新标准要求，又要增加建造阶段及维修维护过程的工业产品使用量，增加全社会的碳排放量，是相对的增量过程。因此，在"一增一减"的平衡中，推动符合低碳特征的适用建筑技术、建材产品、建造技术和运行方案，是建设领域必须肩负的重大转型升级责任。

## 二、建设领域减碳工作数字化的重大任务

建设领域实现碳达峰、碳中和是需要转换发展思路，在碳指标衡量下的长期奋斗过程。因此，逐步实现碳排放数字化是达成"双碳"目标的必由之路，并依托量化的碳排放指标推动与建设领域相关产品和产业链的全面转型升级。

从发展的角度看，建设领域的技术进步必将带来新需求，这决定了配套工业产品生产的种类和数量，对属于工业领域的

配套产业影响巨大,必然对控制碳排放量产生直接的重要影响,这是建设全领域的重要责任和主动担当。

"双碳"目标下建设领域的三阶段出发,要高度关注运行阶段的持续碳排放强度对碳达峰、碳中和的贡献及影响。在不断满足人们日益增长的美好生活需要前提下,节能、舒适、健康、环保的标准要求不断提升,既有建筑运行碳排放总量增加、单位量降低条件下,一手抓新建工程节能标准的提高和新技术应用,另一手抓既有建筑的节能改造和老旧小区综合改造,推动单位碳排放量降低和总量达峰。近年来,超低能耗、近零能耗建筑技术的创新与示范,以及主动式节能技术和设备研发,为降低建筑运行阶段碳排放量做了有益的尝试,获得了很好的经验。但应注意到,在推动城镇节能减排降耗工作的同时,应增加对乡村建筑节能标准提升工程的关注。随着城镇化率的提升,农村既有建筑面积峰值基本稳定在 230 亿 $m^2$。这部分农村建筑多为自建房,属"三无"产品,且多为独栋低层建筑,体型系数差、节能标准低、舒适性差,对能源的需求大,也完全不能满足体验过城市集中供暖建筑居民对生活品质的基本需求,严重到影响乡村的可持续发展。

"双碳"目标下从建设领域的三阶段出发,要高度关注建造和维护阶段的碳排放,据不完全统计,我国 70% 的钢铁、90% 的建材、20% 的有色金属用于建筑与基础设施,生产建设耗材用能约占我国工业总用能的 42%,而且对环境的短期影响强度和资源的长期压力非常大。因此,碳达峰、碳中和既要关注建设总量的达峰,也要关注建造时使用具有更好耐久性的材料、技术和设备,同时关注避免"大拆大建"让建筑延年益寿的建筑更新技术。

建设领域要采用低碳建材产品、低碳建造技术和低碳建筑技术，建成低碳工程，配套低碳运行组织管理模式，大幅延长工程使用寿命，在使用阶段保证实现低碳运行，甚至是零碳运行，是全领域需要面对的重大挑战和机遇。这需要全行业的长期攻关和不懈努力，在转变思想观念、低碳技术创新、低碳建材产品研发、低碳装备制造、低碳产业基础能力重构和建设领域生产方式转变等方面做出新部署，提出新理念、新要求，找到新方法，都首先需要建设领域的碳排放数字化，并借产业数字化用定量指标推动全产业链的低碳化发展，实现数字产业化，这是建设领域在"双碳"战略目标下面临的重大任务。

## 三、建造碳排放与数字化

从产业的构成看，建设领域应该发展什么？研究什么？倡导什么？推动什么？这些长期困扰行业的根本性问题，都应基于碳指标进行全面衡量，逐步建立起来基于新需求的低碳建材产品、低碳建造技术、低碳建筑技术、低碳运行管理模式和低碳维护技术等维度评价指标体系，并基于此建立新产业链，形成新动能，这是建设领域的思考方向，应超前部署和主动作为。

实现建设领域的"双碳"目标，完成碳排放数字化工作，需要厘清主要工作内容，实现建筑领域碳排放的可计算、可计量、可评价，进而推动实现碳优化。

### （一）建立碳排放因子数据库是建造碳排放计算的基础

碳排放因子是将活动水平数据与碳排放量相对应的计算系数，用于量化单位活动水平数据的碳排放量，是实现建设领域碳排放计算、计量和评价的基础。从内容上看，涉及建立与全行业水平有关的一次能源（含新能源）、二次能源（含燃油、电力、热力等）、各类建筑材料产品、各种运输服务等碳排放因子，其标定需要通过行业数据统计分析给出社会平均碳排放因子。同时，还需要围绕建造、运行维护和拆除处置的工艺工法等特有的行为完成碳排放因子标定，形成建设领域的碳定额，作为后续计算、计量和评价的行业统一计量标准。

碳排放因子数据库是一项建设领域实现碳排放数字化的基础性工作，需要全社会各工业部门和全行业一起行动逐步建立的动态基础数据库，数据库的建立既要体现我国基础碳排放强度，又是与国际接轨的客观需要。

### （二）建立基于碳评价的标准体系是推进建造减碳发展方向

建立了行业统一的碳排放因子数据库，并随着各行业的技术进步进行及时统一更新，就可以依照统一数据库实现在建设领域碳排放的定量计算。基于同一规则的计算结果，就可以为客观衡量什么是低碳建材、什么是低碳建筑技术、什么是低碳建造技术、什么是低碳建筑、提供数据支撑，并逐步建立起评价指标体系，进而大力推动利用清洁能源、淘汰高碳排放产品、实现行业转型升级和促进组织管理方式变革的一系列转变，助力碳达峰、碳中和目标的最终实现。

抓好碳评价的指挥棒，就能引领各行各业的发展方向，就能推动各行各业的技术进步。

### （三）全产业链碳排放数字化可以促进建筑产业高质量发展

建设领域的低碳化发展需要通过碳排放数字化这把尺子进行

评价和衡量，既要符合行业发展的自身规律，又要去伪存真避免伪技术带来的长期不良影响。让能够发挥减碳降碳作用的产品、技术和生产方式成为行业的主导力量，为行业发展在一定时期内确立基本定型模式，是碳排放数字化应发挥的另一重要作用。

建设领域的低碳发展要致力于人才的培养，只有人有了低碳的思维和理念，才能真正致力于走向低碳的技术路线和产品路线，才能多维度兼顾资源、能源、功能、耐久、制造和全过程的评价，有利于社会的长期发展。

## 四、碳排放数字化助推建筑领域的产业变革

首先，建设领域的碳排放数字化是要实现依据工程施工图的碳排放量准确计算，为此，要加快制定工程项目的建造碳排放计算指南并最终形成计算标准。今后所有工程项目都要按照该标准进行建造碳排放比较分析，实现基于工程的人、机、料、法、环的碳排放定量计算和优化，进而掌握建筑全生命周期的碳排放量。这需要在碳排放计算分析边界、计量分析方法、碳排放因子动态基础数据库等方面进行大量的基础性研究工作。为此，哈尔滨工业大学的研究团队潜心研究十年，完成了建设领域碳排放计算的研究工作，取得的相应研究成果能够满足工程建造阶段考虑建材生产、建筑物建造的碳排放定量计算和分析工作，实现了工程建造碳排放的定量计算，为比较分析和方案优化提供了充分的大数据基础。

其次，建设领域的碳排放数字化是要在碳排放量化的基础上，引领方案的优化和比选，实现基于同一标准下不同方案的碳计算、碳计量和碳评价，基于规模化数据支撑，逐步建立低

碳建材、低碳建造、低碳技术和低碳建筑的评价指标体系，回答用什么材料、用什么技术、用什么方式和用多少量完成项目建造更符合低碳发展要求、达成"双碳"目标的客观命题，并指引低碳标准下生产什么产品的产业发展方向。

最后，建设领域的碳排放数字化将推动对产业分工合作的再思考和重新定义，对革除现有产业分工合作下的弊病和阻滞，激发新的产业发展动能，促进生产力发展有重大影响，既决定了建造阶段和运行维护选用低碳建筑材料、低碳建筑技术和低碳建造方式，减少建造阶段的碳排放量，也决定了建筑的运行效率、维修维护周期和全生命周期内的成本。这必将推动工业产品供应链实现基于低碳理念的产品创新和产业升级，这对产业定型发展具有重大影响和贡献。低碳的生产方式，决定了基于资源和能源优化的产业布局，支撑了全国乃至全球的低碳产品产业升级，确立适宜的低碳建筑技术应用，推动低碳建造技术和低碳组织管理模式的发展。低碳标准对淘汰落后产能，推动行业转型升级和新产业定型将发挥决定性作用。

综上，实现建设领域碳排放数字化还有很多工作要做。我们要贯彻落实中共中央国务院《关于完整准确全面贯彻新发展理念做好碳达峰碳中和工作的意见》关于建立健全碳达峰、碳中和标准计量体系的要求，加快推进建设领域全生命周期包括建造、运维和拆除全部阶段的碳排放计算、计量、评价和认证工作。

## 参考文献：

清华大学建筑节能研究中心. 中国建筑节能年度发展研究报告 [R]. 北京：中国建筑工业出版社，2020.

## 数字化转型与人才

## 王东升：建筑产业数字化转型人才至关重要

根据国家"十四五"宏观发展规划和产业政策调整，纵观国内外建筑产业现状与发展趋势，建筑产业加速上链、上云，机遇和挑战并存，从建筑产业发展的法制化、标准化、数字化、智慧化、绿色化、装配化等多个方向综合分析建筑产业从业人才发展趋势，建筑产业数字化转型人才是当前影响建筑产业数字化、数字产业化发展和企业竞争力提升的重要因素。

### 一、建筑产业数字化转型首先从人力资源规划入手

凡事预则立，不预则废。在"十四五"开局起步和后疫情时代开启的新发展阶段下，我们面临新发展理念、新发展格局、经济新常态，用人工智能、物联网、数字化管理、虚拟现实、工业互联网、大数据、区块链、云计算、集成电路等数字工程师技术数智赋能智慧城市、智慧住建、智慧城管、智慧建造、智慧安居（物业）、智慧消防安全等，促进数字建筑产业链和数字城市运维链借数据赋能高质量发展，结合建筑产业链和城市运维链全寿命周期，选用科学战略分析方法（可采用价值链、SWOT和PEST等分析方法），通过对比分析，区别传统建筑业人力资源管理方法，建立新的数字战略思维观念、规范数字人力资源规划流程和完善数字人力资源规划内容，确定建筑业数字人才战略规划，把握党管人才和党建引领，抓住Y世代、

Z世代为主的人才结构变化带来的新机遇，从选人、育人、用人、留人等制定规划好支撑建筑产业数字化转型人力资源规划。根据反映人才市场供需关系的CIER指数显示，2020年一季度，我国建筑产业化复合型人才缺口已近100万人，2020年人社部发布的《新职业—建筑信息模型技术员就业景气现状分析报告》中指出：未来五年我国各类企业对BIM技术人才的需求总量将达到130万，也说明了数字人力资源规划的重要性。2021年为贯彻落实《关于深化人才发展体制机制改革的意见》，推动实施人才强国战略，促进专业技术人员提升职业素养、补充新知识新技能，实现人力资源深度开发，推动经济社会全面发展，根据《中华人民共和国劳动法》有关规定，人力资源和社会保障部联合工业和信息化部组织有关专家，制定了数字工程师相关工程技术人员国家职业技术技能系列标准，坚持"以职业活动为导向、以专业能力为核心"的指导思想，在充分考虑科技进步、社会经济发展和产业结构变化对智能制造工程技术人员专业要求的基础上，以客观反映智能制造技术发展水平及其对从业人员的专业能力要求为目标，对智能制造工程技术从业人员的专业活动内容进行规范细致描述，明确了各等级专业技术人员的工作领域、工作内容以及知识水平、专业能力和实践要求。

## 二、建筑产业数字化转型强化组织架构建设，发挥组织领导执行力

目前建筑产业常用的组织架构包括职能制、直线职能制、矩阵制、事业部或多层子公司等金字塔模式，在运行效率、信

息传递、决策落实等方面都不同程度地产生了信息孤岛和负面影响。借鉴先进社会组织的管理架构，通过采用"责权利"等边三角形对组织进行"扁平化""去中心化""数字化"，数智赋能建筑业全过程管理，达到提质增效的目的。组织架构建设坚持以下原则：企业战略决定组织机构；充分授权、通过共治、阳光化等强化监督；根据管控的对象不同，对战略、操作、财务管控等采用差异化方式；强化责任提高任职的挑战性和成就感；保持政策稳定性，稳定干部队伍，提高数字化管理水平；注意投资、利润、成本和资源数据中心等在定位与考核方面的差异；主体责任设计要系统。

鉴于建筑产业数字化转型是领导转型先行一步的系统工程，必然要有效把握和发挥关键少数——首席数据官领导者的作用。领导需要承担起党和国家赋予的时代责任，要结合国家政策系统思考，统筹策划行业培育既懂工程专业管理又懂人工智能、大数据、5G、区块链、云计算等数字技术的新型复合型人才，助力建筑产业链实现智慧建造、绿色、低碳、集约装配、数字化转型；领导应建立新型用人观，根据Y、Z世代为主的人才队伍结构变化建立包容兼用、尊重差异、开放多元、资源整合、完善机制、平台思维、聚才引智的新型用人观；领导应着重培养的能力有懂法律诚实守信、懂金融投融资、懂管理资源配置、自我完善学习、人才团队培养和激励制定、建立远景规划和决策、风险控制；领导也需要培养和保护，在强调领导"火车头"效应的同时，也要做好领导的培养和保护。重在用事业练兵选将，通过一线锤炼、目标考核、团队建设、廉政建设，并根据年龄、知识结构、专业能力的差异，不断培养领导者的格局、阅历和综合能力。

## 三、建筑产业数字化转型从价值创造、评价、分享入手，共建共生数字化团队

建筑产业链价值创造在于利用人工智能、5G、大数据、云计算、区块链等新技术数智赋能建筑产业链生产要素，由市场评价贡献、按照贡献决定报酬；发挥市场在资源配置中的决定性作用，通过绿色集采系统引入竞争机制、价格机制、经营核算等，推动资源配置效率优化；围绕合同管理、风险控制、降耗、人均生产率以及生产增量进行创造和提升。

价值评价重点涵盖在企业的薪酬体系中，主要评价的内容有岗位、数字化能力、业绩等。其中业绩评价要重点从考核内容、评价类型、经济类指标、管理类指标、评价企业和个人的绩效情况等方面考虑。

价值分享的基本原则坚持数字化应用、效率优先、公平正义、绿色可持续发展、共同富裕等。要把握好适当时间，按照约定精准及时兑现，根据责任和风险程度差别设置 GP/LP 等。

近年来建筑产业发展规模对人才数量的需求扩大，正是基于规模的持续扩大，吸纳和造就了数量庞大的人才队伍。加之建设工程是一个庞大的系统工程，工种繁多、工序复杂，需要大量专业技术人才与技能人才，特别是实践经验丰富的高层次专业技术人才。

同时，人才结构性短缺已成为制约建筑行业高质量创新发展的主要瓶颈。EPC、PPP、装配式建筑、产业链数字化转型、绿色生态、碳达峰碳中和等新业态增加了新的人才需求，比如 EPC 模式需要更高素质的设计管理人才，总承包单位需要培养复合型、高素质的专业人才，设计管理人员不仅要熟练掌握专

业的设计知识,同时应拥有丰富的工程项目管理经验、现场施工经验和数字化技术;随着数字经济以及建筑产业数字化转型的不断深入,拥有专业数字化技能人才的需求正在急剧增长,数字化技术人才日益成为我国创新驱动发展、企业转型升级的核心竞争力。但由于现有设计、施工、监理等传统建设行业从业人才相关专业技能知识和数字化实践经验不足,导致各类新业态所需的建设行业创新复合型人才紧缺。同时,新业态人才培育机制尚未健全,各类培训系统性较弱,特别是全日制专业学科交叉培育相对匮乏,高等院校、专职学校尚缺乏相关数字化专业课设置,导致新业态发展后备人才不足。

建筑产业链智能化、数字化程度低,环境相对艰苦,导致该行业人员调动频繁和人才流失。建筑企业除自身在安全生产管理过程中智慧化程度不高可能产生的风险外,还可能会因其安全生产岗前培训不足、防护意识低、存在侥幸心理等因素,导致重大安全生产事故。这也使得建设行业成为高危行业,影响行业人才的流入。建设行业从业人才其他法律权益难以得到保障也是影响人才流失的重要原因。

因此受建筑产业人才不足的挑战和全球化时代启发(1.0版主要动力是国家、2.0版主要动力是公司、3.0版独特动力是个人的合作与竞争),我们立足"强个体"的人人数字经济时代寻找解决途径。借鉴国内外先进企业的做法形成了一个"共担、共创、共治、共享"数字人才生态系统+平台式架构,成就伟大的企业事半功倍。搭建数字化共生团队就是建立数字化人才生态系统重点从激发个体创新、团队建设、职业通道入手。激发个体创新从选人、组织、管理、治理、分配等环节进行系统设计与实施;团队建设从"选、育、用、留、分"五个环节进行设计与实施;职业通道从人岗相宜、发展战略（分别采用 SO\WO\ST\WT）、长期计划等按照双通道设置专业岗和综合岗，配置不同职业等级，缓解专业人员走领导岗位独木桥现象，实现组织与个人双赢。

## 四、以建筑产业数字化转型为契机规范重点领域人才考核管理工作

### （一）建筑产业从业人才的考核、评定机会有待增加

建筑行业高水平人才的考核评定有待进一步增加（协同人社部门数字工程师培育政策）。全国各类注册工程师考试对于建设行业高水平人才（如建筑师、勘察设计师、建造师）的公平公正选拔起到重要作用，然而也有其局限性，如何营造多元、开放的人力资源发展环境，让建设行业各类人才充分发挥才能和作用，是当前建设行业从业人才工作面临的重要问题之一。

### （二）建设行业人才的考核管理工作需要数字化转型和规范

建筑施工技术工人和特种作业人员、燃气经营企业从业人员的考核工作要坚持考培分离。建筑施工特种作业人员考核工作的政策文件和数字化转型培训有待更新和加强。

### （三）建筑产业链从业人员的全员安全培训考核工作借数字化转型契机加快推进

建筑产业链从业人员结合智慧工地全员安全培训覆盖率和合格率达到 100%，而当前建筑施工企业仅限于主要负责人、项目负责人、专职安全管理人员参加考核持证上岗，其他岗位人员的全员培训工作未开展。

## （四）建筑产业从业人才的考核内容中强链、补链新技术新知识占比较少

新城建、绿色建筑、生态低碳（碳达峰碳中和）、PPP、EPC、新型建筑工业化与智能建造、智慧社区、建筑智能运维等新发展模式，对于新业态复合型专业技术人才需求巨大，除了抢人才、招人才以外，还要做好"育才、用才"，按照以考促培、以考促学的原则，结合数字工程师相关职业标准，建筑产业链从业人员考核内容更新不少于30%的数字化知识引导从业人才的知识更新与素质提升。

## 五、建筑产业人才教育培训要数智化赋能

### （一）教育培训机构数字化服务质量参差不齐

教育培训机构在师资配备、具体课程资源设置方面存在很大差距，因此造成不同机构的服务质量和培训效果存在较大差异。

### （二）选用的培训教材普遍缺乏实用性与时效性

职业教育教材对于建设人才掌握建设行业新技术新知识有很好的辅助作用，目前，不管是专业技术人员教育还是技能人才教育，各地使用的教材版本不同，教材使用年限也不同，更新周期较长，难以适应教学内容体系化更新速度。

### （三）各类人员教育数字化技术培训不均衡

建筑产业从业人员工作流动性大，参加培训热情不高，持证上岗比例较低。培育新时代数字化产业工人是实现我国建筑业由劳动密集型向技术密集型转变的关键环节，但是作为建筑

行业的主要"生力军",目前已接受过系统培训的仍占少数,劳务作业人员实际持证率较低,建设技术工人文化基础较差、安全意识薄弱、技能水平偏低的状况未得到根本改变。

### (四)继续教育监管体系利用建设一体化监管平台实现数字化、智慧化

教育体系建设智慧化不完善。随着继续教育"放管服"改革的不断深入,办学形式开始转向市场化、多元化,这就需要国家、行业层面通过法律法规和信息技术数据赋能加强宏观统筹、规范和引导。

缺乏数据赋能的信息化监管。继续教育作为人才培养的重要组织形式,现行体制下尚未搭建起全国继续教育一体化数字监管平台,缺乏对相关培训机构的培训行为与人才参训行为的信息化监管。

综上,建筑产业数字化转型人才至关重要,需要从人力资源规划入手,强化组织架构,注重价值创造实现共建共生数字化团队,规范人才考核管理,实现人才培训的数智化赋能。

## 数据来源及参考文献

**说明:** 各项统计数据均未包括香港特别行政区、澳门特别行政区和台湾省。

[1] 中华人民共和国中央人民政府. 中华人民共和国国民经济和社会发展第十四个五年规划和 2035 年远景目标纲要 [R/OL]. 2021.

[2] 国家数据(年度数据、季度数据、地区数据). 国家统计局

[3] 2020 年建筑业发展统计分析 [R]. 北京:中国建筑业协会. 2020.

[4] 2020 年全国建设工程监理统计公报 [R]. 北京:住房和城乡建设部. 2020.

[5] 2020 年全国工程勘察设计统计公报 [R]. 北京:住房和城乡建设部. 2020.

[6] 2020年我国对外承包工程业务简明统计[R].北京：商务部.2020.

[7] 2020年我国对外劳务合作业务简明统计[R].北京：商务部.2020.

[8] 2019年我国对外承包工程业务简明统计[R].北京：商务部.2019.

[9] 2019年我国对外劳务合作业务简明统计[R].北京：商务部.2019.

[10] 2018年我国对外承包工程业务简明统计[R].北京：商务部.2018.

[11] 2018年我国对外劳务合作业务简明统计[R].北京：商务部.2018.

[12] 2017年我国对外承包工程业务简明统计[R].北京：商务部.2017.

[13] 2017年我国对外劳务合作业务简明统计[R].北京：商务部.2017.

[14] 2016年我国对外承包工程业务简明统计[R].北京：商务部.2016.

[15] 2016年我国对外劳务合作业务简明统计[R].北京：商务部.2016.

[16] 常德亮.开启新征程——"十四五"规划分析以及十四五期间建筑企业的发展机会探讨[EB/OL].

[17] 石永久.住房和城乡建设领域"十四五"科学技术应用预测[M].北京：中国建筑工业出版社.2021.

[18] 刘杰，王要武.中国建设教育发展报告（2019—2020）[R].北京：中国建筑工业出版社.2021.

[19] 张宇，宋磊.2020年度国际承包商250强榜单探析[J].工程管理学报，2020，34（4）：6.

[20] 大成律师事务所劳动与人力资源专业委员会.建筑工程行业劳动用工研究报告[R].青岛：大成律师事务所，2020.

[21] 朱岩，黄裕辉.互联网+建筑 数字经济下的智慧建筑行业变革[M].2018.

[22] 中华人民共和国住房和城乡建设部.住房和城乡建设部关于印发建设工程企业资质管理制度改革方案的通知[Z].2020-11-30.

[23] 中华人民共和国住房和城乡建设部.住房和城乡建设部等部门关于加快培育新时代建筑产业工人队伍的指导意见[Z].2020-12-18.

[24] 吕晓光.新形势下建筑企业人力资源管理新趋势[J].建筑前沿，2022.

（参与本报告研究的还有清华艺术与科学创新研究院建筑与艺术研究中心 张振涛、王志超、王爱元）